Kohlhammer

Organisation und Führung

Herausgegeben von
Dietrich von der Oelsnitz
Jürgen Weibler

Wolfgang Burr

Innovationen in Organisationen

Verlag W. Kohlhammer

Umschlag: Gestaltungskonzept Peter Horlacher
Gesamtherstellung:
W. Kohlhammer Druckerei GmbH + Co. Stuttgart
Printed in Germany

ISBN 3-17-018003-7

Geleitwort der Herausgeber

Diese neu vorliegende Management-Lehrbuchreihe befasst sich in ihren verschiedenen Einzelbänden mit ausgewählten Fragen der Organisation und Führung. Die Verbindung von wissenschaftlicher Problembehandlung und praktischer Anschaulichkeit soll ihre Ausführungen leiten. Darüber hinaus sind unterschiedliche Zugänge ausdrücklich erwünscht – hierdurch wird ein inhaltlich wie methodisch vielfältiges Spektrum für die Behandlung von Organisations- und Führungsfragen ermöglicht. Denn auch die Probleme, denen wir im Rahmen des Nachdenkens über und des Handelns in Organisationen begegnen, tragen keine disziplinären Etiketten.

Die jeweiligen Einzelbände wenden sich dabei zunächst an Dozenten und Studierende in der grundständigen wie weiterbildenden Lehre. Praktiker können von den anwendungsorientierten Ausführungen jedoch ebenfalls profitieren.

Das Thema dieses Werkes ist sowohl von betriebswirtschaftlich als auch von volkswirtschaftlich überragender Bedeutung – werden Innovationen doch von Wirtschaft und Politik gern als Schwungrad des nationalen Wohlstandes bezeichnet und dementsprechend nachdrücklich eingefordert. In der Tat kommt betrieblichen Produkt-, Verfahrens- und Sozialinnovationen im Rahmen einer dynamischen Wettbewerbswirtschaft eine fundamentale Rolle zu.

Das Buch von Wolfgang Burr trägt dabei nicht zufällig den grundsätzlichen Titel »Innovationen in Organisationen«, denn es geht ihm nicht nur um das betriebliche Management des Innovationsprozesses – dies wird mittlerweile von einer Reihe guter Lehrbücher thematisiert –, sondern um einen weitergespannten Ansatz: nämlich eine Darstellung des theoretischen Fundaments, der gesamtwirtschaftlichen Grundlagen sowie der einzelwirtschaftlichen Rahmenbedingungen von Innovationen. Mit diesem originellen Ansatz öffnet er den notwendigerweise integrativen Blick auf den Gesamtkontext innovativer Unternehmen und Systeme.

Auf der Grundlage einer stringenten Argumentation gelingt es Wolfgang Burr, sowohl konzeptionelle als auch empirische Erkenntnisse, sowohl gesamt- als auch einzelwirtschaftliche Tatbestände aufeinander zu beziehen und miteinander zu verknüpfen. Insbesondere das fünfte Kapitel, das sich mit konkreten Strategien und Methoden des Innovationsmanagements befasst, gewährleistet, dass sich nicht nur Wissenschaftler, sondern auch interessierte Praktiker mit diesem Buch über das auch weiterhin virulente Thema »Innovationen in Organisationen« angemessen informieren können.

Die Herausgeber wünschen dem Werk eine positive Aufnahme und weite Verbreitung.

Ilmenau und Hagen, im Oktober 2003

Dietrich von der Oelsnitz
Technische Universität Ilmenau
Fachgebiet Unternehmensführung

Jürgen Weibler
FernUniversität in Hagen
Lehrstuhl für BWL, insb.
Personalführung und
Organisation

Vorwort

Das vorliegende Lehrbuch ist aus Kernvorlesungen entstanden, die ich an der Universität Erfurt im Fach Innovationsökonomie in den Jahren 2002 und 2003 gehalten habe. Es behandelt betriebswirtschaftliche und gesamtwirtschaftliche Fragestellungen der Innovationsforschung auf Grundlage der ökonomischen Theorie, vor allem des Resource-Based View of the firm und der Neuen Institutionenökonomik. Ziel ist eine Darstellung, wie gesamtwirtschaftliche Rahmenbedingungen und unternehmensinterne Grundentscheidungen gemeinsam den Innovationsprozess, das Innovationsverhalten und die Anreize zu Innovationen in Unternehmen beeinflussen. Für die Unterstützung bei der Vollendung des Manuskripts bin ich mehreren Personen zu Dank verpflichtet: Frau Mandy Förster hat in gewohnter Professionalität und Perfektion mein Manuskript Korrektur gelesen und an die Formvorschriften des Verlages angepasst. Die studentischen Hilfskräfte des Lehrstuhls für Innovationsökonomie, Frau Stefanie Rost, Frau Sandra Zeugner, Herr Markus Kubisch, Herr Paul Schulze-Cleven, Herr Marius Claudy und Frau Annegret Kummert haben mich durch die Literaturbeschaffung und die Erstellung der Abbildungen wirksam und mit viel Engagement unterstützt. Frau Katrin Becker vom Kohlhammer Verlag hat das Projekt gekonnt über alle terminlichen Klippen und durch die Untiefen der Formvorschriften gesteuert. Widmen möchte ich diese Publikation vier Menschen, denen ich sehr viel verdanke: Prof. Dr. Dres. h.c. Karl Oettle, der mich während meines Studiums mit der wissenschaftlichen Seite der Betriebswirtschaftslehre vertraut machte. Prof. Dr. Dres. h.c. Arnold Picot, bei dem ich als wissenschaftlicher Mitarbeiter das strukturierte Arbeiten mit ökonomischen Theorien gelernt habe. Prof. Dr. Alexander Gerybadze, der mich als wissenschaftlichen Assistenten an das empirische Arbeiten mit Daten und Fallstudien und die evolutorische

Sicht der Betriebswirtschaftslehre heranführte. Prof. Dr. Profs. h.c. Dr. h.c. Klaus Macharzina, der mir als seinem Lehrstuhlvertreter die fachliche Breite der Betriebswirtschaftslehre zeigte und wertvolle Ratschläge für das Management von Universitätseinrichtungen gab.

Die Verantwortung für sicherlich verbliebene Fehler im vorliegenden Buch liegt allein bei mir als Verfasser.

Erfurt, im September 2003 *Wolfgang Burr*

Inhaltsverzeichnis

18 - 41
63 - 80
89 - 146
157 - 180
208 - 214 } Pflichtlektüre

Abbildungsverzeichnis

1 Einleitung: Das Konzept nationaler Innovationssysteme

Ein System ist allgemein definiert als Menge von Elementen, zwischen denen eine Menge von Beziehungen besteht. Ein Innovationssystem ist von verschiedenen Autoren teilweise unterschiedlich und meistens sehr allgemein definiert worden (zu einem Überblick vgl. Händschke 2003). Den meisten Definitionen gemeinsam ist, dass es sich bei einem nationalen Innovationssystem um die Gesamtheit der auf die Hervorbringung von Inventionen und Innovationen abzielenden privaten und öffentlichen Akteure inklusive der Strukturierung der Beziehungen zwischen ihnen durch bestehende Vernetzungen und institutionelle Regelungen handelt. Der hauptsächliche Zweck eines nationalen Innovationssystems ist die Schaffung, Diffundierung und Nutzbarmachung von Wissen innerhalb eines Landes.

Das Konzept des Innovationssystems wird auch auf andere Betrachtungsebenen bezogen, indem von regionalen (z.B. das Innovationssystem Bayerns oder Thüringens) bzw. supranationalen Innovationssystemen (z.B. der Europäischen Union) oder von sektoralen Innovationssystemen (z.B. des Automobilbaus in Deutschland) gesprochen wird (vgl. Freeman 2002, S. 198; Gerybadze/Meyer-Krahmer/Reger 1997).

Die Elemente eines Innovationssystems sind die wesentlichen Akteure, die sich mit Fragen der Forschung und Entwicklung sowie der Innovation befassen, also private und öffentliche Unternehmen, Universitäten, Institutionen der Gemeinschaftsforschung, private und öffentliche Forschungsinstitute, Ministerien der Forschungsförderung und Bildung, private Konsumenten und öffentliche Auftraggeber als Nachfrager für innovative Produkte und Dienstleistungen, private Einzelerfinder etc.

Die Beziehungen zwischen diesen Elementen können technischen, rechtlichen, kommerziell-finanziellen, politischen, kulturellen und sozialen

Charakter aufweisen. Sie können sowohl kooperativer als auch kompetitiver Natur sein. Akteure können als Anbieter, Nachfrager oder Vermittler (z.B. Technologietransfereinrichtungen) von Produkten und Dienstleistungen mit FuE-Bezug auftreten.

Die Beziehungen zwischen den Akteuren des Innovationssystems werden wesentlich bestimmt durch bestehende, historisch gewachsene Formen der Zusammenarbeit (z.B. gewachsene Zusammenarbeit zwischen Universitäten und Unternehmen in ihrem Umfeld) bzw. Nicht-Zusammenarbeit (z.B. zwischen vielen Universitäten und Fachhochschulen in Deutschland aufgrund von fehlgeleitetem Besitzstands-, Prestige- und Wettbewerbsdenken im öffentlichen Bildungssektor). Die Beziehungen zwischen den Akteuren werden aber auch wesentlich bestimmt durch die in einem Land geltenden institutionellen Regelungen, z.B. des intellektuellen Eigentumsrechts, des Haftungsrechts, der staatlichen Regulierung, des Steuerwesens, der vom Gesetzgeber zur Verfügung gestellten Privatrechtsformen, des Wettbewerbsrechts etc. Diese institutionellen Regelungen setzen Anreize bzw. Restriktionen für die Zusammenarbeit bzw. den Wettbewerb zwischen den verschiedenen Akteuren des nationalen Innovationssystems.

Mit dem Begriff nationales Innovationssystem wird somit versucht, die Gesamtheit der innovationsdeterminierenden Akteure und institutionellen Rahmenbedingungen in einem Land zu erfassen. Innovationssysteme sind sehr komplexe, historisch gewachsene Strukturen. Sie entwickeln sich im Zeitablauf und sind »Ergebnis menschlicher Handlung, aber nicht menschlichen Entwurfs« (so der Titel eines Aufsatzes von v. Hayek 1969, S. 97ff.), d.h. sie bilden sich durch die Interaktionen von Akteuren in langfristigen Evolutionsprozessen heraus und sind gerade nicht von einer (allwissenden) Zentralinstanz konstruktivistisch entworfen worden. Wirtschafts- oder bildungspolitisch veranlasste Änderungen bei einzelnen institutionellen Regeln oder Reformen bei einzelnen Akteuren (z.B. geänderte Finanzierungsmodelle öffentlicher Universitäten) wirken sich zwangsläufig auf die anderen Akteure und die anderen Institutionen und damit auf die Performance des nationalen Innovationssystems aus.

Nachfolgend werden mit jüngeren statistischen Daten zu FuE-Aktivitäten von privaten Unternehmen sowie dem System intellektueller Eigentumsrechte, dem Wettbewerb und dem Haftungsrecht ausgewählte Akteure und institutionelle Regelungen eines nationalen Innovationssystems im Überblick dargestellt. Es bleibt zu beachten, dass das komplexe Zusammenspiel dieser Akteure und institutionellen Regelungen die Innovationsfähigkeit einer Volkswirtschaft und der Unternehmen in dieser Volkswirtschaft bestimmt.

2 Grundlagen der Forschung und Entwicklung und der Innovationsforschung

2.1 Zentrale Begriffe

Nachfolgend werden vier zentrale Begriffe und Begriffsabgrenzungen erläutert, die in der Innovationsforschung und für das Verständnis des vorliegenden Buches zentrale Bedeutung haben.

2.1.1 Theorie, Technologie und Technik

Theorien sind der Versuch, mithilfe eines geordneten Aussagensystems die Realität zu erklären. Sie umfassen Ursache-Wirkungs-Aussagen. Für die Lösung praktischer Probleme sind jedoch Ziel-Mittel-Aussagen und damit keine Ursache-Wirkungs-Aussagen erforderlich. Solche Ziel-Mittel-Aussagen benennen Mittel bzw. Instrumente, die für die Realisierung bestimmter Ziele prinzipiell geeignet sind (vgl. Specht/Beckmann 1996, S. 14). Wir erhalten solche Aussagen durch Transformation von Ursache-Wirkungs-Aussagen in final-technologische Ziel-Mittel-Aussagen. Theorien sind also das Fundament für Technologien.

Technologie ist damit ein Verbindungsglied zwischen Theorie und Praxis (Specht/Beckmann 1996, S. 14): »Unter der Technologie ist allgemein ein Wissen zu verstehen, das zur Lösung praktischer Probleme geeignet ist.« (Specht/Beckmann 1996, S. 14) So verstandene Technologie umfasst Verfahrensregeln und Handlungsanleitungen, die zur Erreichung bestimmter Ziele empfohlen werden. Es handelt sich somit um ein »System von anwendungsbezogenen, aber allgemein gültigen Ziel-Mittel-Aussagen« (Chmielewicz 1979, S. 14, zit. nach Brockhoff 1999, S. 27).

Folgende Arten von Technologien sind zu unterscheiden: Schrittmacher-Technologien, Schlüsseltechnologien und Basis-Technologien (vgl. Brockhoff 1999, S. 33f.).

Schrittmacher-Technologien werden sich (voraussichtlich) erst zukünftig im Markt durchsetzen. Sie stellen den beteiligten Firmen hohe (latente) Wettbewerbsvorteile in Aussicht. Demgegenüber konnten sich **Schlüssel-Technologien** bereits im Markt etablieren. Sie ermöglichen den Unternehmen, die sie beherrschen, die Realisierung starker Wettbewerbsvorteile zum gegenwärtigen Zeitpunkt. **Basis-Technologien** haben sich bereits seit längerem im Markt etabliert. Sie müssen von den relevanten Wettbewerbern als Grundvoraussetzung für eine erfolgreiche Teilnahme am marktlichen Wettbewerb beherrscht werden. Auf Basistechnologien kann aber kein Unternehmen explizite Differenzierungs- und Wettbewerbsvorteile aufbauen (vgl. Gerybadze 2002, S. 67).

Diese Sichtweise drückt einen Technologie-Lebenszyklus aus, zu dessen Beginn eine Technologie Schrittmacherfunktion für den technischen Fortschritt besitzt und zukünftige Wettbewerbsvorteile verspricht, an dessen Ende sie zur Basistechnologie gereift ist. »Allerdings stellen sich solche Abläufe nicht gesetzmäßig ein. Sie sind vielmehr das Ergebnis handelnder Personen, die durch Forschungs- und Entwicklungsentscheidungen, Nachfrage nach Produkten, staatliche Auflagen usw. den Ablauf beeinflussen.« (Brockhoff 1999, S. 33)

Die konkrete Anwendung einer Technologie, z.B. in Produkten oder Produktionsprozessen, wird als Technik bezeichnet. Eine Technologie kann somit eine Menge potenzieller Techniken umfassen, Technologie ist die Lehre von den Techniken (vgl. Brockhoff 1999, S. 27).

Bei Techniken kann unterschieden werden zwischen Spitzentechnik und höherwertiger Technik. Für diese Begriffe sind vielfältige Abgrenzungsmöglichkeiten denkbar. Eine häufige Definition orientiert sich am Input, der für die Technikentwicklung erforderlich ist:

Von Spitzentechnik wird gesprochen, wenn in der entsprechenden Branche ein Forschungs- und Entwicklungsanteil am Umsatz von mehr als 8,5% üblich und erforderlich ist. Höherwertige Technik wird demgegenüber Branchen mit einem Forschungs- und Entwicklungsanteil am Umsatz zwischen 3,5% und bis zu 8,5% zugeschrieben (vgl. Brockhoff 1999, S. 32).

Diese Definition hat eine Schwäche, denn Spitzentechnik bzw. höherwertige Technik wird nur anhand einer einzigen Kennzahl charakterisiert. Deshalb verwendet z.B. das »U.S. Bureau of Labor Statistics« eine Kombination von zwei Messgrößen, um Techniken zu charakterisieren und zu klassifizieren. Hierzu werden die beiden Indikatoren Forschungsintensität (Anteil der FuE-Ausgaben am Branchenumsatz) und Anteil des technisch-wissenschaftlichen Personals am gesamten Personalbestand einer Branche kombiniert. Spitzentechnik liegt gemäß diesem Klassifikationsversuch vor, wenn beide Messgrößen in einer Branche das Doppelte der Durchschnittswerte in der Volkswirtschaft als Ganzes übersteigen. Von höherwertiger Technik wird gesprochen, wenn diese Bedingung nicht erfüllt ist (vgl. Brockhoff 1999, S. 32).

Technik findet Einsatz in neuen Produkten und bei der Umsetzung neuer Produktionsprozesse, ist also Fundament für die Realisierung von Sachgütern und Dienstleistungen in entsprechenden Produktionsprozessen.

Zusammenfassend: »Ein Produkt basiert in der Regel auf mehreren Techniken, die jeweils die praktische Anwendung von Technologien darstellen, die ihrerseits wiederum auf Theorien basieren.« (Specht/Beckmann 1996, S. 15)

2.1.2 Invention versus Innovation

Innovation ist ein alltagssprachlich sehr häufig, fast schon inflationär verwendeter Begriff. Bei Innovationen geht es um etwas »Neuartiges«: Neue Produkte und Dienstleistungen, neue Produktionsverfahren, neue Vertrags- und Organisationsformen, neue Vertriebswege. Bereits diese Aufzählung zeigt, dass Innovation mehr ist als nur ein technisches Problem. Erschwerend kommt hinzu, dass Individuen Innovationen sehr unterschiedlich wahrnehmen und beurteilen. Einige Individuen sehen ein Produkt als sehr innovativ an, dem andere Individuen den Neuigkeitscharakter absprechen. Innovation ist somit kein objektiv messbarer, sondern auch ein subjektiv gefärbter Begriff (vgl. Voßkamp 2002, S. 64).

Im wissenschaftlichen Bereich ist der Innovationsbegriff mit definitorischen Problemen behaftet. Es gibt eine Vielzahl unterschiedlicher Definitionen. Hauschildt stellt einen Überblick über die Begriffsverwendung in der betriebswirtschaftlichen Literatur dar. Er nennt 18 verschiedene betriebswirtschaftliche Definitionen und zeigt die teilweise erheblichen Unterschiede zwischen ihnen auf (vgl. Hauschildt 1997, S. 4–6).

Schumpeter nimmt in seinem 1912 erstmalig erschienenen Buch »Theorie der wirtschaftlichen Entwicklung« eine pragmatische Definition vor. Schumpeter spricht in seinem Buch noch nicht von Innovation, sondern von der »Durchsetzung neuer Kombinationen«, die nicht regelmäßig und in kleinen Verbesserungsschritten des Bestehenden erfolgt, sondern diskontinuierlich auftritt (vgl. Voßkamp 2002, S. 64). Diskontinuität bedeutet: Sprunghafte Veränderung, Zerstörung alter Gleichgewichte, Ersetzung des Bestehenden durch das Neue. Für Schumpeter gibt es fünf Klassen von neuen Kombinationen:

»1. Herstellung eines neuen, d.h. dem Konsumentenkreise noch nicht vertrauten Gutes oder einer neuen Qualität eines Gutes.

2. Einführung einer neuen, d.h. dem betreffenden Industriezweig noch nicht praktisch bekannten Produktionsmethode, die keineswegs auf einer wissenschaftlich neuen Entdeckung zu beruhen braucht und auch in einer neuartigen Weise bestehen kann mit einer Ware kommerziell zu verfahren.

3. Erschließung eines neuen Absatzmarktes, d.h. eines Marktes, auf dem der betreffende Industriezweig des betreffenden Landes bisher noch nicht eingeführt war, mag dieser Markt schon vorher existiert haben oder nicht.

4. Eroberung einer neuen Bezugsquelle von Rohstoffen oder Halbfabrikaten, wiederum: gleichgültig, ob diese Bezugsquelle schon vorher existierte – und bloß sei es nicht beachtet wurde sei es für unzugänglich galt – oder ob sie erst geschaffen werden muss.

5. Durchführung einer Neuorganisation, wie Schaffung einer Monopolstellung (z.B. durch Vertrustung) oder Durchbrechen eines Monopols« (Schumpeter 1931, S. 100f.).

Den Begriff der Innovation verwendet Schumpeter erst 1939 (vgl. Hauschildt 1997, S. 7).

In der neueren innovationsökonomischen Literatur finden sich noch viele weitere Klassifikationen des Innovationsbegriffs.

Nach dem Inhalt der Innovation

Prozessinnovationen sind »neuartige Faktorkombinationen, durch die die Produktion eines bestimmten Gutes kostengünstiger, qualitativ hochwertiger, sicherer oder schneller erfolgen kann. Ziel dieser Innovation ist die Steigerung der **Effizienz**« (Hauschildt 1997, S. 9). Beispiele für Prozessinnovationen sind die Einführung von Computer Integrated Manufacturing (CIM) in der herstellenden Industrie in den 1980er Jahren (gesteigerte Flexibilität bei der Bewältigung kleiner Fertigungslose) oder der Übergang von der Verwendung von 200 mm-Wafern auf 300 mm-Wafer in der Herstellung von Halbleitern (Kostensenkung in der Halbleiterherstellung).

Von Prozessinnovationen sind Produktinnovationen zu unterscheiden: »Die Produktinnovation offeriert eine Leistung, die dem Benutzer erlaubt, neue Zwecke zu erfüllen oder vorhandene Zwecke in einer völlig neuartigen Weise zu erfüllen« (Hauschildt 1997, S. 9). Eine erfolgreiche Produktinnovation war in den 1980er Jahren die Markteinführung der ersten Mobiltelefone, die erstmalig Telekommunikation mit der Mobilität der Nutzer verbanden oder vor einigen Jahren die Einführung von DVD-Abspielgeräten.

Ein wesentlicher Unterschied zwischen Produkt- und Prozessinnovationen ist in folgendem Punkt zu sehen: Produktinnovationen werden im Markt durchgesetzt. Prozessinnovationen werden in der Regel innerbetrieblich durchgesetzt, wenn man den Fall, dass das Unternehmen seine erfolgreich realisierten Prozessinnovationen anderen Unternehmen am Markt anbietet, aus der Betrachtung ausblendet. Charakteristisch für Produktinnovationen ist, dass sie größere Durchsetzungsprobleme aufweisen als Prozessinnovationen: Für Produktinnovationen müssen Märkte geschaffen und zahlungsbereite Käufer gewonnen werden, während Prozessinnovationen von der Unternehmensleitung im Unternehmen durch Anordnung durchgesetzt werden können (vgl. Hauschildt 1997, S. 11).

Die Unterscheidung zwischen Produkt- und Prozessinnovationen ist allerdings nicht trennscharf: Oft braucht es für Produktinnovationen die Einführung neuer Fertigungsprozesse im Unternehmen, also die Einführung von Prozessinnovationen zur Ermöglichung von Produktinnovationen. Und bei Dienstleistungsinnovationen sind Produkt- und Prozessinnovationen nicht trennbar und vielmehr identisch (vgl. Hauschildt 1997, S. 11).

Eine weitere Unterscheidung ist die zwischen Sachgut- und Dienstleistungsinnovationen, wobei letztere oftmals durch Besonderheiten im Vergleich zu Sachgutinnovationen gekennzeichnet sind. Häufig findet Innovation auch durch Kombination von einem Sachgut mit innovativen Dienstleistungen zu einer neuartigen Problemlösung statt. Ein Beispiel für Letzteres ist die Bündelung einer verkauften Werkzeugmaschine mit einem darauf abgestimmten Beratungs-, After Sales Service- und Betreiberkonzept zu einer umfassenden Problemlösung aus der Hand eines Anbieters.

Nach dem Grad der Neuartigkeit, d.h. dem Innovationsgrad

Hier wird in der Literatur unterschieden z.B. zwischen revolutionären und evolutionären Innovationen oder zwischen radikalen und inkrementalen Innovationen. Revolutionäre bzw. radikale Innovationen schaffen gänzlich neue Produkte und Dienstleistungen und somit neue Märkte. Evolutionäre bzw. inkrementale Innovationen bestehen aus graduellen Verbesserungen und kleinen Neuerungen an bestehenden Produkten und Dienstleistungen. Das sind allerdings nur sehr grobe Unterscheidungen, die mit großen Abgrenzungsproblemen verbunden sind (vgl. auch Voßkamp 2002, S. 65). Es fehlen objektive Maßgrößen und klare Regeln für die verlässliche Einordnung einer Innovation in eine der beiden Kategorien (vgl. auch Hauschildt 1997, S. 12). Zur groben Beurteilung des Innovationsgrades kann auf einzelne, möglichst objektiv messbare Werte abgestellt werden: Geschwindigkeit, Größe, Temperaturresistenz, Geräuschverminderung etc. Ein wichtiger Indikator sind auch auffällige Veränderungen in den technischen und auch ökonomischen Effekten gegenüber dem bisher Bekannten: Sprunghafte Produktivitätssteigerung, Flexibilitätserhöhung, Platzersparnisse, Minderung des Energieverbrauchs etc. (vgl. Grupp 1994, S. 178ff.).

2.1.3 Der Innovationsprozess (Innovation i.w.S.)

Man kann sich dem Begriff und dem Wesen der Innovation am Besten nähern, indem man den Begriff des Innovationsprozesses einführt (vgl. hierzu auch Voßkamp 2002, S. 64). Innovationsprozesse sind gesamtwirtschaftliche oder betriebswirtschaftliche Prozesse, die auf die Generierung und Durchsetzung von Innovationen abzielen (vgl. zum Folgenden Voßkamp 2002). Ein Innovationsprozess (Innovation i. w. S.) wird idealtypisch in drei Phasen unterteilt: die Inventionsphase, die Innovationsphase (Innovation i. e. S.) und die Diffusionsphase.

Eine Invention kann näherungsweise definiert werden als eine Idee, die etwas Neuartiges darstellt. Eine Invention in diesem Sinne ist z. B. eine technische Erfindung (so auch die Begriffsverwendung bei Specht/Beckmann 1996, S. 15). Eine Invention entsteht durch vorausgegangene Forschung und Entwicklung, die das Unternehmen durchgeführt hat (vgl. Specht/Beckmann 1996, S. 15).

Innovation (i. e. S.) ist demgegenüber die ökonomische Nutzung der Invention, also z. B. die Umsetzung der Technologie bzw. technischen Erfindung in ein marktgängiges Produkt oder der Einsatz der Technologie in den Leistungserstellungsprozessen des Unternehmens. Specht und Beckmann unterscheiden zwei Verwendungen des Innovationsbegriffs: »Im engeren Sinne betrifft er die Markteinführung eines neuen Produkts oder das Anfahren eines neuen Produktionsprozesses. Im weiteren Sinne wird unter Innovation der gesamte Prozess der Invention und Innovation i. e. S. verstanden« (Specht/Beckmann 1996, S. 15). Von Innovation wird also nur gesprochen, wenn die Invention marktlich verwertet oder innerhalb des Unternehmens genutzt und eingesetzt wird. (Diesen Aspekt betont auch Hauschildt 1997, S. 7.) Innovation erwächst »aus dem Zusammenwirken von Technik und Anwendung« (Hauschildt 1997, S. 13). Um eine Erfolg versprechende technische Erfindung in ein marktgängiges Produkt umzusetzen, sind vielfältige Schritte erforderlich. Es müssen Investitionen für die Fertigungsvorbereitung und die Markterschließung getätigt werden, nachfolgend müssen Produktion und Marketing gestartet und Vertriebskanäle aufgebaut werden. Gelingt die Einführung des neuen Produktes auf dem Markt, so spricht man von Produktinnovation, im Falle der erfolgreichen Einführung eines neuen Produktionsverfahrens im Unternehmen von einer Prozessinnovation. Beide Innovationsformen sind zur Innovation im engeren Sinne zu rechnen (vgl. Brockhoff 1999, S. 37). Ein Beispiel: Fuzzy Logic ist eine neuartige Steuerungs- und Regelungstechnik, die seit ca. 10 Jahren zunehmende Beachtung findet. Die Umsetzung dieser Invention in ein marktgängiges Produkt findet sich z. B. bei neuartigen Waschmaschinengenerationen, die mithilfe von Fuzzy Logic eine besonders schonende Wäsche ermöglichen und Handwäsche simulieren können.

Die Abgrenzung vor allem zwischen Invention und Innovation ist sehr schwierig. Wo genau endet die neue Idee bzw. technische Erfindung, wo beginnt ihre ökonomische Umsetzung? Specht und Beckmann warnen davor, dass die begriffliche Abgrenzung von Invention und Innovation i. e. S. nicht zu einer isolierenden Betrachtung dieser beiden, eng zusammenhängenden Phasen des Innovationsprozesses führen darf (vgl. Specht/ Beckmann 1996, S. 15): »Jede Innovation i. e. S. setzt eine Invention voraus. Umgekehrt ist jede Invention auf die Erfahrungen aus den Markteinführungs- und Nutzungsphasen bisheriger Produkte angewiesen« (Specht/ Beckmann 1996, S. 15).

Den Versuch einer Abgrenzung von Invention und Innovation (i. e. S.) macht die Abbildung auf S. 27.

Erläuterung: Eine ungeplante Erfindung kann zum Beispiel aufgrund von zufälligen Ereignissen und unvorhergesehenen Ergebnissen von Laborversuchen oder als unbeabsichtigtes Nebenprodukt von anderen Forschungsanstrengungen mit anderen Forschungsinhalten und Zielsetzungen gelingen, wie dies z. B. bei der Entdeckung der Röntgenstrahlung der Fall war. Man spricht dann vom Auftreten eines Serendipitäts-Effektes. Tatsächlich kommen Erfindungen oft nicht geplant und intendiert zustande, sondern zufällig. Dies spiegelt die dem Forschungsprozess inhärente Ungewissheit wider (vgl. Brockhoff 1999, S. 35).

»Im Anschluss an die Innovation im engeren Sinne kann eine weitere Verbreitung dieser Neuerung erreicht werden. Man spricht dann von **Diffusion**« (Brockhoff 1999, S. 37). Die Diffusion bezeichnet die Ausbreitung der Innovation im Markt bzw. im Unternehmen z. B. in einem anderen Zweigwerk. Die Diffusionsphase beginnt mit der erstmaligen Übernahme (Adoption) der Innovation durch einen Konkurrenten oder der Imitation der Innovation durch einen Konkurrenten bzw. mit der Übernahme durch einen anderen Unternehmensbereich des eigenen Unternehmens.

Unstrittig ist, dass der Innovationsprozess (Innovation i. w. S.) wenigstens die Phasen bis zur Einführung des neuen Produktes in den Markt oder des neuen Verfahrens in die Fertigung umfassen muss. Ob der Diffusionsprozess auch zum Innovationsprozess zu rechnen ist, ist fraglich und umstrit-

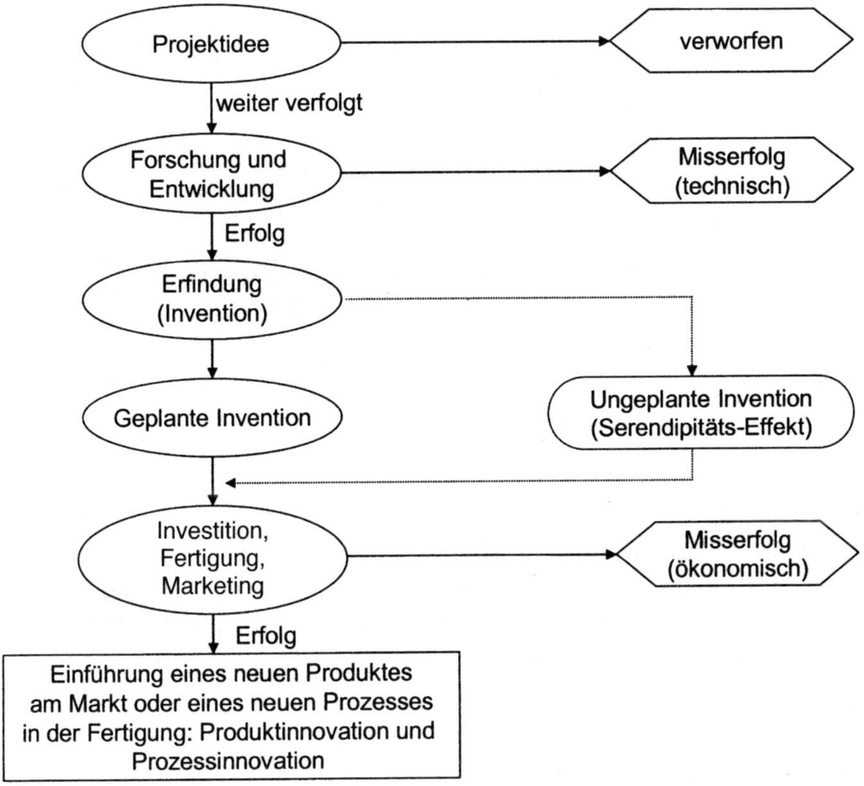

Abb. 1: Zusammenhang der Begriffe Invention und Innovation (Quelle: Brockhoff 1999, S. 36)

ten. Nach Ansicht von Hauschildt liegt hier eine Aufgabenstellung vor, die von den vorhergehenden Aufgabenstellungen stark abweicht. »Irgendwann muss das Innovationsprojekt in tägliche Routine überführt werden. Dieses ist der Zeitpunkt, an dem die Zuständigkeit des Innovationsmanagements endet und die des funktional oder divisional zuständigen Managements beginnt.« (Hauschildt 1997, S. 22) Während die betriebswirtschaftliche Innovationsforschung die Untersuchung des Innovationsprozesses mit der Einführung des Produktes in den Markt bzw. des Fertigungsprozesses im Unternehmen meistens beendet, untersucht die volkswirtschaftliche Innovationsforschung in stärkerem Maße den Diffusionsprozess der Innovation im Markt.

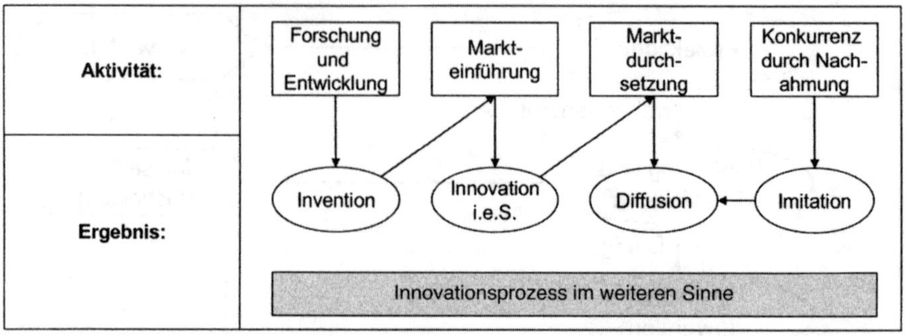

Abb. 2: Der Innovationsprozess im weiteren Sinne (Quelle: Brockhoff 1999, S. 38)

Den gesamten Innovationsprozess (Innovation im weiteren Sinne) stellt die obige Abbildung dar. Die Darstellung des Innovationsprozesses sollte nicht als eine notwendige zeitliche Sequenz, als zwingende sequenzielle Abfolge von Aktivitäten angesehen werden. So werden in der Praxis Teilschritte überlappend gestaltet oder laufen zeitlich parallel ab, um Innovationsprozesse zu beschleunigen (vgl. Brockhoff 1999, S. 43 f.). So ist es beispielsweise in der Automobilindustrie üblich, im Zeitpunkt der Markteinführung eines neuen PKW-Modells bereits mit der Entwicklung des Nachfolgemodells zu beginnen, obwohl das neu eingeführte Modell noch mindestens eine größere Überarbeitung vor sich hat.

2.1.4 Zur Unterscheidung von Forschung und Entwicklung

Die Begriffe Forschung und Entwicklung werden in Wissenschaft und Praxis uneinheitlich definiert. Verbindendes Merkmal ist, dass Forschung und Entwicklung der Weiterentwicklung bestehenden und/oder der Schaffung neuen Wissens dienen (so auch Specht/Beckmann 1996, S. 15). Nachfolgend wird die Betrachtung auf natur- und ingenieurwissenschaftliches Wissen verengt.

Unter dem Aspekt des Anwendungsbezuges bzw. der Anwendungsnähe kann unterschieden werden in Grundlagenforschung, Technologieentwicklung, Vorentwicklung sowie Produkt- und Prozessentwicklung (vgl. hierzu Specht/Beckmann 1996, S. 16).

1. Grundlagenforschung

Sie bezweckt die Gewinnung neuer wissenschaftlicher und technologischer Erkenntnisse und ist nicht an der direkten Umsetzbarkeit des Wissens in marktgängige Produkte und auf einen konkreten wirtschaftlichen Zweck hin orientiert. Beispiele für Grundlagenforschung sind die Erforschung von Elementarteilchen (Quarks, Neutrinos etc.) am Cern in Genf (unterirdische Speicherringe zur Erforschung der elementaren Materiebestandteile), die Erforschung der Kernfusion oder die Forschung an neuen Materialien und Werkstoffen, deren Anwendungspotenzial noch überhaupt nicht ersichtlich ist. Grundlagenforschung ist markt- und anwendungsfern. Die Ergebnisse der Grundlagenforschung sind im Allgemeinen nicht patentierbar. Die amerikanische National Science Foundation (NSF) definiert Grundlagenforschung wie folgt: Ziel ist »a fuller knowledge or understanding of the subject under study, rather than a practical application thereof«. Diese Definition wird von der NSF in einer späteren Publikation präzisiert: »To take into account industrial goals, NSF modifies this definition for the industry sector to indicate that basic research advances scientific knowledge not having specific commercial objectives, although such investigations may be in fields of present or potential interest to the reporting company.« (Rosenberg 1990, S. 171). Damit wird deutlich, dass die Unterscheidung zwischen Grundlagenforschung und angewandter Forschung nicht anhand der Ziele des Forschers getroffen werden kann.

Im Gegensatz dazu definiert die National Science Foundation (NSF) angewandte Forschung als »knowledge or understanding necessary for determining the means by which a recognized and specific need may be met« (vgl. zu diesen Definitionen der NSF auch Rosenberg 1990, S. 170).

Ergebnis von Grundlagenforschung ist nicht ein fertiges Endprodukt, das auf dem Markt einen Preis erzielt. Output der Grundlagenforschung ist eine Form von neuem Wissen, also ein Zwischenprodukt, das vielleicht (!) eine zukünftige Rolle spielen wird bei der Erfindung eines Endproduktes (vgl. Rosenberg 1990, S. 168 f.). Generell gilt, dass die Pfade von Grundlagenforschung zu ihrer Umsetzung in Anwendungen kompliziert sind (so auch Pavitt 2000, S. 3): »... the route from discovery to application is often long and tortuous, involving the movement of knowledge, techniques and instruments from one discipline to another. All this makes the forecasting and planning of applications of basic research a difficult, if not impossible task« (Pavit 2000, S. 11). Die Dynamik des Zusammenspiels von Grundlagenforschung und Anwendungsforschung ist sehr schwer nachvollziehbar und die genauen Zusammenhänge sind schwer eruierbar.

Auf Gewinnerzielung ausgerichtete Unternehmen betreiben in der Regel keine Grundlagenforschung (vgl. Specht/Beckmann 1996, S. 16). Die Ergebnisse der Grundlagenforschung haben im Allgemeinen den Charakter eines öffentlichen Gutes, d.h. andere Unternehmen sind von seiner Nutzung nicht ausschließbar (die Ergebnisse der Grundlagenforschung stehen allen Unternehmen und Forschungsinstitutionen offen) und es herrscht Nichtrivalität im Konsum, d.h. die Grenzkosten der Versorgung eines weiteren Nutzers mit den Ergebnissen der Grundlagenforschung sind minimal, im Idealfall gleich Null. Bei öffentlichen Gütern versagt aber die Bereitstellung über den Markt unter Nutzung des Preismechanismus. Daher wird Grundlagenforschung vor allem von staatlichen Institutionen und privaten Organisationen ohne Erwerbszweck betrieben. Träger der Grundlagenforschung sind in Deutschland z.B. Universitäten, die Max-Planck-Gesellschaft, die Helmholtz Gesellschaft, die Gesellschaft für Mathematik und Datenverarbeitung GMD (vor der Fusion mit der Fraunhofer Gesellschaft FhG) und private Forschungsinstitute wie das Batelle-Institut (vgl. Specht/Beckmann 1996, S. 16f.). Die Ausführungen in Kapitel 2.2.3 werden zeigen, dass Grundlagenforschung unter bestimmten Bedingungen auch von privaten, gewinnorientierten Unternehmen betrieben wird.

2. Technologieentwicklung

Anstelle des Begriffs Technologieentwicklung wird auch oft von »angewandter Forschung« gesprochen. Technologieentwicklung baut auf den Ergebnissen der Grundlagenforschung auf. Sie beabsichtigt die Gewinnung oder Weiterentwicklung technologischen Wissens, das der Lösung praktischer Probleme dienen soll. Es werden die Ergebnisse der Grundlagenforschung mit Anwendungsproblemen, anwendungsorientiertem Wissen und praktischer Erfahrung konfrontiert und zusammengeführt. Beispiele für so verstandene angewandte Forschung sind z.B. die Bemühungen, das Anwendungspotenzial der Brennstoffzelle als Energieerzeugungseinheit für Personenkraftwagen zu erforschen oder die Supraleittechnik für die Energieübertragung nutzbar zu machen.

3. Vorentwicklung

Die Vorentwicklung ist anwendungs- und umsetzungsnäher als die angewandte Forschung. Im Kern geht es hierbei um die anwendungsorientierte Entwicklung von Technologien zur Reife, um Studien zur technischen Machbarkeit geplanter Technologieumsetzungen, den Entwurf von Produktkonzepten und den Bau erster Prototypen.

4. Produkt- und Prozessentwicklung

In dieser Phase des FuE-Prozesses wird ein konkretes Produkt bzw. ein Produktionsprozess auf der Basis von Ergebnissen der Grundlagenforschung, der Technologieentwicklung und der Vorentwicklung hervorgebracht. Zu diesem Zweck müssen Ergebnisse der Grundlagenforschung, der Technologieentwicklung und der Vorentwicklung mit den Prognosen zu Anwendungspotenzialen und Einsatzmöglichkeiten der Technik und zu den Marktpotenzialen zusammengeführt werden. Ergebnis dieser letzten Phase ist die Markteinführung eines neuen Produktes bzw. der Start eines neuen Produktionsprozesses im Unternehmen (vgl. Specht/Beckmann 1996, S. 16 f.).

Die Abbildung auf S. 32 verdeutlicht die Abfolge und die Überlappung der verschiedenen Phasen des FuE-Prozesses.

Die bisherigen Ausführungen haben deutlich gemacht, dass mit dem Begriff Forschung und Entwicklung in technischer und ökonomischer Hinsicht teilweise sehr unterschiedliche Aktivitäten umfasst werden. Die daraus resultierende Problematik für das FuE-Management zeigt Brockhoff auf: »Obwohl sich im Sprachgebrauch Forschung und Entwicklung als ein einheitlicher Begriff darstellt, umfasst er verschiedene Arten von Tätigkeiten. Bei diesen Tätigkeiten kann der Eindruck entstehen, dass die Bedingungen für die Entstehung neuen Wissens sich so stark voneinander unterscheiden, dass dafür unterschiedliche Institutionen, voneinander getrennte organisatorische Einheiten und verschiedene Führungsmuster angebracht sind.« (Brockhoff 1999, S. 50)

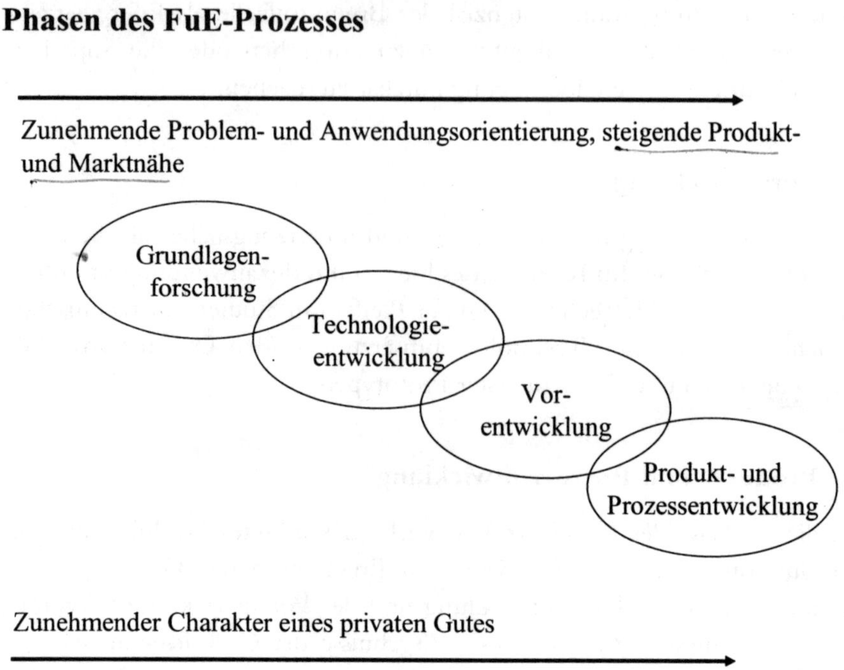

Abb. 3: Phasen des FuE-Prozesses (in Anlehnung an Specht/Beckmann 1996, S. 16)

2.2 Motive für privatwirtschaftlich finanzierte und öffentlich geförderte FuE

In den nachfolgenden Abschnitten werden die Motive und Ziele dargestellt, die private Unternehmen mit Forschung und Entwicklung verfolgen. Davon abzugrenzen sind die Motive und Ziele, die der Staat mit der Förderung von Forschung und Entwicklung verfolgt. Ebenfalls wird auf den Sonderfall eingegangen, dass private Unternehmen Grundlagenforschung betreiben und welche Ziele sie damit verfolgen. Das Kapitel wird mit grundsätzlichen Überlegungen, wie der Staat die Rahmenbedingungen für privatwirtschaftliche Grundlagenforschung verbessern kann, abgeschlossen.

Motive für privatwirtschaftlich finanzierte Forschung und Entwicklung

Ziel von FuE-Anstrengungen ist die Gewinnung neuen Wissens durch das Unternehmen. Privatwirtschaftliche Unternehmen betreiben Forschung und Entwicklung, um Wettbewerbsvorteile zu erzielen und letztlich ihre Gewinnsituation zu verbessern. Wettbewerbsvorteile können bestehen

- in einer Verbesserung der Kostenposition des Unternehmens (z.B. durch Prozessinnovationen)
- im Hervorbringen von Produkten, die sich aufgrund ihrer höheren Qualität, ihres erweiterten Funktionsumfanges und ihrer überlegenen Produkttechnologie von Produkten der Konkurrenten differenzieren und für die der Nachfrager eine erhöhte Zahlungsbereitschaft besitzt
- in einer gesteigerten Flexibilität des Unternehmens (z.B. durch eine neuartige Prozesstechnologie, die die Herstellung von mehreren Varianten eines Produktes zu geringeren Herstellkosten pro Stück als bisher erlaubt)
- im Verfügen über »Tauschware« beim Technologietransfer mit anderen Unternehmen (branchenfremde Unternehmen, Konkurrenten, Zulieferer, Kunden, z.B. können im Rahmen eines Cross Licensing Nutzungsrechte an Technologien getauscht werden)
- in der Möglichkeit, für die Überlassung der Nutzungsrechte an einer Technologie an ein anderes Unternehmen (Lizenzierung) Lizenzeinnahmen zu erzielen
- in einem Imagegewinn des Unternehmens oder der führenden Unternehmensvertreter
- in der Erhöhung der Lernfähigkeit des Unternehmens in dem entsprechenden Technologiefeld und seiner Aufnahmebereitschaft für außerhalb des Unternehmens entstandenes oder entstehendes neues Wissen sowie in der Erhaltung der technologischen Anschlussfähigkeit an die Konkurrenten, indem das Unternehmen in dem Technologiefeld eigene Forschung und Entwicklung betreibt (sog. absorptive capacity nach Cohen/Levinthal) (vgl. hierzu Cohen/Levinthal 1990). Derart wird es dem Unternehmen erleichtert, neue technologische Entwicklungslinien zu erkennen, zu bewerten und in das Unternehmen zu transferieren (vgl. Brockhoff 1999, S. 49).

Das durch FuE entstandene neue Wissen ist für privatwirtschaftliche Unternehmen im Regelfall also nur Mittel zur Erreichung unternehmerischer Ziele und nicht Selbstzweck. Die FuE-Anstrengungen privater Unternehmen sind meistens problem-, anwendungs- und marktnah sowie auf rasche kommerzielle Verwertung des neuen Wissens ausgerichtet.

Motive für öffentlich geförderte Forschung und Entwicklung

Grundlagenforschung und ihre Finanzierung werden als Hauptaufgabe des Staates angesehen. Die ökonomische Rechtfertigung für die staatliche Unterstützung der Grundlagenforschung wurde durch die Arbeiten von Nelson (1959) und Arrow (1962) gegeben:

Richard Nelson hat 1959 in seinem grundlegenden Artikel »The simple economics of basic scientific research« folgende Ergebnisse festgehalten: Grundlagenforschung führt zu positiven externen Effekten in der Form vielfältiger Anwendungsmöglichkeiten. Diese externen Effekte werden nicht voll ausgeschöpft, wenn private Firmen die Grundlagenforschung übernehmen und versuchen, die Ergebnisse der Grundlagenforschung durch Geheimhaltung oder Patente für sich selbst zu vereinnahmen (vgl. Pavitt 2000, S. 4; Nelson 1959).

Der zum Artikel von Nelson komplementäre Beitrag von Arrow (1962) mit dem Titel »Economic Welfare and the Allocation of Resources for Invention« betonte, dass der Output von Grundlagenforschung in Form von Information erfolgt, die zwar sehr kostenintensiv zu produzieren, aber kostenlos zu reproduzieren und wieder zu verwenden ist. Daher haben die Ergebnisse der Grundlagenforschung die Eigenschaften eines öffentlichen Gutes und verdienen daher staatliche Unterstützung (vgl. Pavitt 2000, S. 5; Arrow 1962).

Wie alle Modelle machten auch diese Modelle Vereinfachungen: Sie gehen z. B. nur von einem Land (im Falle von Nelson und Arrow den USA) aus. Erweitert man die Betrachtung auf mehrere Länder, so ergeben sich interessante Konsequenzen: Einige Länder könnten die Rolle von Trittbrettfahrern einnehmen und die Ergebnisse der Grundlagenforschung der anderen Länder für sich nutzen und die Finanzierung der eigenen Grundlagenforschung reduzieren bzw. aufgeben (vgl. Pavitt 2000, S. 5). Bell und

Callon weisen aber auf einen Aspekt hin, der dieser Strategie Grenzen setzt: Grundlagenforschung ist ein öffentliches Gut, aber kein freies Gut: Damit man Ergebnisse der Grundlagenforschung, die in anderen Ländern erzielt wurden, verstehen und nutzen kann, muss ein Land in Institutionen, Forschungsinfrastruktur und Netzwerke zwischen Universitäten und Unternehmen in beträchtlichem Umfang investieren. Zudem haben mehrere empirische Studien gezeigt, dass die Verbindungen zwischen Grundlagenforschung und Anwendung negativ korreliert sind mit geographischer Entfernung und positiv korreliert sind mit gemeinsamer Nationalität. Als Konsequenz bleiben viele Ergebnisse staatlich geförderter Grundlagenforschung am Ort ihrer Entstehung verankert (vgl. Bell/Callon 1994 sowie Pavitt 2000, S. 6, 8): »... it is highly questionable to assume that the useful results of basic research move easily across national boundaries« (Pavitt 2000, S. 16). Diese Aussage wird aber dadurch abgeschwächt, dass viele Unternehmen ihre Forschung und Entwicklung zunehmend globalisieren. Die Unternehmen lernen zunehmend, wie sie sich an ausländische Forschungsnetzwerke anschließen und von ausländischer Grundlagenforschung profitieren können. Diese Möglichkeit steht aber im Regelfall nur Großunternehmen aus der Triade (USA-Europa-Japan) offen, die versuchen, die technologischen Grenzen zu erweitern (vgl. Pavitt 2000, S. 16).

Dies führt uns zu der Frage, ob und unter welchen Bedingungen es für privatwirtschaftliche Unternehmen sinnvoll sein kann, Grundlagenforschung zu betreiben und selbst zu finanzieren (vgl. zum Folgenden Rosenberg 1990).

Motive für privatwirtschaftlich finanzierte Grundlagenforschung

Mehrere Argumente können dafür angeführt werden, dass der Markt keine hinreichenden Anreize für Investitionen in Wissensproduktion bereitstellt und daher bei Grundlagenforschung versagt:

1. Hohe Risiken und hohe Unsicherheit bei Grundlagenforschung (z. B. beträchtliche Investitionen in Milliardenhöhe für unterirdische Speicherringe, um Elementarteilchenforschung zu betreiben; ob hieraus überhaupt einmal wirtschaftlich und wissenschaftlich relevante Erkenntnisgewinne resultieren werden, ist derzeit unsicher).

2. Aus Sicht der ökonomischen Theorie ist Grundlagenforschung als öffentliches Gut anzusehen: Die zwei konstitutiven Merkmale für ein öffentliches Gut sind bei Grundlagenforschung erfüllt: Es herrscht Nichtrivalität im Konsum und Nicht-Ausschließbarkeit über den Preismechanismus (keine Patentierbarkeit). Öffentliche Güter stellt der Markt aufgrund des free rider-Problems (Trittbrettfahrerproblem) nicht bereit. Der soziale Nutzen, den die Grundlagenforschung für die Gesellschaft als Ganzes stiftet, ist höher als der private Nutzen, den der Grundlagenforscher für sich realisiert. Wenn Erkenntnisse der Grundlagenforschung erst einmal hervorgebracht sind, stehen sie allen Interessierten frei zur Verfügung. Der Erfinder hat daher gravierende Probleme, sich die Gewinne aus seiner Grundlagenforschung selbst anzueignen. Daher ist die Finanzierung von Grundlagenforschung eine staatliche Aufgabe, weil hier der Markt versagt. Sowohl in den USA als auch in Deutschland ist der Großteil der Grundlagenforschung durch den Staat finanziert.

3. Märkte für Wissen und damit auch der Markt für Grundlagenforschung versagen auch aufgrund des Informationsparadoxons nach Arrow: Um den Wert einer Information feststellen zu können, muss der Käufer sie kennen. Wenn der Käufer sie aber erst einmal kennt, hat er keine Anreize mehr, sie zu kaufen. Dies kann verhindert werden, indem der Erzeuger der Information Schutzrechte, z.B. in Form von Patenten, an der Information beantragt und erhält. Aber dies ist nur in begrenztem Umfang möglich, denn nicht alles Wissen ist patentierbar, was vor allem für die Ergebnisse von Grundlagenforschung gilt. Zudem ist zu beachten: Wenn Grundlagenforschung patentierbar wäre, würde dies ein Effizienzdilemma erzeugen: Wenn das Wissen erst einmal erzeugt ist, kann es zu Grenzkosten von 0 anderen zugänglich gemacht werden. Für dieses Wissen einen positiven Preis zu erheben, würde daher aus gesamtwirtschaftlicher Sicht mögliche Wohlfahrtsgewinne verschenken. Jede Verhinderung der Wissensnutzung erscheint aus Sicht der Gesellschaft daher suboptimal.

Fazit: Marktkräfte stellen keine starken Anreize bereit, in Forschung, vor allem in Grundlagenforschung zu investieren. Daher übernimmt der Staat die Finanzierung der entsprechenden Forschungsaktivitäten (vgl. Rosenberg 1990, S. 166) und staatliche Einrichtungen (z.B. Universitäten) nehmen Aufgaben der Grundlagenforschung wahr.

Diese Aussage wird aber von der Realität nicht immer bestätigt. Die empirische Evidenz zeigt vielmehr, dass private Firmen durchaus Grundlagenforschung durchführen. Tatsache ist, dass es nur sehr wenige, meistens sehr große Firmen in wenigen Branchen sind, die privat finanzierte Grundlagenforschung betreiben. Die Mehrzahl privater Firmen betreibt keine Grundlagenforschung.

Dies führt zu der Frage: Warum betreiben einige wenige Firmen Grundlagenforschung und finanzieren die entsprechenden Forschungsaktivitäten selbst?

Private Firmen geben für Grundlagenforschung nur Geld aus, wenn sie erwarten können, dass sie eine Ertragsrate für ihre Investitionen in den Wissensaufbau erzielen können, die mindestens der Ertragsrate entspricht, die sie mit anderen Investitionen z.B. in neue Fabriken realisieren können (vgl. Rosenberg 1990, S. 165). Investitionen in Grundlagenforschung sind langfristige Investitionen, sie erzeugen Umsatzerlöse, cash flows und Gewinne im Allgemeinen erst viele Jahre später.

Es mag für Firmen ausreichend sein, wenn sie sich zumindest einen Teil der Vorteile und Erträge ihrer Grundlagenforschung aneignen können. Es ist nicht zwingend erforderlich, dass das Unternehmen sich alle Erträge seiner Grundlagenforschung aneignen kann. Wenn sich das Unternehmen einen ausreichenden Teil der Erträge aneignen kann, kann dies bereits genügen, um hinreichend große Gewinne zu erzielen und Grundlagenforschung für das Unternehmen attraktiv zu machen (vgl. Rosenberg 1990, S. 167).

Wie kann sich ein Unternehmen zumindest einen Teil der Erträge aus seiner Grundlagenforschung aneignen?

Die **erste Erklärung** ist in first mover advantages zu sehen: Zu nennen sind hier z.B. Lernkurveneffekte (dies bezeichnet die Erscheinung, dass mit Zunahme der kumulierten Produktionsmenge, d.h. der Erfahrung, die ein Unternehmen mit der Produktion gesammelt hat, die Herstellkosten pro Stück sinken). Lernkurven können sich auf Kostensenkungen oder Performanceverbesserung des Produktes beziehen. Der Anbieter, der solche Lernkurven als erster durchläuft, kann damit Markteintrittsbarrieren und Wettbewerbsvorteile gegenüber Newcomern aufbauen. Zudem können first mover rechtzeitig und früher als ihre Wettbewerber wertvolle Aktiva akquirieren (z. B. Mineralvorkommen, Standorte), bevor ihr wahrer, durch die Forschungsergebnisse induzierter Wert sich zeigt und von anderen Unternehmen erkannt wird. Auf nachgelagerten Stufen der Wertschöpfungskette kann zudem Patentschutz auf benötigte Ressourcen erworben werden, was die Marktposition des Unternehmens verstärkt (vgl. Rosenberg 1990, S. 167). Aber: Neben first mover Vorteilen gibt es auch first mover Nachteile genauso wie late mover-Vorteile. So könnte z. B. ein late mover, d. h. ein Unternehmen, das erst später in einen von einem anderen Unternehmen als first mover erschlossenen Markt eintritt, von Wissens-Spillover-Effekten profitieren und die Fehler des first movers (z. B. beim Marketing des Produktes) vermeiden. Aber dennoch können first mover advantages eine Erklärung für die Investitionen privater Firmen in Grundlagenforschung geben.

Zweite Erklärung: Die meisten Firmen, die in Grundlagenforschung investieren, haben starke und gefestigte Marktmacht. Weil die Erträge von Grundlagenforschung erst langfristig anfallen, engagieren sich auch nur Firmen, die erwarten, langfristig im Geschäft zu bleiben, in der Grundlagenforschung (vgl. Rosenberg 1990, S. 167). Die meisten Labore, die Grundlagenforschung betreiben, gehören oft Firmen mit starken Marktpositionen: Bell Laboratories gehörten früher zum Telekommunikationsunternehmen ATT, heute sind sie eine Sparte des Netzwerkausrüsters Lucent. Weltbekannte Technologiekonzerne wie IBM, DuPont, Eastman Kodak, DaimlerChrysler und Siemens besitzen eigene Forschungslabore. Große Firmen können Grundlagenforschung besser kommerzialisieren, wenn sie über komplementäre Ressourcen wie z. B. starke Marketing- und Distributionsnetze verfügen, die ihnen die kommerzielle Verwertung ihrer Forschungsergebnisse ermöglichen (vgl. Rosenberg 1990, S. 168).

Dritte Erklärung: Kennzeichen von Forschungsprozessen ist das Unerwartete und das Ungeplante. Die Geschichte der Grundlagenforschung in der amerikanischen Industrie zeigt, dass Grundlagenforschung oft unbeabsichtigt erfolgte. Ergebnisse der Grundlagenforschung wurden oft realisiert als ungeplantes Nebenprodukt von Bemühungen, ein konkretes Problem zu lösen. Beispiel: Pasteur suchte um 1870 Methoden für die praktische Lösung eines Problems in der französischen Weinproduktion (Fermentation von Weinen). Bei der Lösung dieser konkreten und anwendungsnahen Probleme schuf er die Grundlagen der Bakteriologie (vgl. Rosenberg

1990, S. 169). In der Technikgeschichte wurden oftmals Durchbrüche in der Grundlagenforschung von Leuten erzielt, die eigentlich dachten, sie machen anwendungsnahe Forschung. Daher wird Grundlagenforschung in der Privatwirtschaft oft unbeabsichtigt durchgeführt (vgl. Rosenberg 1990, S. 170).

Die Trennung zwischen Grundlagenforschung und angewandter Forschung ist nach Ansicht von Rosenberg künstlich und arbiträr und in der Praxis sehr schwer durchzuführen (vgl. Rosenberg 1990, S. 169). Versuche, diese Bereiche anhand der Motive des Forschers abzugrenzen (Schaffung nützlichen Wissens in der angewandten Forschung, reine, zweckfreie Suche nach neuem Wissen ohne Berücksichtigung praktischer Anwendungen in der Grundlagenforschung), sind nach Ansicht von Rosenberg hoffnungslos (vgl. Rosenberg 1990, S. 169, 170).

Vierte Erklärung: Viele Aktivitäten von Firmen, die entscheidend für ihren Erfolg sind, hängen davon ab, ob das Unternehmen eine Fähigkeit in der Grundlagenforschung besitzt, selbst wenn diese Grundlagenforschung nicht konkrete Anwendungsprobleme löst. Oftmals müssen Firmen Grundlagenforschung betreiben, um besser verstehen zu können, in welchen Feldern sie angewandte Forschung betreiben sollen, und um effektive Entscheidungen über ihre angewandte Forschung machen zu können. Eine Fähigkeit in der Grundlagenforschung ist entscheidend dafür, die Ergebnisse der angewandten Forschung bewerten und ihre möglichen Implikationen erkennen zu können. Eine Fähigkeit in der Grundlagenforschung ist oftmals unverzichtbar, um die Forschungsergebnisse anderer Firmen überwachen und bewerten zu können. Damit sich Unternehmen an die Grundlagenforschung der Universitäten anschließen und davon profitieren können, müssen sie auch eigene Fähigkeiten in der Grundlagenforschung haben (absorptive capacity im Sinne von Cohen und Levinthal (vgl. Cohen/Levinthal 1990); oder die Universitäten passen sich im Wege des Technologietransfers an die Verwertungsbedürfnisse der Firmen an). Damit Firmen von den Ergebnissen fremder Forschung profitieren, sie verstehen, interpretieren und würdigen können, brauchen sie selbst die Fähigkeit zur Grundlagenforschung. Die Durchführung von Grundlagenforschung gibt dem Unternehmen daher Zugang zu einem Wissensnetzwerk: »The most effective way to remain effectively plugged in to the scientific network is to be a participant in the research process« (Rosenberg 1990, S. 171). Unter diesem Aspekt sind auch das öffentliche

Gut-Problem und die Appropriierungsproblematik zu relativieren. Damit man Wissen anderer nutzen kann, muss man selbst Fähigkeiten in dem betreffenden Wissensgebiet aufbauen.

Fünfte Erklärung: Die Bereitschaft von Firmen, in Grundlagenforschung zu investieren, wird auch von der staatlichen Beschaffungspolitik, vor allem im Militärbereich und im Raumfahrtbereich, beeinflusst. Private Firmen können ihre Sichtbarkeit und Chancen bei staatlichen Auftraggebern, vor allem bei Rüstungsaufträgen, erhöhen, wenn sie ihre Forschungsfähigkeiten signalisieren, indem sie Grundlagenforschung durchführen (vgl. Rosenberg 1990, S. 172).

Weitere Erklärungsansätze für das Phänomen, dass private Firmen Grundlagenforschung betreiben, sind in folgenden Punkten zu sehen:

- Kopplung des öffentlichen Gutes Grundlagenforschung mit einem privatem Gut (z.B. der Reputation des Unternehmens als Technologieführer in seiner Branche).
- Altruismus kann auch bei privatwirtschaftlichen Firmen einen Anreiz geben, öffentliche Güter bereitzustellen (das ist allerdings nicht sehr wahrscheinlich, denn das Gewinnerzielungsmotiv dominiert in den meisten privatwirtschaftlichen Unternehmen).
- Grundlagenforschung kann als Clubgut interpretiert werden (vgl. hierzu Olson 1998): Bei öffentlichen Gütern wird die free rider-Problematik eingeschränkt, wenn der Nutzerkreis sehr klein ist. Zu denken wäre z.B. an eine enge Forschungskooperation eines Unternehmens mit einem anderen Unternehmen bei der Grundlagenforschung. Eine kleine Gruppe hat eher die Möglichkeit, die Forschungsergebnisse innerhalb des Clubs zu halten und den Spillover von Wissen an Clubexterne zu unterbinden.

Staatliche Rahmenbedingungen zur Förderung privatwirtschaftlich finanzierter Grundlagenforschung

Es stellt sich die Frage, was staatliche Einrichtungen tun können, um Grundlagenforschung in privaten Unternehmen zu fördern. Ein wesentliches Charakteristikum von Grundlagenforschung ist darin zu sehen, dass sie langfristige Investitionen erfordert und auch langfristig durchgehalten und finanziert werden muss.

Alles, was die Aussichten von privaten Unternehmen auf **eventuelle** finanzielle Erträge steigert, steigert die Bereitschaft von Unternehmen, Grundlagenforschung zu finanzieren und zu betreiben. Es ist also zu fragen, ob die Regierungspolitik, die private Grundlagenforschung fördern will, die Aussichten für finanzielle Erträge der Firmen aus den Produkten, die mithilfe der Grundlagenforschung möglich wurden, verbessern kann. Alle makroökonomischen Politikmaßnahmen der Regierung, die das ökonomische Umfeld für langfristige Investitionen verbessern, verbessern auch die Bereitschaft von Firmen, in Grundlagenforschung zu investieren. Für den Erfolg von Grundlagenforschung sind stabile, langfristige Verpflichtungen und Selbstbindungen der Politik erforderlich. Umgekehrt betrachtet wird Grundlagenforschung durch erratische und unerwartete Wechsel im Umfeld von Unternehmen, z.B. häufige Wechsel von staatlichen Fördermaßnahmen und Förderpolitiken, erschwert. Grundlagenforschung wird hingegen gefördert durch:

- Reduktion von Unsicherheit (z.B. langfristige Förderzusagen von staatlichen Einrichtungen an private Unternehmen)
- Steigerung des Vertrauens und der Zuversicht von Firmen in stabile Rahmenbedingungen
- Zuversicht von Firmen, dass sich Regierungspolitik nicht häufig ändert
- Niedrige Zinsen und Reduktionen bei den Kapitalkosten begünstigen langfristige Investitionen in Grundlagenforschung, während steigende Zinsen und damit Erhöhungen bei den Kapitalkosten private Investitionen in Grundlagenforschung reduzieren
- Stärkeres Vertrauen von Firmen in die Stärke ihrer Kommerzialisierungsfähigkeiten (die im Allgemeinen downstream auf nachgelagerten Stufen der Wertschöpfungskette wie z.B. der Produktion oder dem Vertrieb liegen) verstärkt ihre Bereitschaft, in Grundlagenforschung zu investieren. Denn dann hat die Firma bessere Chancen, sich die Downstream-Gewinne aus ihrer Grundlagenforschung anzueignen (vgl. Rosenberg 1990, S. 173).

2.3 Zur gesamtwirtschaftlichen Bedeutung von Forschung und Entwicklung bzw. Innovationen

Zur zentralen Problematik von FuE-Statistiken: Bei mehreren FuE-Statistiken haben im Laufe der Zeit die Definition zentraler Begriffe und die Abgrenzungskriterien gewechselt. Daher ist insbesondere bei der Betrachtung längerfristiger Zeitreihen zu FuE-Daten eine gewisse Vorsicht geboten (so auch Brockhoff 1999, S. 76): »Zusammenfassend erkennt man, dass Daten über Forschungs- und Entwicklungsaktivitäten bisher noch nicht auf der Grundlage strenger, gleichmäßig angewandter Normen erhoben werden. Empirische Untersuchungen und insbesondere Vergleiche sind deshalb mit großer Vorsicht zu unternehmen.« (Brockhoff 1999, S. 79) Typische Fehlerquellen sind:

1. Die staatlich finanzierte Forschung in den Hochschulen, Museen usw. kann nur durch Schätzungen von den vielfältigen anderen Aufgaben dieser Einrichtungen (z. B. Lehre, Verwaltung, Attrahierung von Touristen) getrennt werden. Die Schätzungen für die Forschung dieser Einrichtungen sind damit tendenziell zu hoch und müssten um die Nicht-Forschungsaufgaben bereinigt werden.

2. Die Erhebung der FuE-Aktivitäten in der privaten Wirtschaft erfolgt auf freiwilliger Basis. Sie kann und wird daher nicht alle Unternehmen erfassen. Daraus ergibt sich tendenziell eine zu niedrige Schätzung der Forschung und Entwicklung in privaten Unternehmen.

3. Problematisch ist bei der Erfassung der privatwirtschaftlichen FuE die Beachtung und Einhaltung der von der OECD vorgegebenen Begriffsabgrenzungen (wie sie durch das Frascati-Manual der OECD z. B. für die Begriffe Forschung, Entwicklung etc. normiert werden) bei der Beantwortung der Fragebögen durch die befragten Unternehmen. Die Auswirkungen dieser statistischen Erfassungsprobleme auf das Untersuchungsergebnis sind nicht eindeutig feststellbar (vgl. Brockhoff 1999, S. 80).

	Mittelherkunft				
Mittelverwendung	Bund, Länder und Gemeinden	Wirtschaft	Private Forschungsinstitute	Ausland	**Summe**
Hochschulen	6987	909	--	139	8035
Außeruniversitäre Forschung	6262	141	128	147	6678
Wirtschaft	2608	31677	81	744	35110
Summe	15857	32727	209	1030	49823

Abb. 4: Bruttoinlandsausgaben für Forschung und Entwicklung der Bundesrepublik Deutschland nach durchführenden Sektoren (Jahr 2000, in Mio. €) (Quelle: in Anlehnung an Brockhoff 1999, S. 81; Bundesministerium für Bildung und Forschung 2002, Tabelle 3, S. 350 f.)

Die Entwicklung von FuE-Ausgaben in der Wirtschaft zeigt die nachfolgende Abbildung, die Werte berücksichtigen die zwischenzeitliche Inflationsentwicklung und sind inflationsbereinigt. Es zeigt sich: »Das reale Wachstum der Forschungs- und Entwicklungsaufwendungen ist wesentlich geringer als das der nominalen Werte. Tatsächlich kommt es mehrfach sogar zu einer Reduktion der realen Aufwendungen.« (Brockhoff 1999, S. 83) Ersichtlich ist dies an der Entwicklung des Personalbestandes in der nachfolgenden Tabelle (Abb. 5 auf S. 44).

Wichtig ist auch, dass sich die Forschungsintensitäten in den verschiedenen Branchen teilweise stark voneinander unterscheiden. Dies verdeutlicht die nachfolgende Abbildung (Abb. 6 auf S. 44).

Neueste Zahlen, die die Bedeutung von Forschung und Entwicklung für die deutsche Wirtschaft deutlich machen und aufzeigen, dass FuE ein bedeutender Wirtschaftsfaktor ist:

Im Jahr 1999 wurden in Deutschland insgesamt 48,2 Mrd. € für FuE aufgewendet, davon wurde FuE im Umfang von 33,6 Mrd. € im Wirtschaftssektor, im Umfang von 6,6 Mrd. € im Staatssektor und im Umfang von

		1969*	1995*	1999
A	Gesamtaufwendungen der Wirtschaft in Mio. €	3621	29962	39685
B	Interne Aufwendungen der Wirtschaft in Mio. €	3492	26817	33623
C	Anteil interne Aufwendungen an den Gesamtaufwendungen	96,4	89,5	84,72
D	F&E Preisindex	85,13	282,71	-
E	Reale Aufwendungen der Wirtschaft [B/D*100]	8023	18552	-
F	Personal (Vollzeit-Äquivalente)	174791	283316	306698
G	Anteil der Pers.-Aufwendungen			
	- an den internen Aufwendungen (ohne Investitionsaufwendungen)	64,8	64,1	64,8
	- an den internen Aufwendungen B insgesamt	50,3	59,8	
H	Grundlagenforschung [in % von B]	5,2	5	-

* umgerechnet in €

Abb. 5: Ausgewählte Daten zu Forschung und Entwicklung in der deutschen Wirtschaft 1969–1999 (Quelle: in Anlehnung an Brockhoff 1999, S. 82 und Bundesministerium für Bildung und Forschung 2002, S. 309ff. sowie Günterberg/Wolter 2002, S. 290)

Struktur der FuE-Aufwendungen (Stand 1999)

Forschungsintensität[1]

in den alten Bundesländern
4,2 % vom Umsatz

in den neuen Bundesländern
4,3 % vom Umsatz

FuE-Intensität differiert dabei je nach Wirtschaftszweig:

- im Maschinenbau wurden insgesamt **3,3 %**
- in der Elektrotechnik **6,7 %** und
- in der chemischen Industrie **6,7 %** vom Umsatz für FuE ausgegeben

[1]Anteil der FuE-Gesamtaufwendungen an den Umsätzen der FuE - betreibenden Unternehmen

Abb. 6: Struktur der FuE-Aufwendungen (Quelle: Grenzmann/Marquardt/Wudte 2001)

7,9 Mrd. € in Universitäten durchgeführt (vgl. Grenzmann/Marquardt/Wudte 2001, Anhang S. 3). Die Statistik des Stifterverbandes für die Deutsche Wissenschaft subsumiert unter dem Wirtschaftssektor sowohl private als auch öffentliche Betriebe (vgl. Grenzmann/Marquardt/Wudte 2001, Anhang S. 40). Zum Staatssektor zählen dabei laut Statistik des Stifterverbandes für die Deutsche Wissenschaft unter anderem die Großforschungseinrichtungen des Staates wie z.B. das Forschungszentrum Karlsruhe, Jülich, Geesthacht, das Deutsche Zentrum für Luft- und Raumfahrt DLR, die Forschungsinstitute der Fraunhofer-Gesellschaft und die Max-Planck-Gesellschaft (vgl. Grenzmann/Marquardt/Wudte 2001, Anhang S. 40).

2.3.1 Umfang privatwirtschaftlich finanzierter FuE in Deutschland

Im Jahr 2000 haben deutsche Unternehmen über 110.000 Patente und ca. 87.000 nationale Marken beim Deutschen Patent- und Markenamt (vgl. Grenzmann/Marquardt/Wudte 2001, S. 3, 11) angemeldet. Der Umsatzanteil der seit fünf Jahren neu eingeführten und der wesentlich verbesserten Produkte betrug 56,6% im Jahr 1999 in Gesamtdeutschland (vgl. Grenzmann/Marquardt/Wudte 2001, S. 12, 41). Bei Unternehmen der neuen Bundesländer betrug diese Kenngröße 64% (vgl. Grenzmann/Marquardt/Wudte 2001, S. 41). Diese Größe ist ein guter Indikator für die Innovationsgeschwindigkeit und den Innovationserfolg von Unternehmen (vgl. Grenzmann/Marquardt/Wudte 2001, S. 41).

Unternehmen und Institutionen der Gemeinschaftsforschung wendeten 1999 39,7 Mrd. € für Forschung und Entwicklung auf (vgl. Grenzmann/Marquardt/Wudte 2001, S. 3, 11, 17).

Zahlen zur Mittelverwendung (Stand 1999):

Von den 39,7 Mrd. € Gesamtaufwendungen wurden 33,6 Mrd. € für interne FuE aufgewendet sowie in Höhe von 6 Mrd. € Forschungsaufträge an Dritte vergeben. Dritte in diesem Sinne sind z.B. externe, spezialisierte Forschungslabors oder andere private Unternehmen wie z.B. Contract

Research Organizations (CROs, Beispiel: das Porsche Entwicklungszentrum in Weissach entwickelt im Auftrag von Opel das PKW-Modell Zafira). Zu nennen sind hier auch FuE-Kooperationen mit anderen Unternehmen, öffentliche oder private Hochschulen und ausländische Forschungseinrichtungen. Dabei stiegen die externen FuE-Aufwendungen in den vergangenen Jahren prozentual stärker an als die internen FuE-Aufwendungen (vgl. Grenzmann/Marquardt/Wudte 2001, S. 18, 26f.). Von den internen FuE-Aufwendungen in Höhe von 33,6 Mrd. € wurden 31,8 Mrd. € in FuE-Stätten der alten Bundesländer und 1,8 Mrd. € in FuE-Stätten der neuen Bundesländer und Berlin-Ost eingesetzt.

Gegliedert nach der Verwendungsart werden 66% der gesamten internen FuE-Aufwendungen der Wirtschaft für Produktinnovationen, 24% für Prozessinnovationen und rund 10% für kombinierte Produkt- und Prozessinnovationen eingesetzt (vgl. Grenzmann/Marquardt/Wudte 2001, S. 11). Von den internen FuE-Aufwendungen der Unternehmen wurden im Jahr 1999 95% auf angewandte FuE und gut 5% auf Grundlagenforschung verwandt (vgl. Grenzmann/Marquardt/Wudte 2001, S. 28): »Die angewandte FuE ist also das eigentliche Aktionsfeld der Unternehmen.« (vgl. Grenzmann/Marquardt/Wudte 2001, S. 28)

Von den gesamten FuE-Aufwendungen entfielen im Jahr 1999 15,4 Mrd. € auf den Fahrzeugbau, 7,5 Mrd. € auf die Elektrotechnik/Elektronik, 6,7 Mrd. € auf die Chemieindustrie und 3,7 Mrd. € auf den Maschinenbau (vgl. Grenzmann/Marquardt/Wudte 2001, S. 17, Anhang S. 6). Auffällig ist, dass in den genannten vier Wirtschaftszweigen der Großteil der FuE-Ausgaben von Unternehmen mit mehr als 1.000 Beschäftigten erbracht wird, z. B. in der Chemieindustrie entfallen 89,2% der FuE-Ausgaben auf diese Unternehmenskategorie, in der Elektrotechnik/Elektronik 75,5%, im Fahrzeugbau 98% und im Maschinenbau immerhin noch 57,4% (vgl. Grenzmann/Marquardt/Wudte 2001, S. 11).

Zahlen zur Mittelherkunft (Stand 1999):

Beim Mittelaufkommen hat der Wirtschaftssektor mehr als 90% der FuE-Aufwendungen selbst finanziert, nur 6,7% wurden vom Staat (z. B. Subventionen für FuE) aufgebracht. Der Anteil des Staates an der Finanzierung der FuE-Ausgaben der deutschen Wirtschaft ist seit Jahren rückläufig (vgl. Grenzmann/Marquardt/Wudte 2001, S. 11). Die staatliche Unterstützung konzentriert sich überwiegend auf den Luft- und Raumfahrzeugbau. Die Wirtschaft finanziert ihre FuE-Ausgaben somit überwiegend selbst (vgl. Grenzmann/Marquardt/Wudte 2001, S. 24).

Struktur der FuE-Aufwendungen (Stand 1999):

Der Wirtschaftssektor beschäftigte im Jahr 1999 306.700 Personen (Vollzeitäquivalente) im FuE-Bereich. Wissenschaftler und Ingenieure haben daran einen Anteil von 49%, Techniker ca. 25% und sonstiges FuE-Personal ebenfalls ca. 25%. Davon waren 24.500 in Unternehmen und Institutionen der Gemeinschaftsforschung der neuen Bundesländer und 282.200 in den alten Bundesländern beschäftigt. Das FuE-Personal in den neuen Bundesländern stellt damit 8% des gesamten FuE-Personals des deutschen Wirtschaftssektors (vgl. Grenzmann/Marquardt/Wudte 2001, S.20). In Thüringen ist der Anteil der FuE-Beschäftigten an allen Beschäftigten mit 2,94% höher als in Nordrhein-Westfalen mit 2,61%, Sachsen gehört mit 4,06% Anteil der FuE-Beschäftigten an allen Beschäftigten zur Gruppe der besonders FuE-intensiven Bundesländer, zu der sonst noch Hessen, Bayern, Baden-Württemberg, Rheinland-Pfalz, Hamburg und Berlin gehören (vgl. Grenzmann/Marquardt/Wudte 2001, S.11). Generell gilt aber bei einer Durchschnittsbetrachtung: In den neuen Bundesländern kamen 37 Forscher auf 10.000 Erwerbstätige, in den alten Bundesländern kamen 95 Forscher auf 10.000 Erwerbstätige, d.h. in den neuen Bundesländern findet FuE nach wie vor auf geringerem Niveau als in den alten Bundesländern statt (vgl. Grenzmann/Marquardt/Wudte 2001, S. 20). Ein Grund hierfür sind auch die unterdurchschnittlichen Forschungsaktivitäten in den drei Neuen Bundesländern Brandenburg, Sachsen-Anhalt und Mecklenburg-Vorpommern.

Von den internen FuE-Aufwendungen der Unternehmen entfielen im Jahr 1999 rund 65% auf laufende Personalaufwendungen, 35% auf laufende Sachaufwendungen und 8,6% auf Investitionen (z.B. in Gebäude, Labore und langfristig nutzbare Forschungsgeräte).

Die Forschungsintensität (d.h. Anteil der FuE-Gesamtaufwendungen an den Umsätzen der FuE-betreibenden Unternehmen) betrug im Jahr 1999 in den alten Bundesländern 4,2% vom Umsatz, in den neuen Bundesländern 4,3% vom Umsatz. Auffällig ist, dass ostdeutsche Klein- und Mittelunternehmen deutlich höhere FuE-Intensitäten als westdeutsche KMU aufweisen. So wurden von Unternehmen bis 100 Beschäftigten 1999 in Ostdeutschland 8,5%, in Westdeutschland 4,8% vom Umsatz für FuE ausgegeben (vgl. Grenzmann/Marquardt/Wudte 2001, S. 23). Die FuE-Intensität differiert dabei je nach Wirtschaftszweig: Im Maschinenbau wurden im Jahr 1999 insgesamt 3,3%, in der Elektrotechnik 6,7% und in der chemischen Industrie 6,7% vom Umsatz für FuE ausgegeben (vgl. Grenzmann/Marquardt/Wudte 2001, S. 24). Kernergebnis: »Insgesamt konzentrieren sich rund 73% des FuE-Personals … und rund 74% der internen FuE-Aufwendungen auf die vier Bundesländer Baden-Württemberg, Bayern, Nordrhein-Westfalen und Hessen. Auf die neuen Bundesländer einschließlich Berlin-Ost entfielen 1999 8% des FuE-Personals bzw. 5,3% der internen FuE-Aufwendungen.« (Grenzmann/Marquardt/Wudte 2001, S. 32)

Bemerkenswert ist, dass Sachsen 46,9% des FuE-Personals in den neuen Bundesländern auf sich vereinigt (vgl. Grenzmann/Marquardt/Wudte 2001, S. 36).

2.3.2 Umfang staatlich finanzierter FuE in Deutschland

Wie bereits im vorigen Punkt angeführt, finanziert der Staat auch von Privatunternehmen betriebene Forschung und Entwicklung. Im Jahr 1999 waren 6,7% der FuE-Gesamtaufwendungen der deutschen Wirtschaft vom Staat finanziert, gegenüber dem Anteil von 12,5% im Jahre 1985 zeigt sich somit ein deutlicher Rückgang des staatlichen Finanzierungsanteils bei privater FuE (vgl. Grenzmann/Marquardt/Wudte 2001, S. 11).

In den Haushaltsbudgets vieler Länder hat der Stellenwert von Bildung und Wissenschaft, Forschung und Technologie in den letzten Jahren relativ an Bedeutung verloren. In Deutschland ist der Anteil der FuE-Ausgaben an den gesamten Ausgaben des Staates im Zeitraum von 1990 bis 1998 von 3,5% auf 2,6% zurückgegangen. Zum Vergleich: Die USA geben 4,2% des staatlichen Budgets für FuE im Jahr 1998 aus, dieser hohe Wert ist aber auch durch die Ausgaben für Militärforschung in den USA bedingt (vgl. Legler/Licht/Egeln 2001, S. 46).

2.3.3 FuE- Sektoren im internationalen Vergleich

Ein Vergleich der Wirtschaftsräume EU, Japan und USA unter dem Aspekt der FuE-Aufwendungen ermöglicht interessante Erkenntnisse.

1999 waren in der EU 926.200 Personen (Vollzeitäquivalente) in Unternehmen und Institutionen der Gemeinschaftsforschung im Bereich FuE beschäftigt. In Japan waren es im gleichen Zeitraum 604.500 und in den USA 974.600 Beschäftigte (umgerechnet zu Vollzeitäquivalenten). Dabei ist zu beachten, dass die Zahl der USA nur die Wissenschaftler und Ingenieure, nicht aber Techniker und sonstiges im FuE-Bereich beschäftigtes Personal umfasst. Tendenziell wird also in dieser Statistik die Personalbesetzung in den FuE-Bereichen amerikanischer Unternehmen unterschätzt. Die entsprechenden Vergleichszahlen (Wissenschaftler und Ingenieure) lauten für die EU 449.900 Vollzeitäquivalente und für Japan 433.800 Vollzeitäquivalente. Amerikanische Unternehmen beschäftigen somit in ihren FuE-Laboren mehr Wissenschaftler und Ingenieure als Europa und Japan zusammen (vgl. Grenzmann/Marquardt/Wudte 2001, S. 46). Vergleicht man die Aufwendungen für FuE in europäischen, japanischen und amerikanischen Unternehmen, so wird die Dominanz amerikanischer Firmen

FuE-Input / **Land**	Beschäftigung im FuE-Sektor (Vollzeitäquivalente)	Interne Aufwendungen für FuE
EU	926.200 Personen (davon 449.900 Wissenschaftler und Ingenieure)	94,3 Mrd. € (darunter deutsche Unternehmen 31,4 Mrd. €)
Japan	604.500 Personen (davon 433.800 Wissenschaftler und Ingenieure)	62,9 Mrd. €
USA	974.600 Personen (nur Wissenschaftler und Ingenieure)	177,4 Mrd. €

Abb. 7: FuE-Sektoren im internationalen Vergleich (1999) (Quelle: In Anlehnung an Grenzmann/Marquardt/Wudte 2001)

im FuE-Bereich noch deutlicher. Im Jahr 1999 gaben Unternehmen der Europäischen Union 94,3 Mrd. € (darunter deutsche Unternehmen 31,4 Mrd. €) für interne FuE aus, japanische Unternehmen gaben 62,9 Mrd. € für interne FuE aus, amerikanische Unternehmen gaben hingegen 177,4 Mrd. €, also mehr als die europäischen und japanischen Unternehmen zusammen, für interne FuE aus (vgl. Grenzmann/Marquardt/Wudte 2001, S. 48).

Im Jahr 1999 betrug die FuE-Intensität (Anteil der FuE-Ausgaben am deutschen Bruttoinlandsprodukt) der deutschen Volkswirtschaft 2,4% (vgl. Legler/Licht/Egeln 2001, S. b), den höchsten Wert im internationalen Vergleich weist Schweden mit 4% auf, dahinter folgen Japan, Finnland, Schweiz, USA, Korea und danach Deutschland (vgl. Legler/Licht/Egeln 2001, S. 15).

2.4 Zur technologischen Wettbewerbsfähigkeit von Ländern – am Beispiel Deutschlands

Seit Jahren zeichnet sich in der deutschen Wirtschaft ein doppelter Strukturwandel von den nicht-FuE-intensiven Wirtschaftszweigen der Sachgut- und Dienstleistungswirtschaft zugunsten der FuE-intensiven Wirtschaftszweige und von den Industriebranchen zugunsten von wissens- und technologieintensiven Dienstleistungsbranchen (vor allem IT-Dienstleistungen, Medien und Werbebranche) ab (vgl. Legler/Licht/Egeln 2001, S. d, 22).

Technologische Leistungsfähigkeit einer Volkswirtschaft ist ein komplexes Phänomen, das man nicht an einem einzigen Indikator (z.B. Anteil der Ausgaben für FuE am Bruttosozialprodukt) oder einer einzigen Technologie festmachen kann (vgl. Legler/Licht/Egeln 2001, S. a). Damit stellt sich die Frage, was Indikatoren sind, mit denen man die technologische Leistungsfähigkeit einer Volkswirtschaft abschätzen kann. Zu nennen wären hier beispielsweise die Zahl der Patente »als Indiz für die Ergebnisse unternehmerischer Forschung und Entwicklung und als ›Frühindikator‹

für Expansionsmöglichkeiten auf innovativen Märkten« (Legler/Licht/Egeln 2001, S. 16). Ein weiterer Indikator für die technologische Leistungsfähigkeit einer Volkswirtschaft kann die Zahl der von den Unternehmen in den letzten 5 Jahren neu eingeführten Produkte, der Umsatzanteil neuer Produkte oder die Zahl der Unternehmen mit neuen Produkten als Maßstab für den Umfang der Innovationsaktivitäten sein (vgl. Legler/Licht/Egeln 2001, S. 17). Ein weiterer Indikator für die technologische Leistungsfähigkeit einer Volkswirtschaft kann ihr Anteil an den Weltmärkten für bestimmte forschungsintensive Güter sein (vgl. Legler/Licht/Egeln 2001, S. 18). Vergrößerungen von Weltmarktanteilen können aber nicht nur auf überlegene technologische Leistungsfähigkeit, sondern auch auf die Abwertung der heimischen Währung gegenüber anderen Währungen zurückzuführen sein (vgl. Legler/Licht/Egeln 2001, S. 19). Ein letzter hier aufgeführter Indikator für die technologische Leistungsfähigkeit einer Volkswirtschaft kann die Produktion, Beschäftigung und Investitionen im forschungsintensiven Sektor einer Volkswirtschaft sein.

Die technologische Leistungsfähigkeit ändert sich nicht über Nacht, sondern ist einer evolutionären Entwicklung in Form von Prozessen des mittel- und langfristigen Aufbaus und der mittel- und langfristigen Degeneration der technischen Leistungsfähigkeit einer Volkswirtschaft unterworfen. Die Folgen einer erodierten bzw. gesteigerten technologischen Leistungsfähigkeit schlagen sich zudem erst mit einer gewissen Zeitverzögerung in den Wachstumsraten von Bruttosozialprodukt, Einkommen und Beschäftigung nieder (vgl. Legler/Licht/Egeln 2001, S. 1). Verfall oder Verbesserung der technologischen Leistungsfähigkeit einer Volkswirtschaft oder einer Branche sind schwer erkennbare und beobachtbare Langfristentwicklungen, die sich teilweise über Jahre oder sogar Jahrzehnte relativ unbemerkt vollziehen können. Ein Beispiel hierfür wäre der seit den 1980er Jahren langsam einsetzende Verlust an technologischer Wettbewerbsfähigkeit in der deutschen Pharmaindustrie, der schließlich in einer krisenhaften Verschärfung der Situation vieler deutscher Pharmaunternehmen in den Jahren 2002 und 2003 mündete.

Die nachfolgenden Ausführungen stützen sich auf den Bericht zur technologischen Leistungsfähigkeit Deutschlands, der jährlich von fünf Wirtschaftsforschungsinstituten im Auftrag des Bundesministeriums für Bildung und Forschung (BmBF) erstellt wird.

Anhand der deutschen Patentanmeldungen, der strukturellen Zusammensetzung und der Wachstumsraten der deutschen Exporte (Spitzentechnik, höherwertige Technik oder low tech?) und der Höhe der FuE-Aufwendungen lässt sich erkennen, dass die deutsche Wirtschaft nicht auf Spitzentechnologien spezialisiert ist, sondern auf höherwertige Technologie, in der anspruchsvolle FuE-Aufgaben, aber nicht übermäßig hohe FuE-Aufwendungen erforderlich sind (vgl. Legler/Licht/Egeln 2001, S. c). Die technologische Leistungsfähigkeit der deutschen Volkswirtschaft zeigt sich in besonderem Maße am Automobilbau, der als besondere Stärke der deutschen Wirtschaft gilt. Mehr als 25 % der FuE-Ausgaben der deutschen Wirtschaft entfallen auf den Automobilsektor. Die Innovationskraft der deutschen Automobilindustrie spiegelt sich wider bei der regen Patenttätigkeit und bei den hohen Wachstumsraten der Exporte und den steigenden Weltmarktanteilen (vgl. Legler/Licht/Egeln 2001, S. f/g). Der Bericht zur technologischen Leistungsfähigkeit Deutschlands aus dem Jahr 2000 konstatiert hierzu: »Innerhalb des forschungsintensiven Industriesektors setzt Deutschland seine FuE-Schwerpunkte weit mehr als andere Länder in der Hochwertigen Technik. Hierzu gehören Automobil-, Maschinen- und Schienenfahrzeugbau, Elektrotechnik und die Chemische Industrie.« (vgl. Legler/Licht/Egeln 2001, S. 40) Demgegenüber sind Defizite der deutschen Volkswirtschaft bei jungen, anspruchsvollen Spitzentechnologien zu konstatieren. Im Bericht zur technologischen Leistungsfähigkeit Deutschlands 2000 konstatieren 4 Wirtschaftsforschungsinstitute und der Stifterverband für die Deutsche Wissenschaft Anpassungs- und Nachholbedarf bei diesen jungen Technologien und die Notwendigkeit, das Innovationssystem der deutschen Wirtschaft schrittweise zu reformieren (vgl. Legler/Licht/Egeln 2001, S. a). In einem früheren Jahresbericht führen die Wirtschaftsforschungsinstitute hierzu aus: »Ohne die traditionellen Stärken in der kompetenten Adoption und Umsetzung technologischer Neuerungen entlang vorgezeichneter Entwicklungspfade zu vernachlässigen, sollte das deutsche Innovationssystem sich deutlich stärker als bisher in Richtung echter technologischer Neuerungen orientieren« (vgl. Legler/Licht/Egeln 2001, S. b). An technologischer Wettbewerbsfähigkeit hat in den letzten 30 Jahren vor allem die Pharmaindustrie in Deutschland verloren. Der Prozentanteil der deutschen Pharmaindustrie an den Gesamtausgaben für Pharmaforschung in den OECD-Ländern hat sich von 1973 bis 1997 fast halbiert. Damit einher gingen Anteilsverluste an der Zahl der Patente und der Zahl der neu eingeführten Medikamente. Als führendes Land in der Pharmaforschung gelten heute die USA (vgl. Legler/Licht/Egeln 2001, S. b). Ebenfalls an technologischer Wettbewerbsfähigkeit hat die deutsche Industrie im Bereich der Informations- und Kommunikationsgeräte verloren. Laut Angaben des Berichts zur technologischen Wettbewerbsfähigkeit 2000 hat im Bereich der Mobilkommunikation und im Internetbereich allerdings in Deutschland ein Aufholprozess begonnen, der sich in steigenden Patentanmeldungen niederschlägt. Zudem drücken die Autoren des Berichts zur technologischen Leistungsfähigkeit Deutschlands 2000 die Erwartung aus, dass die deutsche Wirtschaft trotz bestehender technologischer Defizite bei der IKT-Hardware eine Stärke bei der Anwendung von IKT in anderen Wirtschaftssektoren zur Realisierung von Produkt- und Prozessinnovationen in diesen Sektoren entwickeln wird (vgl. Legler/Licht/Egeln 2001, S. i).

Besondere Aufmerksamkeit widmet der Bericht zur technologischen Leistungsfähigkeit Deutschlands im Jahr 2000 der technologischen Leistungsfähigkeit der neuen Bundesländer: Die technologische Wettbewerbsposition der neuen Bundesländer hat sich in der zweiten Hälfte der 1990er Jahre weiter verbessert. Dies zeigt sich an der zunehmenden Zahl von Patentanmeldungen aus Ostdeutschland. Dabei knüpft die ostdeutsche Wirtschaft vielfach an den Stärken (z.B. Optik), aber auch den Schwachstellen der ehemaligen DDR-Wirtschaft an. Darüber hinaus hat die ostdeutsche Wirtschaft auch in Bereichen der Hochtechnologie wie z.B. Biotechnologie (Jena), Mikroelektronik (Dresden) und Oberflächentechnik zunehmende Erfolge erreicht. Der Bericht zur technologischen Leistungsfähigkeit Deutschlands 2000 betont die starke Verbesserung der ostdeutschen Wirtschaft in den Feldern Optik, Kfz- und Schienenfahrzeugbau, Medizintechnik, Polymere und Konsumgüter bei den Patentanmeldungen. Besondere Erwähnung findet die Umwelttechnik (Bodensanierung, Wasser- und Luftreinhaltungstechniken), die bereits zu DDR-Zeiten ein Schwerpunkt der DDR-Forschung war und heute eine technologische Stärke der neuen Bundesländer darstellt (vgl. Legler/Licht/Egeln 2001, S. 61 f.). Die Wirtschaftsforschungsinstitute und der Stifterverband für die Wissenschaft weisen in ihrem Bericht zur technologischen Leistungsfähigkeit Deutschlands 2000 aus, dass sich in Ostdeutschland einige Wachstumspole entwickelt haben. Sie nennen explizit die Ballungsräume Leipzig, Dresden, Halle/Saale, Jena, Erfurt, Chemnitz und vor allem den Großraum Berlin. Die

Wirtschaftsforschungsinstitute kommen in ihrem Gutachten aber auch zu dem Schluss: »Verhaltensweisen und Strukturen der technologischen Leistungsfähigkeit in Ost- und Westdeutschland haben sich insgesamt gesehen in den letzten zehn Jahren nur wenig angeglichen. Trotz der vereinzelten Herausbildung von sektoralen oder regionalen Wachstumspolen muss davon ausgegangen werden, dass die Divergenzen im technologischen Entwicklungsniveau zwischen den neuen und alten Bundesländern noch über einen längeren Zeitraum bestehen bleiben werden«. (Legler/Licht/Egeln 2001, S. f.) Ein noch viel interessanteres Ergebnis ist aber Folgendes: Die ostdeutsche Wirtschaft hat schwache technologische Positionen in den breiten Anwendungsfeldern z.B. Maschinenbau, Elektrotechnik, Chemie, die als traditionelle Stärke der westdeutschen Wirtschaft gelten. In ausgewählten Bereichen der Spitzentechnik sind Unternehmen der Neuen Bundesländer hingegen sehr gut positioniert. Zu nennen sind hier Halbleiter, Messen und Regeln, organische Chemie, Polymere, Biotechnologie, Grundstoffchemie und Oberflächentechnik. Die Wirtschaftsforschungsinstitute empfehlen im Bericht zur technologischen Leistungsfähigkeit Deutschlands 2000, in diesen spezialisierten Technologiefeldern Anknüpfungspunkte für die Bildung regionaler Entwicklungsschwerpunkte und Innovationszentren zu sehen (vgl. Legler/Licht/Egeln 2001, S. 68).

Insgesamt lässt sich als wichtige Schlussfolgerung ziehen, dass sich die technologischen Profile von West- und Ostdeutschland ergänzen (vgl. Legler/Licht/Egeln 2001, S. 62): »Die Östlichen Bundesländer haben ein eigenständiges Profil und besetzen einige Nischen im Hochtechnologiebereich, die das deutsche Technologieprofil insgesamt ergänzen« (Legler/Licht/Egeln 2001, S. 63).

2.5 Zusammenfassung

Im vorigen Hauptkapitel wurden zentrale Begriffe und Konzepte der Innovationsforschung erläutert: die Begriffe Invention und Innovationen in ihren verschiedenen Begriffsvarianten, die Phasen des Innovationsprozesses, die zentralen Begriffe Forschung und Entwicklung mit der wichtigen Unterscheidung zwischen Grundlagenforschung und angewandter Forschung. Es zeigten sich Probleme, diese Begriffe und auch die Phasen des Innovationsprozesses eindeutig voneinander abzugrenzen.

Die Motive für privatwirtschaftliche und öffentliche Forschung unterscheiden sich signifikant. Unternehmen betreiben Forschung und Entwicklung, um Wettbewerbsvorteile zu erzielen sowie neue Umsatz- und Gewinnpotenziale zu erschließen. Der Staat finanziert und betreibt Forschung, um unzureichende privatwirtschaftliche Aktivitäten aufgrund von Mängeln in den Märkten für Wissen (Wissen als öffentliches Gut) zu kompensieren. Er verfolgt mit der Förderung von Forschung und Entwicklung wirtschafts-, bildungs- und gesellschaftspolitische Ziele. Es zeigte sich ferner, dass auch private Unternehmen in begrenztem Umfang Grundlagenforschung betreiben.

Anhand von statistischen Materialien wurde die große Bedeutung von Forschungs- und Entwicklungsaktivitäten als Wirtschaftsfaktor und für die Zukunftsfähigkeit einer Volkswirtschaft offensichtlich. Auf die statistischen Probleme bei der Erfassung von Daten zum Forschungs- und Entwicklungssektor einer Volkswirtschaft wurde hingewiesen.

Weiterführende Literatur

Brockhoff, K. (1999): Forschung und Entwicklung, 5. Aufl., München und Wien 1999.
Hauschildt, J. (1997): Innovationsmanagement, 2. Aufl., München.
Legler, H./Licht, G./Egeln, J. (2001): Bericht zur technologischen Leistungsfähigkeit Deutschlands. Zusammenfassender Endbericht 2000, März 2001.
Specht, G./Beckmann, C./Amelingmeyer, J. (2002): F&E-Management, 2. Aufl., Stuttgart.

3 Gesamtwirtschaftliche Rahmenbedingungen und Voraussetzungen für Innovationen

Im Mittelpunkt dieses Kapitels stehen gesamtwirtschaftliche Aspekte der Innovationsforschung: Welches sind die wesentlichen Rahmenbedingungen und Voraussetzungen für Innovationen aus gesamtwirtschaftlicher Sicht? In den nächsten beiden Kapiteln wird anschließend die einzelwirtschaftliche Sicht eingenommen, d. h. Innovationsfragen und Innovationsmanagement werden aus Sicht des innovierenden Unternehmens mithilfe theoretischer Konzepte (Neue Institutionenökonomik, Resource-Based View of the firm, Industrial-Organization-Forschung) analysiert.

3.1 Zum Zusammenhang von Wettbewerb und technischem Fortschritt bzw. Innovation

In der wirtschaftswissenschaftlichen Literatur hat sich noch keine einheitliche Definition des Wettbewerbsbegriffes durchgesetzt. Es finden sich zahllose Definitionsversuche, die jeweils andere Aspekte des Phänomens Wettbewerb beleuchten. So definieren Borchardt und Fikentscher Wettbewerb wie folgt: »Wirtschaftlicher Wettbewerb ist das selbstständige Streben sich gegenseitig im Wirtschaftserfolg beeinflussender Anbieter oder Nachfrager (Mitbewerber) nach Geschäftsverbindungen mit Dritten (Kunden) durch in Aussicht stellen möglichst günstiger Geschäftsbedingungen.« (Borchardt/Fikentscher 1957, S. 15) Kirzner definiert Wettbewerb als »...ständigen Versuch des rivalisierenden Ausschaltens und Übertrumpfens von Mitkonkurrenten.« (Picot/Schneider/Laub 1989, S. 360) Auch Mantzavinos betont in seiner an Heuss angelehnten Wettbewerbsdefinition die Rivalität bzw. antagonistische Beziehung zwischen mehreren Marktteilnehmern. Er kritisiert, dass in Teilen der Literatur der Wettbewerbsprozess und der Marktprozess gleichgesetzt werden, was zu Verwirrungen führen kann (vgl. Mantzavinos 1994, S. 94 f.). Die Vielfalt der konkurrierenden Wettbewerbsdefinitionen veranlasst Herdzina zu der Feststellung, dass es eine einheitliche, allgemein akzeptierte Wettbewerbsdefinition nicht geben kann (vgl. Herdzina 1991, S. 8–11).

Wettbewerb ist das grundlegende Koordinationsprinzip in marktwirtschaftlichen Systemen und eines der konstituierenden Prinzipien marktwirtschaftlicher Ordnungen. Wettbewerbliche Ausnahmebereiche sind demgegenüber die begründungsbedürftige Ausnahme in sozial-marktwirtschaftlich organisierten Gesellschaften (vgl. Oettle 1981, S. 30). Die vorliegende Arbeit geht von der Annahme aus, dass bestehende Wettbewerbsmöglichkeiten ausgeschöpft und neue Wettbewerbsmöglichkeiten erschlossen werden sollten, wo immer Wettbewerb möglich und ökonomisch effizient ist. Die Monopolkommission hat die hinter dem Leitbild des Wettbewerbs stehenden gesellschaftlichen Wertvorstellungen explizit dargelegt. Sie nennt Freiheits-, Effizienz-, Demokratie- und Rechtsstaatsargumente sowie Wohlstand und Frieden als Werturteile, die der Ordnungspolitik und damit auch der Wettbewerbspolitik zugrunde liegen. Werden diese Werte akzeptiert, dann ist das Wettbewerbsmodell gegenüber anderen Formen der gesellschaftlichen und wirtschaftlichen Organisation vorzuziehen. Die Monopolkommission ist zu der Schlussfolgerung gelangt, dass Wettbewerb als Gestaltungskraft für gesellschaftliche Strukturen und Prozesse allgemein akzeptiert wird (vgl. Monopolkommission 1992, S. 25).

Der Vielfalt der konkurrierenden Wettbewerbsdefinitionen entspricht auch eine Vielfalt der teilweise miteinander in Konkurrenz stehenden wettbewerbstheoretischen und wettbewerbspolitischen Ansätze. Wettbewerbspolitik ist ein Teilbereich der staatlichen Ordnungspolitik, sie bezweckt den Schutz, die Aufrechterhaltung und die Förderung des Wettbewerbs in einem marktwirtschaftlichen System. Die Grundlage der Wettbewerbspolitik bildet die Wettbewerbstheorie. Sie versucht, Voraussetzungen, Abläufe und Ergebnisse wettbewerblicher Marktprozesse zu analysieren, zu diagnostizieren und zu prognostizieren (vgl. Herdzina

1991, S. 2f.). Im Folgenden wird ein kurzer Überblick der wichtigsten wettbewerbstheoretischen Modelle gegeben.

Statisches Wettbewerbsgleichgewicht und statische Wettbewerbsfunktionen

Das Modell der vollkommenen Konkurrenz galt lange Zeit als Referenzpunkt der Wettbewerbstheorie und Leitbild der Wettbewerbspolitik. Ausgehend von bestimmten Annahmen zur Vollkommenheit des Marktes und des Wettbewerbs wird ein stabiles Gleichgewicht von Angebot und Nachfrage modelliert, in dem alle Einzelpläne der Wirtschaftssubjekte vereinbar sind und der Markt geräumt wird (Hayek 1976, S. 125f.). Hayek nennt als Bedingungen des vollkommenen Wettbewerbs:

»1. Ein einheitliches Gut, das von einer großen Anzahl verhältnismäßig kleiner Verkäufer oder Käufer angeboten oder nachgefragt wird, von denen keiner erwartet, durch seine Handlungen einen merklichen Einfluss auf den Preis auszuüben.

2. Freier Zutritt zum Markt und Fehlen anderer Beschränkungen der Bewegung von Preisen und Gütern.

3. Vollkommene Kenntnis der relevanten Faktoren auf Seiten aller Teilnehmer am Markte.«

Das Modell des statischen Wettbewerbs ist mit bestimmten Wettbewerbsfunktionen verknüpft. Mit dem Begriff Wettbewerbsfunktionen werden die dem Wettbewerb in der Marktwirtschaft zugeschriebenen Aufgaben bzw. die gewünschten Wirkungen des Wettbewerbs bezeichnet (vgl. Herdzina 1991, S. 3). Wettbewerb kann danach beurteilt werden, ob und inwieweit er die nachfolgend genannten Wettbewerbsfunktionen zu erfüllen vermag. Kantzenbach (vgl. Kantzenbach 1967, S. 15ff.) unterscheidet dynamische und statische Wettbewerbsfunktionen. Zu den statischen Funktionen des Wettbewerbs zählt Kantzenbach:

1. Die Ausrichtung der Produktion an den Präferenzen der Nachfrager.

Diese Funktion erfüllt der Wettbewerb, indem das Erbringen markt- und kundengerechter Leistungen durch Gewinne belohnt, das Angebot von Leistungen, die den Kundenpräferenzen nicht entsprechen, durch Verluste, im Extremfall mit dem Zwang zum Ausscheiden aus dem Markt bestraft wird.

2. Die Herbeiführung einer optimalen Allokation der Ressourcen.

Im statischen Wettbewerbsgleichgewicht werden alle Ressourcen in den Gewinn bringendsten Verwendungen eingesetzt und gemäß ihren Grenzproduktivitäten entlohnt. Unternehmen werden durch marktlichen Wettbewerb zur Aufspürung und Erschließung von Effizienzreserven und zur Auswahl der kostenminimalen Faktorkombination gezwungen.

3. Die Generierung einer am Leistungsprinzip orientierten (Primär-)Einkommensverteilung.

Wettbewerb verhindert das Entstehen nicht-leistungsbezogener Gewinne bzw. Einkommen. Er trägt dazu bei, eine leistungsbezogene Primärverteilung von Gewinnen und Einkommen zu erzielen, die dann die Grundlage für am Bedarfsprinzip orientierte sekundäre Umverteilungsmaßnahmen sein kann (vgl. Herdzina 1991, S. 20, 29f., 32).

Dynamischer Wettbewerbsprozess und dynamische Wettbewerbsfunktionen

Das Modell der vollkommenen Konkurrenz wurde in den letzten Jahrzehnten zunehmend kritisiert. Hayek stellt der statischen Wettbewerbskonzeption der Neoklassik eine dynamische Betrachtung des Wettbewerbsprozesses gegenüber (vgl. Hayek 1976, S. 122f.). Er kritisiert an der Theorie der vollkommenen Konkurrenz, dass sie sich fast ausschließlich mit dem Idealzustand eines langfristigen Gleichgewichtes beschäftigt, der in der Realität nie erreicht werden kann und damit bedeutungslos ist (vgl. Hayek 1976, S. 132, 134). Ein solches Gleichgewicht könne überhaupt erst erreicht werden, wenn alle wettbewerblichen Anpassungsprozesse bereits abgeschlossen sind »...und der Prozess des Wettbewerbs daher zum Stillstand gekommen ist.« (Hayek 1969, S. 256) Die eigentliche Aufgabe der Wettbewerbstheorie besteht laut Hayek hingegen nicht in der Analyse des Gleichgewichtes, sondern in der Beschreibung und Erklärung dieses dynamischen Konkurrenzprozesses, der letztlich zu dem im Modell der vollkommenen Konkurrenz beschriebenen Wettbewerbsgleichgewicht führt (vgl. Hayek 1976, S. 125). Gerade dieser Aufgabe kann die Theorie des vollkommenen Wettbewerbs jedoch nicht Rechnung tragen, weil sie statisch konzipiert ist und das Zeitelement vernachlässigt. Infolgedessen entfernt sich die Theorie der vollkommenen Konkurrenz von dem, was in der Realität unter Wettbewerb verstanden wird:

> »Reklame, Preisunterbietungen, Verbesserungen (oder ›Differenzierung‹) der hervorgebrachten Güter oder Dienstleistungen, das ist alles per definitionem ausgeschlossen – ›vollkommener‹ Wettbewerb bedeutet tatsächlich das Fehlen aller wettbewerblichen Tätigkeiten.« (Hayek 1976, S. 128)

Deshalb betrachtet Hayek Wettbewerb als dynamischen Prozess und überlegenes Entdeckungsverfahren, das eine überragende Bedeutung beim Suchen, Finden und Durchsetzen neuer Problemlösungen und unausgenutzter Gelegenheiten besitzt, d. h. neue Produkte und Produktionsverfahren aufspüren kann (vgl. Hayek 1969, S. 253 f., 260. Vgl. hierzu auch Knieps/Müller/v. Weizsäcker 1981, S. 79). Die konkreten Ergebnisse des wettbewerblichen Entdeckungsverfahrens können laut Hayek nicht vorhergesagt werden, es sind lediglich allgemeine Voraussagen über die Struktur oder Ordnung, die sich als Folge des Wettbewerbs bilden wird, möglich (vgl. Hayek 1969, S. 251 f., 256, 260).

Die dynamische Funktion des Wettbewerbs wurde vor Hayek bereits bei Schumpeter in den Mittelpunkt der Betrachtung gerückt. Entscheidend für die wirtschaftliche Entwicklung ist laut Schumpeter unternehmerisches Handeln, das sich in neuen Produkten, revolutionären Produktionsverfahren und der Implementierung bisher unbekannter Organisations- und Unternehmensformen ausdrückt (vgl. Schumpeter 1980, S. 137). Wettbewerb ist für Schumpeter ein permanenter »Prozess der schöpferischen Zerstörung« (Schumpeter 1980, S. 134), der bestehende Wirtschaftsstrukturen entwertet und neue Strukturen schafft. Ein solches Verständnis des Wettbewerbsprozesses steht dem statischen Gleichgewichtsmodell der vollkommenen Konkurrenz diametral gegenüber. Schumpeter merkt hierzu an: »In der kapitalistischen Wirklichkeit jedoch, im Unterschied zu ihrem Bild in den Lehrbüchern, zählt nicht diese Art von Konkurrenz (vollkommener Wettbewerb, Anmerk. d. Verf.), sondern die Konkurrenz der neuen Ware, der neuen Technik, der neuen Versorgungsquelle, des neuen Organisationstyps (Schumpeter 1980, S. 140).«

Dynamischer Wettbewerb ist mit bestimmten dynamischen Wettbewerbsfunktionen verknüpft und kann danach beurteilt werden, ob und inwieweit er diese nachfolgend genannten dynamischen Funktionen zu erfüllen vermag. Neben den im vorigen Kapitel dargestellten drei statischen Funktionen erfüllt der Wettbewerb nach Kantzenbach (vgl. Kantzenbach 1967, S. 17) folgende zwei dynamische Funktionen:

4. Die Verwirklichung des technischen Fortschritts

Wettbewerb leistet einen Beitrag zur Realisierung des technischen Fortschritts: Unter dem Druck des Wettbewerbs werden Unternehmen gezwungen, in neue Produkte, Produktionsprozesse und Organisationsformen zu investieren, um ihre Wettbewerbsfähigkeit zu erhalten. Für den einzelnen Unternehmer werden Anreize zu innovativem Verhalten durch die Aussicht auf Vorsprungsgewinne geschaffen, die dann durch nachahmendes Verhalten der Konkurrenten allmählich egalisiert werden (vgl. Herdzina 1991, S. 25ff.).

5. Die flexible Anpassung der Produktion und der Produktionstechnologie an Änderungen der Nachfrage oder Änderungen staatlich festgesetzter Rahmendaten (vgl. Kantzenbach 1967, S. 16f. sowie Schleth 1987, S. 68).

Eine ähnliche Einteilung der Wettbewerbsfunktionen findet sich bei Herdzina (1991). Er unterscheidet

- die Freiheitsfunktion,
- die Anpassungs- bzw. Allokationsfunktion,
- die Entdeckungs- bzw. Fortschrittsfunktion und
- die Verteilungsfunktion des Wettbewerbs (vgl. Herdzina 1991, S. 22ff.).

Wettbewerb ist eine Voraussetzung für das allokativ effiziente Funktionieren des Preismechanismus. Das Preissystem sorgt dafür, dass sich die Zusammensetzung des Güterangebotes flexibel an Änderungen der Konsumentenpräferenzen anpasst und die Produktionsfaktoren gemäß den Wünschen der Nachfrager in neue Verwendungen gelenkt werden. Des Weiteren zwingt Wettbewerb die Unternehmen, sich an Änderungen staatlich gesetzter Rahmenbedingungen (z.B. der Regulierungspolitik) anzupassen, um im direkten Wettbewerb mit den Konkurrenten keine Wettbewerbsnachteile hinnehmen zu müssen.

Diese Einteilung in drei statische und zwei dynamische, insgesamt also in fünf Wettbewerbsfunktionen ist nicht gänzlich überschneidungsfrei, Berührungspunkte ergeben sich insbesondere zwischen dem Punkt 4., Verwirklichung des technischen Fortschritts, und allen anderen Punkten, ebenso zwischen Punkt 1., Ausrichtung der Produktion an den Präferenzen der Nachfrager, und Punkt 5. flexible Anpassung der Produktion und der Produktionstechnologie an Änderungen der Nachfrage oder Änderungen staatlich festgesetzter Rahmendaten. Funktionsfähiger Wettbewerb und optimale Wettbewerbsintensität sind auf einem Markt gegeben, wenn alle statischen und dynamischen Wettbewerbsfunktionen bestmöglich oder zumindest teilweise erfüllt werden (vgl. Kantzenbach 1967, S. 49). Ein so verstandener funktionsfähiger Wettbewerb unterscheidet sich vom (unerreichbaren) Ideal der vollkommenen Konkurrenz.

3.2 Formen intellektueller Eigentumsrechte

Nachfolgend werden mit dem System intellektueller Eigentumsrechte bedeutende rechtliche Rahmenbedingungen näher analysiert, die Einfluss auf das Innovationsverhalten und den Innovationserfolg von Unternehmen nehmen.

Intellektuelle Eigentumsrechte umfassen im Wesentlichen Patente, Copyrights, Warenzeichen und Geschäftsgeheimnisse. Der Hauptzweck intellektueller Eigentumsrechte ist, den Erfinder bzw. Hervorbringer einer Idee gegen Imitation schützen. Die ökonomische Begründung für die Einrichtung und Verleihung intellektueller Eigentumsrechte durch den Staat ist in dem Bestreben zu sehen, Anreize für Erfinder/Schöpfer von Ideen zu schaffen. Diese Anreize sollen über die Möglichkeit geschaffen werden, dass sich die Schöpfer einer Idee die Gewinne aus ihrer Idee aneignen können, ohne durch Imitatoren ihrer geistigen Leistung darin beeinträchtigt oder gehindert zu werden (vgl. Besen/Raskind 1991, S. 4). Der Inhaber eines intellektuellen Eigentumsrechtes kann sich die Gewinne aus seiner Erfindung aneignen, weil er andere von ihrer Nutzung ausschließen kann, d.h. ein gesetzlich garantiertes Monopol erhält (vgl. Besen/Raskind 1991, S. 8). Die durch das System intellektueller Eigentumsrechte geschaffenen Gewinnaneignungsmöglichkeiten erhöhen die Anreize der Akteure, in Forschung und Entwicklung zu investieren. Das System intellektueller Eigentumsrechte ist somit eine der vielen Institutionen, »that affect the amount and nature of research and development that takes place.« (Besen/Raskind 1991, S. 4)

Besen und Raskind beurteilen die Bedeutung intellektueller Eigentumsrechte wie folgt: »After all, a nation's regime of intellectual property law sets the stage and establishes the incentives for innovation and technological change.« (Besen/Raskind 1991, S. 25)

Das Kernproblem, das das System intellektueller Property Rights lösen soll, kann wie folgt abgegrenzt werden: Bei der Informations- und Ideenproduktion ist es für den Erzeuger einer Information bzw. Idee oft nicht möglich (z.B. aufgrund von Imitation durch Wettbewerber), sich alle Erträge anzueignen, die die Information bzw. Idee generiert. Dieses Problem liegt in Besonderheiten des Gutes Information (Kopierbarkeit zu Grenzkosten nahe oder gleich Null, öffentlicher Gutscharakter von Information) begründet. Posner kommt daher zu der Schlussfolgerung: »The point, however, is that some legal intervention or other ›artificial‹ restriction is necessary to make an idea a saleable commodity.« (Posner 1979, zitiert nach Kitch 1980, S. 723, Fn. 95). Diese Aufgabe übernimmt das System intellektueller Eigentumsrechte.

Patente

Besen und Raskind sehen das Patentwesen als das mächtigste Rechtsinstitut unter den intellektuellen Eigentumsrechten an (vgl. Besen/Raskind 1991, S. 6f.).

Anforderungen an die Erteilung eines Patents – Patentierbarkeit

Die behauptete Erfindung muss neu, nützlich und nicht-offensichtlich für eine mit dem Fachgebiet, auf das sich die Erfindung bezieht, vertraute Person (Experte) sein (vgl. Besen/Raskind 1991, S. 7). Vom Vorliegen dieser drei Anforderungen muss der Erfinder das Patentamt überzeugen, damit ein Patent erteilt wird. Patente können angemeldet werden für eine technische Entwicklung, die einen signifikanten Grad an Neuigkeit aufweist, auf erfinderischer Tätigkeit beruht sowie erkennbare und abgrenzbare wirtschaftliche Anwendungspotenziale aufweist (vgl. Harhoff und Reitzig 2001, S. 511).

Patente können nicht erteilt werden für Naturgesetze, Naturphänomene und abstrakte Ideen (wie z.B. Ergebnisse der Grundlagenforschung) (vgl. Besen/Raskind 1991, S. 6). Neuere Entwicklungen im Patentwesen befassen sich mit der Patentierbarkeit von bestimmten Inventionen: Patente auf Software (in USA möglich, in Europa noch nicht möglich), auf Gene, gentechnisch veränderte Pflanzen und Tiere sowie Patente auf Internet-Dienstleistungen (letztere in den USA möglich, in Europa nicht möglich).

Wichtige Anwendungs- und Entscheidungsregeln des Patentsystems

Die wichtigste Regel eines Patentsystems ist diejenige, welche festlegt, wer ein Patent erhält. Es muss bestimmt werden, ob das Patent demjenigen zugesprochen wird, der es zuerst angemeldet hat (die in europäischen Ländern bevorzugte Vorgehensweise) oder demjenigen, der nachweisen kann, dass er der erste Erfinder war (im Patentsystem der USA gängige Vorgehensweise) (vgl. Kitch 1977, S. 269).

Eine zweite wichtige Regel des Patentsystems muss eine Antwort auf die für eine Patenterteilung erforderliche Ausgereiftheit der neuen Idee oder Erfindung geben. Üblich ist hierbei, dass die Erfindung nicht völlig entwickelt und vollständig ökonomisch einsetzbar sein muss. Vielmehr ist ein bloßes Funktionieren der Erfindung ausreichend. Im Zeitpunkt der Patentanmeldung ist hohe Leistungsfähigkeit, Zuverlässigkeit und der Nachweis der kommerziellen Bedeutung bzw. der ökonomischen Effizienz der Erfindung nicht erforderlich (vgl. Kitch 1977, S. 270, 273).

Diese beiden Regeln zusammen bewirken, dass Unternehmen sich um eine möglichst schnelle Anmeldung ihrer Erfindungen beim Patentamt bemühen (vgl. Kitch 1977, S. 270). In empirischen Studien wurde gezeigt, dass zwischen der ersten Anmeldung eines Patents und der ersten kommerziellen Anwendung in einem marktgängigen Produkt daher oft Jahre, wenn nicht Jahrzehnte liegen. Beispiele hierfür sind der Helikopter (Patentanmeldung 1912, erstes kommerzielles Produkt 1941), das Radar (Patentanmeldung 1904, erstes kommerzielles Produkt 1935) oder das automatische Schaltgetriebe (Patentanmeldung 1904, erstes kommerzielles Produkt 1937) (vgl. Kitch 1977, S. 271 f.).

Rechte des Patentinhabers

Der Patentinhaber kann andere Akteure für die Dauer der Patentlaufzeit von der Nutzung seiner Erfindung sowie der Herstellung und dem Verkauf darauf basierender Produkte ausschließen (vgl. Besen/Raskind 1991, S. 7). Dadurch soll dem Patentinhaber die Gelegenheit gegeben werden, sich die Gewinne aus seiner Erfindung anzueignen: Andere Akteure dürfen die Erfindung nur nutzen mit Genehmigung des Patentinhabers gegen Lizenzgebühren oder andere Gegenleistung. Es steht dem Patentinhaber auch frei, die Erfindung selbst auszubeuten, d.h. keine Lizenzen zu erteilen, und sich auf diese Weise die Gewinne aus seiner Erfindung anzueignen. Nach Ablauf des Patentes wird die Erfindung zum Allgemeineigentum (vgl. Besen/Raskind 1991, S. 7).

Wird ein Patent verletzt, so kann das Patentgericht mehrere Strafen verhängen: Dem Unternehmen, das das Patent verletzt hat, kann der weitere Gebrauch der Erfindung untersagt werden. Alternativ oder additiv kann das Gericht Strafzahlungen in Höhe angemessener Lizenzgebühren oder für entgangene Gewinne des Patentinhabers verhängen. Drittens kann das Gericht dem Beschuldigten die Kosten des Verfahrens und die Anwaltsgebühren des klagenden Patentinhabers auferlegen (vgl. Besen/Raskind 1991, S. 8).

Pflichten des Patentinhabers

Patente (ebenso wie die nachfolgend behandelten Copyrights) sind nicht nur mit Rechten, sondern auch mit Pflichten für ihren Inhaber verbunden: Diese Rechtsinstitutionen verlangen von Autoren bzw. Erfindern, die Details ihrer Neuigkeit für die breite Öffentlichkeit offen zu legen (vgl. Besen/Raskind 1991, S. 8). Diese offen gelegte Information unterstützt nachfolgende Forscher und Künstler bei Ihrem kreativen Schaffen und führt damit bei ihnen zu Kosteneinsparungen (vgl. Besen/Raskind 1991, S. 6).

Effizienzwirkungen und Wohlfahrtsanalyse des Patentsystems

Vorteile von Patentsystemen aus einzelwirtschaftlicher Sicht.

Aufgrund der gesicherten Rechtsposition hat der Patentinhaber große Anreize, in die kommerzielle Weiterentwicklung der Erfindung zu einem marktgängigen Produkt ungestört von Imitatoren zu investieren (vgl. Kitch 1977, S. 276).

Vorteile von Patentsystemen aus gesamtwirtschaftlicher Sicht

Der wesentliche Vorteil des Patentsystems ist darin zu sehen, dass durch die Definition von exklusiven Property Rights an neuen Ideen und Erfindungen Gewinnaneignungsmöglichkeiten und damit ein Anreiz für den Erfinder zu kreativer Tätigkeit geschaffen werden.

Die vertragliche Transferierung von Informationen stellt die Vertragspartner vor erhebliche Probleme: Schon Arrow hat im sog. Informationsparadoxon darauf hingewiesen, dass bei Informationen, deren Nützlichkeit und Wert der Käufer vor der Kaufentscheidung nicht vollständig beurteilen kann, die Geschäftsgrundlage zerstört werden kann, wenn der Verkäufer dem Käufer die Information übermittelt, damit der Käufer ihren Wert beurteilen kann. Denn im Moment der Übermittlung hat der Käufer die Information erhalten, ohne dafür bezahlt zu haben. An diesem Kernproblem setzt das Patentwesen an: »The patent system creates a property rights framework in which trade secret information about technology can be exchanged since the information will have little value unless the patent is also licensed«. (Kitch 1980, S. 707)

Wenn Information erst einmal erzeugt ist, ist es aus gesamtwirtschaftlicher Sicht eine Vergeudung von Ressourcen, wenn ein anderes Unternehmen die gleiche Information ebenfalls erzeugt, es sei denn, die Produktion der Information ist mit geringeren Kosten verbunden als ihre Übertragung zwischen Austauschpartnern (vgl. Kitch 1980, S. 709).

Nachteile von Patentsystemen aus gesamtwirtschaftlicher Sicht

Kehrseite der Patenterteilung ist, dass sie eine Technologie der exklusiven Kontrolle durch den Erfinder unterwirft und damit ein gesetzlich abgesichertes faktisches Monopol begründet, das die Outputmenge reduziert und damit zu Wohlfahrtsverlusten führt (vgl. Kitch 1977, S. 266f., 274).

Exzessiver Wettbewerb zwischen mehreren Firmen um den Erhalt desselben Patents (Patentrennen) kann dazu führen, dass zu viele Ressourcen investiert werden. Im Endergebnis kann es zu gesamtwirtschaftlichen Wohlfahrtsverlusten, z.B. durch Doppelarbeiten konkurrierender Unternehmen an der gleichen Technologieentwicklung kommen (vgl. Besen/Raskind 1991, S. 6).

Offene bzw. umstrittene Fragen des Patentwesens in der ökonomischen Literatur

In der ökonomischen Literatur wurde und wird das Patentwesen sehr unterschiedlich beurteilt vor allem hinsichtlich seiner Kosten und seiner Nutzenpotenziale (vgl. Kitch 1977, S. 266–268). Umstritten ist in der Wissenschaft und in der Praxis vor allem, wie weit der Schutzumfang dieser intellektuellen Eigentumsrechte reichen soll, d.h. welche Werke sollen geschützt werden, für wie lange und bis zu welchem Ausmaß (vgl. Besen/Raskind 1991, S. 3).

Umstrittene Punkte sind im Einzelnen:

- Die Frage der optimalen Patentdauer: Im Gegensatz zu vielen anderen intellektuellen Eigentumsrechten haben Patente eine relativ eng begrenzte Laufzeit (vgl. Kitch 1977, S. 275). Was ist die optimale Laufzeit eines Patentes, die die Interessen des Patentinhabers und die gegenläufigen Interessen konkurrierender Unternehmen und der Gesamtwirtschaft in einem angemessenen Verhältnis ausbalanciert?
- Die Frage des optimalen Patentumfanges: Wie umfassend (Dauer des Schutzes, Umfang des Schutzes gemessen anhand der Zahl der vom Patent abgedeckten benachbarten Technologie- und Anwendungsfelder) muss das Patentrecht im Einzelfall definiert werden, um die Leistung des Erfinders zu honorieren und optimale Anreize zu FuE-Tätigkeit zu schaffen (vgl. Kitch 1977, S. 267)? Des Weiteren ist noch die Frage zu klären, ob Patente kartelliertes Verhalten zwischen den in einem Markt tätigen Anbietern ermöglichen bzw. fördern (vgl. Besen/Raskind 1991, S. 8f.).

Urheberrecht (Copyright)

Mithilfe von Copyrights werden künstlerische Werke geschützt. Die Dauer des Schutzes umfasst in der Regel die Lebenszeit des Autors plus 50 Jahre nach seinem Tod (vgl. Besen/Raskind 1991, S. 11).

Geschützt werden können Werke, die original sind (d.h. bisher noch nicht veröffentlicht und nicht von einem anderen Werk kopiert sind),

Ausdruck intellektueller Aktivität sind und in eine der nachfolgenden Kategorien fallen:

1. Literatur,
2. Musikwerke,
3. Bühnenwerke (inkl. Begleitmusik),
4. Pantomine und choreographische Arbeiten,
5. Bilder, Graphiken, Skulpturen,
6. Filme und andere audiovisuelle Werke sowie
7. Musikaufnahmen.

Zusätzlich muss der Beantrager des Copyrights der Autor des Werkes sein (vgl. Besen/Raskind 1991, S. 11 f.).

Der Inhaber eines Copyrights erhält 5 grundlegende Rechte:

1. Das Recht zur Reproduktion des geschützten Werkes.
2. Das Recht, abgeleitete Werke hervorzubringen auf der Grundlage des geschützten Werkes.
3. Das Recht, Kopien zu distribuieren.
4. Das Recht, Literatur-, Musik- und Bühnenwerke öffentlich aufzuführen.
5. Das Recht, Literatur-, Musik- und Bühnenwerke, Bilder und Graphiken öffentlich zu zeigen und auszustellen.

Marktlicher Transfer von Copyrights findet genauso wie der Transfer von Patenten über Lizenzvergabe statt. Der Inhaber eines Copyrights kann eine Lizenz für die Reproduktion, Distribution, Aufführung oder Darstellung seines Werkes geben und dafür im Gegenzug Lizenzgebühren oder eine andere Gegenleistung erhalten. Beispiel: Der Autor tritt das Urheberrecht an seinem Fachbuch an den Verlag gegen Lizenzgebühren ab. In einigen europäischen Ländern wurden spezielle Institutionen geschaffen, die solche Lizenzgebühren für die Autoren einsammeln, z. B. in Deutschland die Gesellschaft für musikalische Aufführungsrechte (GEMA), die sich aus Abgaben der Konsumenten für unbespielte Aufnahmemedien (Leerkassetten, unbespielte CD) und für gekaufte Endgeräte (z.B. CD-Brenner in Personal Computern) finanziert (vgl. Besen/Raskind 1991, S. 14f.). Ein weiteres Beispiel ist die Verwertungsgesellschaft Wort (VG Wort), die Copyrights von Buchautoren und Verlagen honoriert und sich z.B. aus Abgaben für Kopien finanziert.

Gegen Verletzungen von Urheberrechten ist der Inhaber umfassend geschützt. Vielfältige Sanktionsmöglichkeiten sind hier denkbar: Dem Urheber entgangene Gewinne bzw. vom Imitator erzielte Gewinne werden dem Urheber erstattet. Hohe Geldstrafen, evtl. auch eine Gefängnisstrafe für den Angeklagten bei absichtlicher Verletzung des Urheberrechts sind weitere, von Gerichten verhängte Sanktion für Urheberrechtsverletzungen. Zusätzlich können das nachgeahmte Werk und die Anlagen zu seiner Herstellung beschlagnahmt werden. Das Gericht kann auch den Verkauf oder die anderweitige Verwertung der unrechtmäßigen Kopien oder ihre Zerstörung anordnen.

Besen und Raskind kommen zu dem Ergebnis: »Remedies granted the copyright owner are more powerful than those provided under any other regime of intellectual property protection«. (Besen/Raskind 1991, S. 13)

Grenzen des Urheberrechtsschutzes

Die Anforderung, dass das Werk original, d.h. keine Kopie ist, hat eine wichtige Implikation: Unabhängige Schöpfung des gleichen Werkes zur gleichen Zeit wird nicht durch das Urheberrecht verhindert bzw. als Verletzung eines Urheberrechts sanktioniert.

Reproduktion eines geschützten Werkes ist dann keine Verletzung des Urheberrechts, wenn sie unter den Fall erlaubter Reproduktionen für den eigenen Gebrauch (»fair use«) fällt. Ein Beispiel ist die Anfertigung von Kopien eines Textes durch einen Dozenten für seine Zuhörer.

Wohlfahrtsanalyse von Urheberrechten

Auch bei Copyrights ist (ebenso wie bei Patenten) eine Abwägung zwischen dem Anreiz für den Schöpfer, Werke zu schaffen und der Behinderung von anderen Schöpfern bei ihrer Arbeit durch bereits gewährte Copyrights zu treffen. Letzteres ist z.B. wichtig, wenn es um aus dem geschützten Original abgeleitete Werke, z.B. Übersetzungen des Originals oder Verfilmung geht. Hierfür sind Erlaubnisse des Inhabers des Urheberrechts erforderlich. Zu diesem Punkt gibt es zwei Ansichten: Die Inhaber des Urheberrechts am ursprünglichen Werk sollen maximalen Schutz genießen, um für sie Anreize zu kreativer Arbeit zu setzen. Die andere Sicht gibt dem Inhaber des Urheberrechts einen enger definierten Schutzbereich und dementsprechend dem Schöpfer des abgeleiteten Werkes mehr Freiraum vor gerichtlicher Anklage und für seine künstlerische Gestaltung. Dadurch sollen die Anreize zur Schaffung abgeleiteter Werke gestärkt werden. Zumindest in den USA tendiert die Rechtsprechung eher zu dieser Variante, d.h. zu einer Einschränkung der Rechte am originalen Werk. Eine ökonomische Analyse muss die Auswirkung einer Urheberrechtsänderung auf die relativen Kosten bzw. Erträge von ursprünglichem Schöpfer und den Autoren abgeleiteter Werke analysieren (vgl. Besen/Raskind 1991, S. 17).

Warenzeichen (Trademarks)

Die Hauptfunktion von Warenzeichen ist die Identifizierung von Produkten und ihrer Herkunft. Warenzeichen dienen damit der Produktdifferenzierung. Durch ein eingetragenes und damit geschütztes Warenzeichen werden Wettbewerber daran gehindert, erfolgreiche Warenzeichen eines Unternehmens zu kopieren. Der Schutz von Warenzeichen gegen Imitation dient einem doppelten Zweck: Für den Anbieter schaffen geschützte Warenzeichen einen Anreiz, in den Aufbau eines Warenzeichens durch Werbung etc. zu investieren. Der Warenzeichenschutz bezweckt daneben, den Konsumenten vor irreführend markierten (z.B. aufgrund imitierter oder sehr ähnlicher Warenzeichen wird eine falsche Produktherkunft suggeriert) Produkten zu schützen.

Voraussetzung für die Erteilung eines Warenzeichens ist seine Unterscheidbarkeit. Nicht als Warenzeichen können daher allgemeine Beschreibungen und Begriffe eingetragen werden. In der Umgangssprache geläufige Güterbezeichnungen, geographische Namen und Orte sind in der Regel nicht als Warenzeichen registrierbar (Ausnahme: Kölnisch Wasser, Schweizer Käse) (vgl. Besen/Raskind 1991, S. 21).

Wie bei den anderen intellektuellen Eigentumsrechten stehen im Fall der Verletzung von Warenzeichen diverse Sanktionen zur Verfügung: Gerichtliche Anordnung, Schadensersatz für entgangene Gewinne und entgangene Verkäufe des Geschädigten, Tragung von Gebühren und Gerichtskosten durch das der Verletzung eines Warenzeichens überführte Unternehmen (vgl. Besen/Raskind 1991, S. 23).

Geschäftsgeheimnisse (Trade Secrets)

Ein Geschäftsgeheimnis ist »any formula, pattern, device or compilation of information which is used in one's business, and which gives him an opportunity to obtain an advantage over competitors who do not know or use it« (Milgrom 1989, zitiert nach Besen/Raskind 1991, S. 23).

Geschäftsgeheimnisse in diesem Sinne sind z.B. chemische Formeln oder Kundenlisten (vgl. Besen/Raskind 1991, S. 23 sowie Kitch 1980, S. 690, 701). Ein prominentes Anwendungsfeld von Geschäftsgeheimnissen sind wettbewerbsrelevante Charakteristika von Prozessinnovationen, die durch Patente kaum schützbar sind, weil die Verletzung des die Prozessinnovation schützenden Patents kaum entdeckbar und nachweisbar ist (vgl. Kitch 1980, S. 690). Denn zum Nachweis der Patentverletzung müsste der Patentinhaber bei allen seinen Wettbewerbern die Produktionsprozesse inspizieren können. Prozessinnovationen werden daher durch Geschäftsgeheimnisse besser geschützt als durch Patente.

Anforderungen von Gerichten bei der Anerkennung von Geschäftsgeheimnissen sind: Es muss sich um eine Information handeln, die wertvoll ist, im Unternehmen genutzt wird und nicht allgemein bekannt ist bei anderen Unternehmen (vgl. Kitch 1980, S. 689). Gerichte fordern darüber hinaus, dass das Unternehmen hinreichende Aufwendungen (z.B. für sichere Verwahrung von Unterlagen) in Kauf genommen hat, um das Geschäftsgeheimnis geheim zu halten (vgl. Kitch 1980, S. 698).

Sanktionen im Falle der Verletzung eines Geschäftsgeheimnisses durch einen Konkurrenten (z.B. Spionage, Diebstahl) oder durch einen Mitarbeiter des eigenen Unternehmens sind gerichtliche Anordnungen und Schadensersatz (vgl. Besen/Raskind 1991, S. 24).

Geschäftsgeheimnisse unterscheiden sich als Schutzmechanismus stark von Patenten und Copyrights, denn die beiden letztgenannten intellektuellen Eigentumsrechte kennen die Verpflichtung zur Offenlegung des Inhalts gegenüber der Öffentlichkeit, was bei Geschäftsgeheimnissen gerade kontraproduktiv wäre. Ein weiterer Unterschied ist im Schutzgegenstand und in der Schutzdauer zu sehen: Patente und Copyrights schützen neuartige oder originale Werke, demgegenüber schützen Geschäftsgeheimnisse jede Information, die für das Unternehmen wettbewerbsrelevant und ökonomisch wertvoll ist, unabhängig von ihrem Neuigkeitsgrad oder ihrer Originalität. Während Patente und auch Copyrights nur befristet verliehen werden, sind Geschäftsgeheimnisse prinzipiell unbegrenzt gültig und solange im Besitz des Unternehmens, bis ein Wettbewerber zufällig und durch unabhängige FuE bzw. Überlegungen das gleiche Verfahren bzw. die gleiche Information entwickelt hat oder bis das Geschäftsgeheimnis von einem Wettbewerber mit legalen Methoden entdeckt wird (vgl. Besen/Raskind 1991, S. 24).

Zum Verhältnis der intellektuellen Eigentumsrechte

Für einige Produkte besteht eine Wahl zwischen Schutz durch Patente und Schutz durch Copyrights. So ist es z.B. in den USA möglich, Computerprogramme durch Copyright oder durch Patent zu schützen. Die eine Schutzalternative zu wählen beschränkt aber die Wahl der anderen Schutzmöglichkeit (vgl. Besen/Raskind 1991, S. 13).

Fazit

Intellektuelle Eigentumsrechte sind als Rechtsinstitution einer beständigen Weiterentwicklung unterworfen, die vor allem durch die Schnelligkeit technologischen Wandels bestimmt wird (Beispiel: Können/sollen gentechnisch veränderte Lebewesen patentiert werden?). Kitch hat festgestellt, dass es sehr schwierig ist, eindeutige Aussagen über ein System zu treffen, das so komplex ist wie das Patentwesen (vgl. Kitch 1977, S. 267). Dieser Aussage ist nicht nur für das Patentwesen, sondern auch für die anderen intellektuellen Eigentumsrechte zuzustimmen.

3.3 Zur Wirksamkeit intellektueller Eigentumsrechte und alternative Ansatzpunkte zur Appropriierung von Innovationserträgen

Intellektuelle Eigentumsrechte sind in einem weiteren Kontext zu sehen und zu beurteilen: Das Problem der Appropriierbarkeit bezeichnet »the ability of innovators to realize a reasonable rate of return on their innovative activities« (Geroski 1995, S. 89).

Die Begründung intellektueller Eigentumsrechte an einer Neuerung ist ein Ansatzpunkt, um die Appropriierung von Innovationserträgen sicherzustellen. Neben dem System intellektueller Eigentumsrechte sind aber auch andere Faktoren für die Appropriierung von Innovationserträgen entscheidend (vgl. Geroski 1995, S. 120). Es gibt eine Vielzahl von Möglichkeiten, wie einem Innovator zu den Gewinnen aus seiner Innovation verholfen werden kann:

Denkbar ist hier die Subventionierung der Innovationsaufwendungen, für die der Markt nur unzureichende Anreize gibt, durch den Staat, z.B. in Form von Steuervergünstigungen. Diese Vorgehensweise ist jedoch mit Nachteilen verbunden, denn wenn sich die Steuervergünstigung auf den Input (z.B. beschäftigte Mitarbeiter im FuE-Bereich) und nicht auf den Output (z.B. Zahl der Patente) konzentriert, besteht die Gefahr, dass das begünstigte Unternehmen sich opportunistisch verhält (Moral Hazard) und Mitnahmeeffekte auf Seiten der geförderten Firmen auftreten. Zudem profitieren von Steuervergünstigungen im Allgemeinen nur Unternehmen, die Gewinne erzielen, weil nur sie ihre Steuerlast effektiv senken können (vgl. Geroski 1995, S. 95).

Ein Innovator kann sich auch die Gewinne aus seiner Innovation gut aneignen, wenn es ihm gelingt, andere Unternehmen von der Imitation der Innovation abzuhalten (vgl. Geroski 1995, S. 94). In diese Kategorie fällt die Begründung intellektueller Eigentumsrechte zum Schutz der Neuerung. Es gibt aber noch weitere Ansatzpunkte zum Schutz von Erfindungen und Ideen gegen Imitation, wie z.B. Geheimhaltungspolitik des Unternehmens.

Es stellt sich vorab die Frage, wie groß das Appropriierungsproblem in der Praxis tatsachlich ist und wie effektiv und effizient die bisher dargestellten Instrumente sind, Innovationen zu schützen und Anreize für Innovationen zu stärken. Die umfangreichste und bedeutendste empirische Studie zu diesem Thema wurde von Levin et al. (1987) durchgeführt.

3.3.1 Die empirische Untersuchung von Levin et al. (1987) zur Appropriierung von Innovationserträgen

Zur Methodik der Untersuchung

Levin et al. haben die Umstände der Appropriierung in über 100 Unternehmen aus verschiedenen Branchen der Fertigungsindustrie empirisch untersucht. Ihre Erhebung stützt sich auf die Befragung hochrangiger Angestellter der Forschungsabteilungen dieser Unternehmen. Der Fragebogen wurde in einem Pretest mit 12 Managern überprüft. Levin et al. erhielten Antworten von 650 Individuen, wobei 10 oder mehr Antworten aus 18 Industrien und 5 bis 9 Antworten aus 27 Industrien kamen. Die Stichprobe war hinreichend repräsentativ für Firmen, die FuE durchführen, obwohl nur börsennotierte Unternehmen und damit keine kleinen Start-up Unternehmen befragt wurden (vgl. Levin et al. 1987, S. 785).

Nach Levin et al. sind die wichtigsten Methoden, um Appropriierung sicherzustellen, Patente, Geheimhaltung, Zeit- und Innovationsvorsprünge (lead time), Lernkurveneffekte und zu der Innovation komplementäre Marketing- und Vertriebsaktivitäten.

Schutz von Prozessinnovationen

Patente wurden beim Schutz neuer Prozesse als das Instrument mit der geringsten Appropriierungswirkung angesehen. Achtzig Prozent der Befragten bewerteten den Effekt des zeitlichen Vorsprungs des Innovators (lead time) und Lernkurvenvorteile (learning curve advantages) bei neuen Prozessen als bessere Schutzmechanismen. Geheimhaltung wurde verglichen mit dem zeitlichen Vorsprung des Innovators und den Lernkurvenvorteilen als weniger effektiv eingestuft. Geheimhaltung wurde im Vergleich zu Patenten aber immer noch als effektiver beim Schutz von Prozessen angesehen.

Schutz von Produktinnovationen

Beim Schutz neuer Produkte wurden Patente typischerweise effektiver als beim Schutz von Prozessinnovationen angesehen. Geheimhaltung wurde hingegen als weniger effektiv beim Schützen von Produkten als beim Schützen von Prozessen angesehen. Für den Schutz von Produktinnovationen wurden im Allgemeinen der zeitliche Vorsprung des Innovators (lead time), Lernkurvenvorteile und komplementäre Verkaufs- oder Service-Aktivitäten als effektiver als Patente beurteilt (vgl. Levin et al. 1987, S. 794 f.).

Insgesamt kommen Levin et al. zu dem Ergebnis, dass Patente als Mittel zur Appropriierung nur begrenzt wirksam sind (Levin et al. 1987, S. 796). Aus der Untersuchung von Levin et al. ergibt sich die klare Indikation, dass Patente nur in einigen Branchen effektiv sind (vgl. Levin et al. 1987, S. 799).

Nur in einer einzigen Branche – Pharma-Hersteller – wurden Patente von der Mehrheit der Befragten eindeutig als effektivstes Instrument zur Appropriierung angesehen. In drei weiteren Branchen (organische Chemie, Kunststoff-Materialien und Stahlerzeugung) beurteilten die meisten Befragten Patente als nicht weniger effektiv, verglichen mit der besten Alternative für den Schutz der Innovation (vgl. Levin et al. 1987, S. 796 f.).

Die wahrscheinlichste Erklärung für das signifikante Ergebnis, dass Patente besonders in der chemischen Industrie effektiv sind, ist die Existenz vergleichsweise klarer Standards, um die Gültigkeit eines Patents in diesem Wirtschaftszweig zu belegen und um das Patent gegen Verletzung zu verteidigen. Die Einzigartigkeit eines bestimmten Moleküls kann wesentlich einfacher demonstriert werden als z. B. die Neuheit einer Komponente eines komplexen technischen oder mechanischen Systems (vgl. Levin et al. 1987, S. 798).

In der Literatur wurden in der Vergangenheit weitere empirische Untersuchungen angestellt, um die Effektivität von intellektuellen Eigentumsrechten, vor allem von Patenten zu überprüfen.

Mansfield (1986) studierte 100 US-Industriefirmen, die aus 12 Branchen stammten, im Zeitraum 1981–1983. Er stellte sich die Frage, welcher Prozentanteil aller in den Markt eingeführten Erfindungen auch in Abwesenheit des US-Patentsystems in den Markt eingeführt worden wäre. Patentschutz war sehr bedeutsam in der Pharmaindustrie für 65% der Erfindungen. Ebenfalls bedeutend war Patentschutz in der Chemieindustrie (30%), in der Erdölindustrie (18%) und im Maschinenbau (15%). Demgegenüber wären in der Textil-, Gummi-, Kfz- und Büromaschinenbranche Patente nicht erforderlich gewesen, um Anreize für Invention und Innovation zu setzen (vgl. Geroski 1995, S. 103).

Zur Wirksamkeit von Patenten: Mansfield et al. (1981) haben 48 Innovationen in 4 Wirtschaftszweigen empirisch untersucht. Es zeigte sich, dass 70% patentiert worden waren. Für die Hälfte der Innovationen schätzten die Interviewpartner, dass Patente den Markteintritt von Imitatoren nur um einige Monate verzögert haben. Nur in 15% der untersuchten Fälle haben Patente den Markteintritt von Konkurrenten um 4 Jahre oder mehr verzögert (vgl. Geroski 1995, S. 106). Auch andere Autoren stellen fest, dass Patente die für eine Imitation in Kauf zu nehmenden Kosten und die für die Imitation benötigte Zeit nicht in sehr großem Umfang erhöhen (vgl. Geroski 1995, S. 108). So haben Levin et al. (1987) in ihrer empirischen Untersuchung festgestellt, dass Patente die Kosten und die benötigte Zeit für Imitationsversuche nur in mäßigem Umfang erhöhen (vgl. Geroski 1995, S. 107). In den meisten Wirtschaftszweigen brauchten Imitatoren 1 bis 3 Jahre, um patentgeschützte Erfindungen zu duplizieren, ungeschützte Erfindungen wurden meistens in 6 bis 12 Monaten dupliziert (vgl. Geroski 1995, S. 107).

Mehrere Gründe sprechen für eine begrenzte Schutzwirkung von Patenten: Imitatoren können um das Patent herum ihre eigenen Erfindungen vorantreiben. Einige Erfindungen sind schwer oder gar nicht zu patentieren. Zudem ermöglicht es die Offenlegung von Patenten den Imitatoren, Varianten der ursprünglichen Erfindung zu entwickeln und als eigene Patente anzumelden. Diese prinzipiellen Begrenzungen der Patentwirksamkeit sind für Prozessinnovationen eher einschlägig und gravierender als für Produktinnovationen (vgl. Geroski 1995, S. 103).

Grenzen der Effektivität und der Schutzwirkung von Patenten in der Studie von Levin et al. (1987)

Die Fähigkeit von Wettbewerbern, ein Produkt- oder Prozess-Patent mittels eigener Erfindungen zu umgehen, wurde auf einer 7–Punkte-Skala für Relevanz von mehr als 60% der Befragten mit höher als 5 bewertet (vgl. Levin et al. 1987, S. 802f.). Die Grenzen von Patenten wurden für neue Prozesse als enger gezogen angesehen als für neue Produkte von der Mehrheit der Befragten (vgl. Levin et al. 1987, S. 803).

Es stellte sich in der Untersuchung von Levin et al. (1987) heraus, dass Patente die Imitationskosten bei neuen Medikamenten um 40%, bei grundlegend neuen chemischen Produkten um 30% und eher typischen neuen chemischen Produkte um 25% erhöhen. In der Elektronik-Industrie war die Spanne zwischen 7% und 15% bei grundlegend neuen Produkten und 7% bis 10% bei eher typischen Neuprodukten (vgl. Levin et al. 1987, S. 811).

Die Imitationszeit von Innovationen in Branchen liegt im Mittelwert bei ein bis drei Jahren, was angesichts einer üblichen Patentlaufzeit von 17 Jahren in den USA bzw. 20 Jahren in Europa eine bemerkenswert kurze Zeitspanne ist. Eine typische, unpatentierte Innovation wird im Durchschnitt häufig innerhalb der ersten 6 bis 12 Monate imitiert (vgl. Levin et al. 1987, S. 811).

Letztlich waren die meisten Befragten der Ansicht, dass nur wenige Unternehmen einer Branche in der Lage seien, neue Prozesse oder Produkte zu imitieren. Der Durchschnittswert der Anzahl derjenigen Unternehmen, denen eine erfolgreiche Imitierung eines bedeutenden und grundlegend neuen Prozesses oder Produkts zugetraut wurde, lag zwischen drei und fünf. Die Anzahl derjenigen Unternehmen, denen eine erfolgreiche Imitierung eines eher typischen neuen Prozesses oder Produktes zugetraut wurde, lag im Durchschnittswert zwischen sechs und zehn (vgl. Levin et al. 1987, S. 812).

Fazit: Patente wirken in der Praxis nicht immer so wie in der Theorie prognostiziert. Die Appropriierung von Innovationserträgen über Patente ist keineswegs perfekt. Viele Patente können von Imitatoren umgangen werden. Andere Patente geben wenig Schutz, weil aufgrund strikter rechtlicher Auflagen der Beweis für ihre Gültigkeit (Schutzwürdigkeit) erbracht oder ihre Verletzung erst bewiesen werden muss (vgl. Levin et al. 1987, S. 784).

Einsatz von Patenten trotz Schutzdefiziten des Patentsystems?

Die wahrgenommene Ineffektivität von Patenten in den meisten Branchen wirft die Frage auf, warum Unternehmen dieses Instrument überhaupt verwenden. Diese Frage haben sich bereits Levin et al. in ihrer Untersuchung gestellt. Die von ihnen Befragten identifizierten dafür zwei Gründe, die überraschend relativ wenig mit der Appropriierung von Gewinnen zu tun haben. Interessante Argumente sind hier, dass Patente mit geringen Registrierungskosten verbunden sind sowie dass Patente eine Möglichkeit sind, wie man den Output und die Leistung von FuE-Personal messen kann und wie man für FuE-Personal Anreize schaffen kann. Drittens sind Patente die Grundlage für die Erzielung von Lizenzeinnahmen oder die eigenen Patente des Unternehmens sind eine Gegenleistung für die Überlassung der Patente anderer Unternehmen (cross licensing). In Branchen, die sich auf eine Technologie mit stark kumulativer Natur (d. h. eine Technologiegeneration baut auf der vorherigen auf und viele Unternehmen besitzen aufgrund hoher Arbeitsteilung in der Branche jeweils nur Teilaspekte des für die Herstellung des Gesamtproduktes relevanten Wissens) stützen, ist es für ein einzelnes Unternehmen nahezu unmöglich, Forschung und Entwicklung zu betreiben, ohne Patente anderer Firmen zu nutzen. Deshalb ist in diesen Branchen (z. B. Elektronikindustrie) das Instrument des Cross Licensing von hoher Bedeutung. Neuen Wettbewerbern wird diese Möglichkeit jedoch eher verwehrt, solange sie keine signifikante Patent-, Technologie- und Marktposition innehaben und daher keine »Tauschware« in Form eigener Patente anbieten können. Umso mehr gewinnt in dieser Situation der Aufbau eines eigenen Patent-Portfolios an Bedeutung (vgl. Levin et al. 1987, S. 798). Viertens gibt ein Patent einem Unternehmen die Möglichkeit, Patente strategisch zu nutzen, z. B. für die Behinderung von Konkurrenten (vgl. Geroski 1995, S. 104 f.) (z. B. Verhinderung oder Verzögerung ihres Markteintritts durch Klage auf Patentverletzung oder Behinderung der FuE eines Konkurrenten durch Sperrpatente, die den Konkurrenten zu zeit- und kostenintensiven Umgehungserfindungen zwingen) und dadurch Zeitvorsprünge oder Innovationsvorsprünge gegenüber Wettbewerbern zu realisieren. Und letztens sind Patente in bestimmten Fällen Vorbedingung für den Eintritt in neue Auslandsmärkte, denn einige Entwicklungsländer verlangen als Markteintrittsbedingung von Unternehmen die Lizenzierung bestimmter Technologien an einheimische Unternehmen. Einige Patente werden gerade deshalb eingetragen, um diese Art der erzwungenen Lizenzierung zu ermöglichen (vgl. Levin et al. 1987, S. 798).

Implikationen zur Wirtschaftspolitik und zur Gesetzgebung aus der Studie von Levin et al. (1987)

Die vorstehenden Ausführungen haben gezeigt, dass Patent-Systeme und ähnliche intellektuelle Eigentumsrechte als soziale Strukturen verstanden werden sollten, die die Appropriierung von Erträgen aus Innovationen verbessern (aber nicht garantieren) können. Sie sind weder die einzigen noch notwendigerweise die stärksten Barrieren gegen Imitation (vgl. Levin et al. 1987, S. 815f.). Als weitere Imitationsbarrieren sind zu nennen: Der zeitliche Vorsprung des Innovators vor den Imitatoren (lead time), Geheimhaltung, Lernkurveneffekte sowie komplementäre Verkaufs- und Service-Aktivitäten, die ebenfalls Schutz gegen Imitation gewähren können. Durch die empirische Untersuchung von Levin et al. wurde bestätigt, dass diese anderen Instrumente der Appropriierung typischerweise wichtiger sind als das Patentsystem (vgl. Levin et al. 1987, S. 816). Wenn man deshalb über Möglichkeiten zur Reform des Patentsystems oder anderer intellektueller Eigentumsrechte nachdenkt, ist zu beachten, dass auch die alternativen Instrumente Schutz zu leisten vermögen (vgl. Levin et al. 1987, S. 816). Beispiel: In der Flugzeugindustrie wird durch andere Mechanismen (z.B. Lernkurveneffekte) eine beachtliche Appropriierung erreicht. In dieser Branche hätte die Verlängerung von Patentlaufzeiten kaum einen Effekt auf die Innovationstätigkeit. In der Arzneimittelbranche wäre hingegen der Effekt einer längeren Patentlaufzeit bedeutender, weil Patente in dieser Branche ein sehr wichtiger Schutzmechanismus sind (vgl. Levin et al. 1987, S. 816).

Fazit: Der Einfluss von intellektuellen Eigentumsrechten hängt von der Stärke anderer verfügbarer Appropriierungsinstrumente ab und variiert stark zwischen den einzelnen Branchen (vgl. Levin et al. 1987, S. 818). Eine wichtige Implikation daraus ist, dass Reformbestrebungen, die die Verfügungsrechte über intellektuelle Güter betreffen, auf Branchenebene und von Branche zu Branche individuell angestrebt werden sollten (vgl. Levin et al. 1987, S. 831).

3.3.2 Das Konzept des Appropriierungsregimes und seine wesentlichen Elemente

Das nachfolgend präsentierte Konzept des Appropriierungsregimes stellt die bisherigen Ausführungen in einen größeren Zusammenhang und erweitert sie um einige neue Elemente.

Das System intellektueller Eigentumsrechte

Wie bereits aufgezeigt, ermöglichen intellektuelle Eigentumsrechte im Allgemeinen einen begrenzten Schutz von Erfindungen bzw. Ideen gegen Imitation. Wenn Patente und andere intellektuelle Eigentumsrechte keinen vollständigen Schutz gegen Imitation gewähren, so stellt sich die Frage, wie ein Innovator sonst noch seine Innovationen gegen Imitation schützen kann und wie er sich die Gewinne aus seinen Erfindungen aneignen kann.

Merkmale der Technologie

Die Eigenschaften der Technologie sind neben dem System intellektueller Eigentumsrechte ein weiterer Einflussfaktor, der auf die Appropriierung von Erträgen aus Innovationen entscheidenden Einfluss nimmt. Zu nennen ist hier die Komplexität der Technologie, die Rate ihrer Veränderung sowie der Anteil an implizitem, schwer artikulierbarem und kaum dokumentierbarem Erfahrungswissen (neben dem expliziten, in Blaupausen und anderen Dokumenten niedergelegten Wissen) an der Technologie. Hohe Ausprägungen dieser Technologieeigenschaften erschweren Wissenstransfer und damit auch Imitation (unter Zeit- und Kostenaspekten), niedrige Ausprägungen dieser Technologieeigenschaften erleichtern Wissenstransfer und Imitation.

Sonstige Markteintrittsbarrieren

Neben dem System intellektueller Eigentumsrechte (die ebenfalls eine Markteintrittsbarriere darstellen) und den Eigenschaften der jeweiligen Technologie bestimmen auch die sonstigen Markteintrittsbarrieren in den jeweiligen Markt, in dem die Technologie eingesetzt wird, über die

Erfolgsaussichten von Imitationsversuchen und die Chancen eines Innovators, sich die Erträge aus seiner Innovation anzueignen. Hohe Markteintrittsbarrieren (z.B. hohe Kapitalbedarfe für Produktionsanlagen, Produktdifferenzierung und bekannte Markennamen der etablierten Unternehmen) erschweren Markteintritt und damit auch Imitation durch Wettbewerber, selbst wenn intellektuelle Eigentumsrechte und Technologiemerkmale per se keinen Schutz gegen Imitation bieten.

Eigenschaftsmerkmale des imitierenden Unternehmens bzw. des ursprünglichen Inventors/Innovators

Ein vierter Faktor, der Imitation erleichtert oder erschwert, sind Eigenschaftsmerkmale des imitierenden Unternehmens bzw. des ursprünglichen Inventors. Zu nennen sind hier im Wesentlichen drei Eigenschaften.

Eigenschaften des Imitators

Die vom Imitator in der Vergangenheit selbst getätigten FuE-Anstrengungen in dem jeweiligen oder einem eng verwandten Technologiegebiet bestimmen seine Chancen, die Technologie des ursprünglichen Erfinders schnell und zu geringen Kosten zu imitieren. Eigene Forschungsanstrengungen des Imitators begründen seine eigene technologische Kompetenz und beeinflussen seine Vertrautheit mit dem jeweiligen Technologiefeld und damit seine Möglichkeit, die Informationen über die Technologie des ursprünglichen Erfinders verstehen, assimilieren und für die eigenen Zwecke rasch verwenden zu können (absorptive capacity im Sinne von Cohen/Levinthal 1990). Geroski kommt zu folgendem Ergebnis: »While the need to do R&D enables firms to benefit from their rivals R&D, the fact that relatively few firms do invest heavily in R&D means that the actual exploitation of spillovers may fall far short of their potential exploitation.« (Geroski 1995, S. 119; vgl. auch Cohen/Levinthal 1990)

Neben der technologischen Kompetenz entscheidet auch die Finanzkraft, das Vorhandensein freier Produktions- und Vertriebskapazitäten und die Unternehmenskultur (speziell der Umgang mit dem not invented here-Syndrom, d.h. der Erscheinung, dass Unternehmensangehörige oftmals Technologien und Innovationen ablehnend gegenüber stehen, wenn sie nicht im eigenen Unternehmen, sondern von einem anderen Unternehmen gemacht wurden) über die Fähigkeit eines Imitators, Erfindungen schnell zu imitieren.

Eigenschaften des Inventors/Innovators

Auf Seiten des ursprünglichen Erfinders ist ebenfalls eine Reihe von Eigenschaften entscheidend für seine Fähigkeit, Imitationsversuche abzuwehren. Zu nennen sind hier die FuE-Kompetenzen des Erfinders, wenn sie ihn befähigen, immer neue Erfindungen hervorzubringen und auf diese Weise Innovationsvorsprünge zu erzielen und zu verteidigen, selbst wenn es Konkurrenten gelungen ist, die letzte Erfindung des Unternehmens zu imitieren (lead time). Zu nennen ist hier aber auch eine effiziente und effektive Geheimhaltungspolitik des Innovators, die unerwünschte Informationsabflüsse an Imitatoren unterbindet und die unternehmensinterne Kommunikation nicht mehr als nötig behindert.

Diese vier genannten Faktoren (System intellektueller Eigentumsrechte, Merkmale der Technologie, sonstige Markteintrittsbarrieren, Eigenschaften von Imitator und ursprünglichem Inventor) sind die wesentlichen Elemente des Appropriierungsregimes. Das Appropriierungsregime lässt sich somit definieren als Gesamtheit derjenigen institutionellen, ökonomischen und technologischen Rahmenbedingungen, die es einem Schöpfer einer neuen Idee ermöglichen, sich zumindest einen Teil der Gewinne aus seiner Idee anzueignen. Sind die oben genannten Elemente des Appropriierungsregimes stark ausgeprägt, so kann der Innovator sich einen Großteil der Erträge aus seiner Innovation aneignen. Dies ist nicht zu erwarten bei mittleren oder gar schwachen Ausprägungen der o.g. vier Faktoren.

Letztlich ist eine Verbesserung des Schutzes intellektuellen Eigentums nicht notwendigerweise aus gesamtwirtschaftlicher Sicht immer vorteilhaft (vgl. Levin et al. 1987, S. 816). Man sollte nicht als gegeben annehmen, dass mehr Appropriierung immer besser ist und dass besserer Schutz notwendigerweise zu mehr Innovationen führt, die in einer besseren wirtschaftlichen Leistungsfähigkeit, höheren Lebensstandards oder besserer Konkurrenzfähigkeit des Unternehmens resultieren. Besserer Schutz kann zu mehr Innovationen führen. Die größeren Gewinnaussichten könnten aber auch nur dazu führen, dass sich die privaten Anstrengungen zur Erlangung des Patents vervielfachen und es zur Duplizierung von FuE-Anstrengungen im Rahmen von Patentrennen kommt. Alternativ könnte besserer Schutz auch zur Durchsetzung von gesamtwirtschaftlich schädlichen Innovationen (z.B. solchen, die mit erheblichen externen Effekten verbunden sind) oder zu einer Verlängerung der dem Erfinder eingeräumten, mit gesamtwirtschaftlichen Wohlfahrtsverlusten verbundenen Monopolstellung führen (vgl. Levin et al. 1987, S. 787f., 791). Gerade wenn technologischer Fortschritt ein interaktiver, kumulativer Prozess ist, kann ein starker Schutz der persönlichen Erfolge eines einzelnen Erfinders den allgemeinen Fortschritt in einer Volkswirtschaft an sich verlangsamen (vgl. Levin et al. 1987, S. 788). Ein starker Schutz einer Schlüsselinnovation kann verhindern, dass Wettbewerber Innovationen mit positiver gesellschaftlicher Wirkung hervorbringen, weil sie daran durch das Patent der Schlüsselinnovation gehindert werden (vgl. Levin et al. 1987, S. 788).

Generell besteht Grund zu der Annahme, dass sich Unternehmen im Regelfall zumindest einige der Vorteile und Erträge aus ihren Inventionen und Innovationen aneignen können, oft sogar ohne die Hilfe von Patenten oder anderen vom Gesetzgeber geschaffenen Rechtsinstrumenten (vgl. Geroski 1995, S. 120). Wäre dies nämlich nicht der Fall, so wären alle Neuerungsaktivitäten, die in der Realität in großer Zahl beobachtbar sind, vermutlich schon lange zum Erliegen gekommen.

3.3.3 Fazit

Appropriierungsprobleme stellen sich in einer Vielzahl von Branchen (vgl. Geroski 1995, S. 105). Innovatoren haben keine vollständige, sondern allenfalls eine begrenzte Kontrolle über die Diffusion des von Ihnen erzeugten Wissens. Das Patentsystem ermöglicht nur in wenigen Branchen einen effektiven Schutz von Inventionen gegen Imitation (vgl. Geroski 1995, S. 106). Die Appropriierungsmöglichkeiten ebenso wie die Ansatzpunkte zur Appropriierung unterscheiden sich signifikant von Branche zu Branche. Die Appropriierungsmöglichkeiten hängen neben dem Schutz durch intellektuelle Eigentumsrechte auch zu einem bedeutenden Teil von den Eigenschaften der Neuerung (technische Erfindung, künstlerisches Werk) sowie den sonstigen Markteintrittsbarrieren in die jeweilige Branche und den Eigenschaften des Inventors und des Imitators ab (vgl. Geroski 1995, S. 90, 102, 117). Gemeinsam mit dem System intellektueller Eigentumsrechte konstitutieren diese Faktoren die wesentlichen Elemente des in einem Markt zu beobachtenden Appropriierungsregimes.

Während das Appropriierungsregime die Möglichkeiten eines Innovators zur Aneignung der Gewinne seiner Innovation bestimmt, stellt das nachfolgend behandelte Produkthaftungsrecht die Kehrseite der Medaille dar. Es bestimmt die Verpflichtung eines Innovators, für durch seine Innovation verursachte Schäden aufzukommen. Das Appropriierungsregime und das Haftungsrecht sind somit wesentliche Determinanten der Rentabilität unternehmerischer Innovationsanstrengungen.

3.4 Zum Zusammenhang von Produkthaftungsrecht und Innovation

Das Produkthaftungsrecht befasst sich mit den rechtlichen und ökonomischen Konsequenzen von Personenschäden und sonstigen Leiden, die durch die Benutzung von fehlerhaften Produkten hervorgerufen wurden. Produkthaftungsgesetze existieren, um die Herstellung und den Vertrieb von fehlerhaften Gütern zu verhindern oder im Falle eines Schadens die Betroffenen zu entschädigen (vgl. Jones/Hunziker 1994, S. 2). Wesentliche Ursachen von Produkthaftungsfällen sind Fehler des Produktdesigns (aufgrund von Forschungs-, Entwicklungs- und Konstruktionsfehlern) oder Herstellungsfehler (vgl. Viscusi/Moore 1991, S. 89).

3.4.1 Empirische Evidenz zur Auswirkung des Produkthaftungsrechts auf das Innovationsverhalten von Unternehmen

Die hier interessierende Frage ist, wie sich Produkthaftung auf die Innovationsbereitschaft und das Innovationsverhalten von Firmen auswirkt. Eine Umfrage brachte unterschiedliche und widersprüchliche Einflüsse zu Tage. Zu den negativen Einflüssen der Produkthaftung auf Innovationen zählten 36% der Befragten, dass die Haftungskosten zur Einstellung von Produktlinien zwangen, 30% berichteten, dass durch Produkthaftungskosten die Markteinführung von Neuprodukten verhindert wurde und 21% gaben an, dass Produkthaftungskosten zur Einstellung von Produktforschungsaktivitäten führten. Jedoch wurde durch die Umfrage auch herausgefunden, dass Produkthaftung die Produktqualität potenziell positiv beeinflusst. Bei 35% der Auskunft gebenden Unternehmen führten Haftungskosten zu verbesserter Sicherheit einzelner Produkte, in 33% der Fälle führten sie zu einer Erhöhung der Sicherheit der ganzen Produktlinie (vgl. Viscusi/Moore 1991, S. 81). Jedoch zeigt diese Untersuchung ebenso wie manche andere Untersuchung nicht den Nettoeffekt der Produkthaftung auf Innovationen auf (vgl. Viscusi/Moore 1991, S. 81 f.).

Vier praktische Beispiele zeigen die Auswirkungen des Produkthaftungsrechts auf Innovationen und das Innovationsverhalten von Unternehmen:

Ein Ingenieur aus der Flugzeugindustrie beschreibt, dass in einigen Fällen das Ingenieur-Personal 20% seiner Zeit für die Dokumentation aufwenden muss. Zweck dieser Dokumentation ist u.a., die das Produkt betreffende Rechtslage zu erklären und Informationen für eine mögliche Verteidigung gegen Produkthaftungsklagen zu erstellen (vgl. Jones/Hunziker 1994, S. 1).

Für die in FuE tätigen Ingenieure kann das Produkthaftungsrecht vielfältige Konsequenzen haben. Sie können z.B. in der Umschichtung von Arbeitszeit der Ingenieure von reiner Entwicklungsarbeit hin zur Bewältigung von Haftungsproblemen bestehen, sowohl im Sinne einer direkten Involvierung in Haftungsprozesse vor Gericht als auch durch eventuelles »Überdesign« von Produkten als Defensivmaßnahme zur Vermeidung von Haftungsklagen. Denkbar ist im Extremfall sogar die Abneigung von FuE-Ingenieuren, neue Technologien im Produkt einzusetzen, um Risiken aus Schadensersatzprozessen zu vermeiden. Diese beobachtbaren Reaktionen auf das Produkthaftungsrecht bewirken faktisch einen Abzug von Ingenieurskapazitäten von der eigentlichen Forschungsarbeit und eine Reduktion von FuE-Anstrengungen, was zu weniger Innovationen führt.

Techniker aus der Fahrzeugindustrie berichten, dass eine Änderung des technischen Designs an einem Fahrzeug von Kunden und ihren Rechtsanwälten in dem Sinne missverstanden werden kann, dass das vorherige Design als fehlerhaft angesehen wird, was zu einer Produkthaftungsklage führen kann. Durch drohende Produkthaftungsklagen werden somit Design-Änderungen – Sicherheitsverbesserungen eingeschlossen – behindert (vgl. Jones/Hunziker 1994, S. 1).

Ein Hersteller medizinischer Implantate sieht sich mit dem Problem konfrontiert, dass seine Zulieferer, die die Hauptproduzenten kritischer Rohmaterialien sind, die Belieferung mit Rohmaterialien einschränken. Als Grund hierfür wird genannt, dass das Risiko, in einen Produkthaftungsfall verwickelt zu werden, für die Zulieferer als zu groß erscheint. Der Hersteller der Implantate ist damit gezwungen, den Engpass in der Belieferung durch Zusammenarbeit mit kleineren, technologisch nicht so kompetenten Zulieferunternehmen zu beseitigen (vgl. Jones/Hunziker 1994, S. 1). Die Gerätehersteller mussten Ressourcen umleiten, um neue Zulieferer zu finden, anstatt den Stand der Technik zu verbessern (vgl. Jones/Hunziker 1994, S. 9).

Das Beispiel des Unternehmens DuPont (Grundstoffchemie) macht die Problematik aus Sicht der Materiallieferanten deutlich: Die Chemieindustrie, vor allem die Grundstoffchemie ist eine Branche, die eine große Anzahl anderer Industrien mit Materialien beliefert. Das Risiko von Produkthaftungsprozessen betreffend Produkte, die Materialien von DuPont enthalten, hat das Unternehmen veranlasst, einige Produktlinien zu überdenken. Das dramatischste Beispiel in diesem Zusammenhang betrifft Materialien mit medizinischer Verwendung. Wegen der hohen Produkthaftungsrisiken wird DuPont die Lieferung notwendiger Materialien an die Hersteller medizinischer Apparate einstellen, solange DuPont nicht in den Entwicklungsprozess der Apparate einbezogen wird und die Kontrolle über die Verwendungszwecke der von DuPont gelieferten Materialien hat. Ein Nebeneffekt davon ist die Entscheidung, dass es in naher Zukunft kaum bis gar keine Forschung zu synthetischen Materialien, die in implantierbaren Geräten sowie Heil- und Hilfsmitteln eingesetzt werden können, geben wird (vgl. Jones/Hunziker 1994, S. 8f.). Die Produkthaftung hat somit Einfluss darauf, in welchen Geschäftsfeldern DuPont FuE-Investitionen tätigt bzw. überhaupt tätig ist (vgl. Jones/Hunziker 1994, S. 8).

Somit wurde durch das Produkthaftungsrecht die Innovationstätigkeit in beiden Branchen (Materiallieferanten und medizinische Gerätehersteller) tendenziell verlangsamt.

Die Hersteller von leichten Kleinflugzeugen wurden von der Produkthaftung betroffen. Die Hersteller leichter Kleinflugzeuge (vor allem kleine Geschäftsflugzeuge) sehen sich mit einer Vielzahl von Produkthaftungsklagen ihrer Kunden bzw. deren Hinterbliebenen konfrontiert. Dies führte dazu, dass die meisten Hersteller von Geschäftsflugzeugen in den USA in Konkurs gingen und dass über viele Jahre hinweg überhaupt keine neuen Flugzeuge mehr konstruiert wurden. Die vor allem durch Haftungsklagen und Schadensersatzzahlungen induzierte kritische Geschäftslage der Branche führte dazu, dass aus der Not heraus weniger in Forschung und Entwicklung investiert sowie weniger Kleinflugzeuge produziert wurden (vgl. Jones/Hunziker 1994, S. 9). Dabei war eine Vielzahl von Flugzeugunglücken nicht auf Fehler in der Produktkonstruktion, sondern auf andere Ursachen zurückzuführen: Die Piloten (vor allem Privatleute) sind nicht immer kompetent genug, um mit den komplexen Flugzeugen umzugehen. Ein weiterer Ursachenkomplex ist die oftmals nachlässige Wartung von Kleinflugzeugen.

Neben den o.g. eher kritisch zu beurteilenden Wirkungen des Produkthaftungsrechts gehen vom Produkthaftungsrecht aber auch vielfältige positive Wirkungen aus. Klare, mit Sanktionen bewehrte Regeln zur Produkthaftung steigern für Unternehmen die Anreize, in Forschung und Entwicklung zu investieren, um die Produktqualität zu steigern. Gerade in Branchen ohne Produkthaftung oder mit stark eingeschränkter Produkthaftung sind die Anreize zur Steigerung der Produktqualität eher gering. So ist zu vermuten, dass einige Hersteller von Software für Büroapplikationen (Textverarbeitung, Tabellenkalkulation, Datenbanken) ihre neuen Softwarelösungen stabiler programmieren und ausführlicher vor der Markteinführung testen würden, wenn sie für beim Nutzer entstehende Datenverluste haften müssten (problematisch wäre aber die Abgrenzung zum Datenverlust, der auf unsachgemäße Bedienung durch den Nutzer zurückgeht). Insbesondere bei innovativen Dienstleistungskonzepten können Haftungsregeln die Dienstleistungsanbieter zur Qualitätssicherung sowie zur Vorhaltung von ausreichenden Reservekapazitäten anhalten. Ein Beispiel hierfür ist die relativ geringe Haftung der Deutschen Bahn AG für Verspätungen, was sich auf die Bereitschaft der Bahn, vor der Markteinführung neue Transportangebote (Neigetechnikzüge zwischen Frankfurt und Dresden, neue Zuggenerationen) ausführlich zu erproben, vermutlich negativ auswirkt.

Die empirische Erfahrung zeigt, dass typischerweise einige Industrien besonders vom Produkthaftungsrecht betroffen sind. Zu nennen sind hier beispielsweise:

- Materiallieferanten
- Flugzeugindustrie
- Gesundheitssektor, v. a. Pharmaindustrie und Hersteller von Implantaten (z.B. künstliche Hüftgelenke)
- Automobilhersteller (Rückrufaktionen, Schadensersatzklagen)

Die Kernfragestellung ist, ob eine Verbindung zwischen Innovationen und Produkthaftungskosten existiert (vgl. Viscusi/Moore 1991, S. 89) und wie die Wirkungszusammenhänge hier genau aussehen. Damit zusammenhängende Fragen sind: Welche Industrien haben den größten Anteil der Belastung durch Produkthaftung zu tragen? Sind die Unternehmen aus den innovativen Wirtschaftssektoren oder jene aus den rückläufigen Wirtschaftssektoren am meisten von der Produkthaftung und den mit ihr verbundenen Kosten betroffen? (vgl. Viscusi/Moore 1991, S. 82)

3.4.2 Ein Modell für die Verbindung zwischen Produkthaftung und Innovationstätigkeit nach Viscusi und Moore (1991)

Viscusi und Moore untersuchen in einer empirischen Untersuchung die kausale Verbindung von Innovation und Produkthaftungsrisiko. Als das eine Problem und die eine zentrale Frage stellt sich dabei insbesondere, ob es möglich ist, die einzelnen Effekte der Haftungskosten auf die Innovationstätigkeit zu isolieren. Die andere Frage ist, ob man umgekehrt die Effekte von Innovationen auf die Haftungskosten ermitteln kann. So reduzieren beispielsweise sicherere Produkt- und Prozessdesigns die erwarteten Belastungen durch Haftungsfälle (vgl. Viscusi/Moore 1991, S. 106).

Das grundlegende Kausalmodell zeigt die nachfolgende Abbildung.

Wesentliche Elemente des Modells sind die Innovationsumgebung, das Produkthaftungsrisiko und die Innovationsanstrengungen der Unternehmen. Diese Elemente werden wie folgt definiert bzw. operationalisiert.

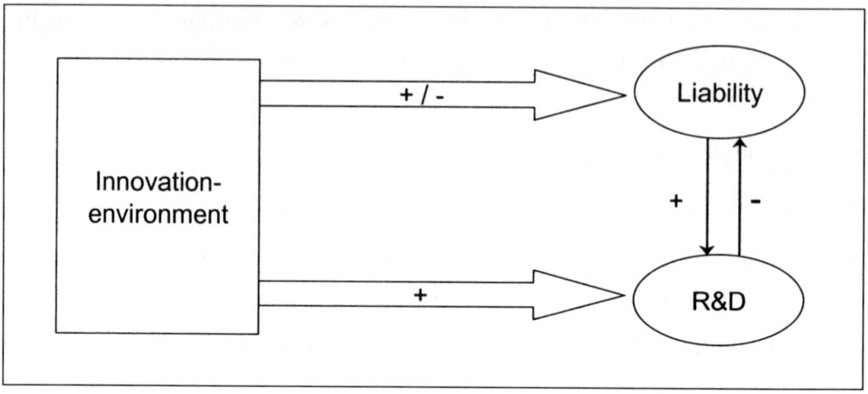

Abb. 8: Das Kausalmodell von Viscusi/Moore 1991, S. 107 zum Zusammenhang von Produkthaftung und Innovation (Quelle: in Anlehnung an Viscusi/Moore 1991, S. 107)

Die Variablen, mit denen das *Innovationsumfeld* gemessen wird, beinhalten drei Maße auf Unternehmensebene. Zwei davon geben die Bedeutung (Aussagekraft) von Produkt- und Prozess-Patenten an und das dritte Element zeigt an, ob das Unternehmen eines seiner Produkte als neu betrachtet (vgl. Viscusi/Moore 1991, S. 107 ff.).

Eine innovative Branche kann – abhängig von der Art der jeweiligen Innovation und dem Neuigkeitsgrad – mehr oder weniger risikoreich als eine weniger innovative Branche sein. Wenn Neuprodukte durch verbesserte Prozesse oder technologischen Fortschritt per se sicherer werden, sind innovative Branchen weniger riskant. Wenn neue Produkte hingegen risikoreiche Produktdesigns beinhalten, deren nachteilige Konsequenzen nicht sofort ersichtlich sind, werden innovativere Branchen höhere Produkthaftungsrisiken zu tragen haben. Die Richtung der Kausalität zwischen Innovations-Umgebung und Kosten der Gewährleistung ist somit theoretisch zweideutig.

Produkthaftungsrisiken werden in der von den Autoren vorgenommenen empirischen Analyse näherungsweise gemessen durch Verluste und Versicherungsprämien für Personenschäden als Folge von Produkthaftungsfällen in Relation zu den Umsatzerlösen des Unternehmens (vgl. Viscusi/Moore 1991, S. 109).

Die zweite Verbindung in dem Modell besteht dementsprechend zwischen den Haftungskosten und der Motivation, in Forschung und Entwicklung zu investieren. Auch hier ist die Richtung der Verbindung unbestimmt und mehrdeutig. Höhere Haftungskosten schaffen einen Anreiz zu höherer Sicherheit und das stimulieren die FuE-Aufwendungen zur Erhöhung der Produktsicherheit. Dies gilt, so lange die Produkthaftungskosten nicht so groß sind, dass das Produkt vom Markt genommen wird. Das Unternehmen könnte risikoreiche Produkt-Designs aus dem Produktportfolio eliminieren und zu älteren Produktmodellen zurückkehren. In diesem Fall hätte die Haftung keinen positiven Effekt auf Forschung und Entwicklung oder Produktinnovationen. Wenn die Kosten des Zurückziehens von Produkten oder für das Tragen des Haftungsrisikos so hoch sind, dass das Unternehmen das Produkt gänzlich vom Markt nimmt, führt eine Erhöhung der Produkthaftung zu einer Verringerung der FuE-Investitionen.

Forschungsanstrengungen von Unternehmen werden mithilfe der FuE-Intensität (FuE-Ausgaben in Relation zum Umsatz) gemessen.

Die letzte Verbindung in dem Modell führt direkt vom Innovationsumfeld (vor allem die Merkmale der Branche, in der das Unternehmen tätig ist) zu den FuE-Ausgaben. Branchen mit hoch innovativen Technologien tendieren dazu, mehr in FuE zu investieren. Deshalb erwartet man eine positive Verbindung zwischen der Innovationsfähigkeit des Unternehmensumfeldes und den FuE-Ausgaben des Unternehmens.

Um die exakte Natur der Verbindung zwischen den vorher genannten Innovations-Variablen, der Höhe des Produkthaftungsrisikos und den FuE-Aufwendungen zu klären, wurde ein Regressionsmodell (basierend auf dem in der vorigen Abbildung dargestellten Modell) verwendet (vgl. Viscusi/Moore 1991, S. 110). Wesentliche Ergebnisse des ökonometrischen Modells sind in folgenden Punkten zu sehen:

Als Ergebnis der Regressionsanalyse haben die Autoren aufgezeigt, dass ein recht starkes Indiz dafür existiert, dass innovativere Branchen höhere Verluste durch Produkthaftung haben (vgl. Viscusi/Moore 1991, S. 111).

Der steigende Teil der Produkthaftungskosten wird damit von den forschungs- und innovationsintensiveren Sektoren der Wirtschaft getragen (Viscusi/Moore 1991, S. 89). Die Sektoren, die heute einen großen Teil der Produkthaftungskosten tragen (Automobilbau, Pharma und Chemie, Flugzeugbau etc.), waren in früheren Jahrzehnten noch nicht damit belastet (vgl. Viscusi/Moore 1991, S. 82). Bei vielen Branchen, die stark von Produkthaftungskosten getroffen wurden, spielt die Innovationstätigkeit eine besondere Rolle (vgl. Viscusi/Moore 1991, S. 83). Innovativere Branchen tendieren zu höheren generellen Haftungsbelastungen.

Die empirische Untersuchung zeigte darüber hinaus noch folgendes Ergebnis: Eine Erhöhung des Haftungsrisikos führt zu einer Erhöhung der FuE-Intensität, was andeutet, dass die Sicherheits-Motivation durch Haftungskosten der dominante Effekt ist (vgl. Viscusi/Moore 1991, S. 112). Die Produkthaftung schafft somit Anreize zur Erhöhung der Produktsicherheit. Höhere Haftungskosten steigern gewöhnlich die produktspezifische Forschung und Entwicklung, z. B. um die Produktsicherheit zu erhöhen. Die geschätzten Effekte weisen darauf hin, dass die Anreize zur Sicherheit, die bei niedrigem Risiko-Level bestehen, bei hohem Risikolevel überkompensiert werden, was jenseits eines bestimmten Schwellenwertes zur Reduktion der FuE-Aktivitäten führt (vgl. Viscusi/Moore 1991, S. 113). Überschreiten die drohenden Haftungsrisiken den Schwellenwert, so führt dies zur Reduktion der FuE-Intensität (vgl. Viscusi/Moore 1991, S. 113). Dieser Schwellenwert ist nach Ansicht der Autoren bei einem Verhältnis von Haftungskosten zu Umsatz von etwa 1%

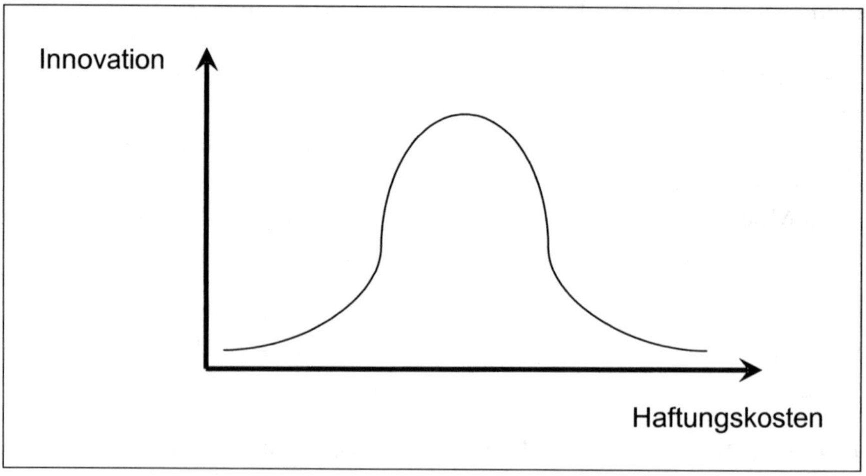

Abb. 9: Zum Zusammenhang von Haftungskosten und Innovationstätigkeit

(vgl. Viscusi/Moore 1991, S. 113). Extrem hohe Haftungskosten führen zu einer Dämpfung der Innovationstätigkeit (vgl. Viscusi/Moore 1991, S. 114). Unternehmen ziehen die Einführung ihrer Neuprodukte zurück oder nehmen eingeführte Produkte vom Markt, wenn die Haftungskosten zu groß werden (vgl. Viscusi/Moore 1991, S. 84).

Die nachfolgende Abbildung verdeutlicht nochmals den grundlegenden Zusammenhang zwischen Haftungskosten und Innovationstätigkeit von Unternehmen.

3.4.3 Unternehmerisches Risikomanagement zur Reduktion von Produkthaftungsrisiken

Die Frage, was Unternehmen tun können, um Produkthaftungsrisiken und Schadenkosten zu reduzieren, ist eine Frage des Risikomanagements von Unternehmen. Nachfolgend wird unterschieden zwischen der Reduktion bzw. Vermeidung von Haftungsrisiken (ex ante wird versucht, den Eintritt des Haftungsfalles zu vermeiden bzw. die Wahrscheinlichkeit für das Eintreten zu reduzieren) und der Reduktion bzw. Vermeidung von Schadenskosten (ex post nach Eintritt des Haftungsfalles). Nachfolgend genannte Möglichkeiten stehen Unternehmen hierfür zur Verfügung.

Zur Risikovermeidung, d.h. vollständigen Ausschaltung von Haftungsrisiken ist der völlige Verzicht auf die Entwicklung und Markteinführung neuer Produkte denkbar, was allerdings langfristig die Überlebensfähigkeit des Unternehmens beeinträchtigt. Alternativ wäre zu denken an den – juristisch allerdings sehr problematischen – Ausschluss von Haftungsrisiken in Kauf- oder Lieferverträgen.

Zur Risikominderung kann die qualitative und sicherheitstechnische Verbesserung von Produkten durch Forschung und Entwicklung vorgenommen werden. Ebenfalls kann ein Unternehmen sich von auf Risikomanagement spezialisierten Experten und Unternehmen (z.B. TÜV, Dekra) beraten lassen. Als dritter Ansatzpunkt zur Reduktion von Haftungsrisiken ist die sehr präzise, auf alle eventuellen Gefahren und Risiken hinweisende Formulierung von Bedienungsanleitungen und Produktdokumentationen (z.B. Beipackzettel zu Medikamenten in der Pharmaindustrie, Bedienungsanleitungen für Haushaltsgeräte) zu nennen. Auf diese Art kann der

Nutzer des Produktes zu einem weniger risikobehafteten Gebrauch des Produktes angehalten werden. Mit den genannten Maßnahmen werden Risiken infolge Produkthaftung ex ante für das einzelne Unternehmen reduziert, aber nicht völlig ausgeschaltet.

Als Alternative zu Maßnahmen der Risikomeidung und Risikominderung ist die bewusste Inkaufnahme von Produkthaftungsrisiken (Risikotragung) zu nennen. Dies bietet sich vor allem bei Haftungsrisiken mit geringer Tragweite (also gerade nicht bei den die Existenz des Unternehmens gefährdenden Haftungsrisiken) mit gleichzeitig geringer Eintrittswahrscheinlichkeit an.

Maßnahmen des Risikomanagements können auch an der Vermeidung oder Verringerung von Schadenskosten (für bereits eingetretene Haftungsrisiken) ansetzen.

Schadenkostenvermeidung kann ein Unternehmen erreichen, wenn es die Haftungskosten auf ein anderes Unternehmen (z.B. eine Versicherung, bei der eine Produkthaftungsversicherung ohne Selbstbehalt abgeschlossen wurde, oder auf einen Zulieferer) überwälzt. Juristisch sehr schwierig und problematisch ist der Versuch, in Kauf- und Lieferverträgen Schadenskosten auszuschließen.

Schadenskostenminderung kann ein Unternehmen durch die Vereinbarung von Kooperationen und strategischen Allianzen mit anderen Unternehmen erreichen. Dies eröffnet die Möglichkeit – entsprechendes Vertragsdesign im Kooperationsabkommen vorausgesetzt –, Schadenskosten gemeinsam zu tragen und damit auf mehrere Träger zu verteilen. Schadenkostenminderung kann ebenfalls erreicht werden durch Abschluss von Produkthaftungsversicherungen mit Selbstbehalt (üblich z.B. in der Pharmaindustrie) oder durch den Versuch, in Kauf- und Lieferverträgen Schadenkosten auf eine Höchstsumme zu begrenzen.

Als alternative Strategie zur Schadenskostenvermeidung und Schadenskostenverminderung ist die bewusste Schadenskostentragung zu nennen, d.h. das Unternehmen nimmt einen Selbstbehalt von Schäden aus Produkthaftung vor: Firmen, die sich selbst versichern (z.B. durch finanzielle Rücklagenbildung), haben sich dafür entschieden, die möglicherweise auftretenden Schadenskosten selbst zu tragen. Das gilt z.B. für sehr große Unternehmen wie z.B. General Motors (vgl. Viscusi/Moore 1991, S. 85), die die erforderliche Risikotragfähigkeit aufweisen. Oftmals gründen große Unternehmen sogar eigene Versicherungstöchter wie z.B. die BASF AG. Ebenfalls bietet sich die Schadenskostentragung vor allem bei Schadenshöhen mit geringer Tragweite (also gerade nicht bei den die Existenz des Unternehmens gefährdenden Schadensersatzzahlungen) mit gleichzeitig geringer Eintrittswahrscheinlichkeit an.

Jedes Unternehmen, das Risikomanagement im Zusammenhang mit Produkthaftung betreibt, wird dabei nach dem unter Kosten- und Risikoaspekten optimalen Mix von Maßnahmen zur Beeinflussung von Haftungsrisiken und Schadenskosten suchen.

3.5 Möglichkeiten der Innovationspolitik zur Weiterentwicklung des Innovationssystems einer Volkswirtschaft

Innovationspolitik ist eine staatliche Querschnittsaufgabe. Sie tangiert wesentliche Fragestellungen der Bildungspolitik, der Forschungs- und Technologiepolitik, der Wettbewerbspolitik sowie die Setzung und Weiterentwicklung sonstiger gesamtwirtschaftlicher Rahmenbedingungen (z.B. Gesellschaftsrecht zur Förderung von Unternehmensgründungen, Unterstützung des Entstehens von Aktienmärkten und neuer Finanzierungsmodelle für technologieorientierte Unternehmensgründungen, z.B. durch innovationsfördernde Reformen der Steuerpolitik) (vgl. Legler/Licht/Egeln 2000, S. b). In mehreren der genannten Politikbereiche gibt es seit Jahren/Jahrzehnten Versuche, durch partielle Reformen die Rahmenbedingungen für Innovationen zu verbessern. Zu nennen sind im Bereich der Bildungspolitik Bestrebungen, mehr Wettbewerb im Hochschulwesen zu ermöglichen, die Gründung privater Hochschulen zu fördern, neue Finanzierungsmodelle für staatliche Hochschulen zu entwickeln, die Investitionen in den staatlichen Hochschulsektor zu erhöhen und das Experimentieren mit neuen Ausbildungsgängen, Lehrinhalten und Lehrformen zu fördern. Staatliche Forschungs- und Technologiepolitik kann ebenfalls zur Innovationspolitik beitragen. Wesentliche Beiträge der Forschungs-

und Technologiepolitik können in staatlicher (Teil-)Finanzierung privatwirtschaftlicher Forschung (direkt als Zuschuss zu den FuE-Ausgaben der Unternehmen oder indirekt über steuerliche Absetzbarkeit von FuE-Ausgaben), im Betreiben staatlicher Forschungseinrichtungen (vor allem für Grundlagenforschung) oder in der Förderung des Transfers von Forschungsergebnissen zwischen staatlichen und privaten Forschungseinrichtungen bzw. zwischen den privaten Forschungseinrichtungen untereinander bestehen. Auch Wettbewerbspolitik ist ein Aktionsparameter einer umfassend verstandenen Innovationspolitik: Deregulierung von Märkten kann den Eintritt neuer Anbieter in den Markt begünstigen. Wenn die neuen Anbieter den Wettbewerb mit innovativen Produkten und Dienstleistungen und/oder auf der Grundlage von Prozessinnovationen bestreiten, so erhöht sich die Innovationsrate im jeweiligen Markt. Marktöffnende Wettbewerbspolitik ist damit zugleich auch Innovationspolitik, wenn der sich entfaltende Wettbewerb durch Innovation und nicht durch Imitation des bisherigen Monopolanbieters und ausschließlichen Preiswettbewerb bei identisch angebotenen Produkten und Dienstleistungen gekennzeichnet ist (vgl. Legler/Licht/Egeln 2000, S. 9). Auch die Steuerpolitik kann günstige Rahmenbedingungen für Innovationen schaffen, indem sie die steuerliche Abzugsmöglichkeit für Innovationsaufwendungen verbessert, die Bildung von Rückstellungen für künftige Innovationsprojekte erleichtert oder die allgemeine Ertragskraft der Unternehmen (z.B. durch effektive Senkung der Körperschaftssteuerlast) fördert, um die Selbstfinanzierungsspielräume der Unternehmen für FuE zu vergrößern. Ob infolge einer Steuerreform gesteigerte Gewinne allerdings in FuE und mehr Innovationen investiert oder an die Aktionäre ausgeschüttet bzw. für höhere Löhne und Gehälter von Arbeitnehmern und Managern verwendet werden, ist nicht mit Sicherheit vorhersagbar (vgl. Legler/Licht/Egeln 2000, S. 9).

Ziel der Innovationspolitik kann keine Detailsteuerung und kein konstruktivistisches »Herbeiorganisieren« von Innovationen, sondern allenfalls eine Verbesserung der Rahmenbedingungen für Innovationen sein. Nationale Innovationssysteme sind komplex und historisch gewachsen. Ihre Weiterentwicklung vollzieht sich in langfristigen Evolutionsprozessen (so auch Legler/Licht/Egeln 2000, S. 5). Somit kann eine Einflussnahme der Innovationspolitik nicht über eine direkte Intervention, sondern über eine Veränderung der Rahmenbedingungen erfolgen, die neue Entwicklungsprozesse des Innovationssystems ermöglicht und anstößt. Damit kann die Neudefinition von Rahmenbedingungen langfristig zu einer Veränderung eines nationalen Innovationssystems führen. Ob die staatliche Innovationspolitik ihre angestrebten Ziele realisieren kann, wird zu einem wesentlichen Teil durch die Effektivität staatlicher Politikmaßnahmen und durch die – nicht im Detail vorhersehbaren und daher auch nicht planbaren – Handlungen bzw. Nicht-Handlungen sowie Interaktionen der privaten Akteure als Reaktion auf die staatlichen Politikmaßnahmen bestimmt. Prinzipielle Ursachen für das Steuerungsdefizit staatlicher Politik sind in der unvollständigen Informationen über zukünftige Ereignisse und in der begrenzten Rationalität (vgl. Williamson 1975) politischer Entscheidungsträger zu sehen, die alle potenziellen Aus- und Nebenwirkungen ihrer Politikmaßnahmen nicht vorhersehen können. Auf einen zweiten Ursachenkomplex für Defizite staatlicher Politik hat bereits Hayek (1945) hingewiesen: Eine Zentralinstanz (z.B. ein politischer Entscheidungsträger oder ein Ministerium) kann nie alles Wissen über die besonderen Umstände von Ort und Zeit (z.B. über die Akzeptanz einer Technologie durch bestimmte Kundengruppen), die nur die einzelnen Marktakteure kennen, sammeln und verarbeiten. Für die Nutzbarmachung dieses Wissens ist das Preissystem als Koordinationsmechanismus für dezentral entscheidende Marktakteure effektiver und effizienter (vgl. Hayek 1945).

Angesichts des Querschnittscharakters der Innovationspolitik und der Tatsache, dass sie viele Teilfelder staatlicher Politik tangiert, stellt sich die Frage, ob nicht ein Ministerium für Innovationspolitik (auf Bundes- oder Länderebene) die bisher auf mehrere Ministerien (Bildung und Forschung, Finanzministerium, Wirtschaftsministerium) verteilten Entscheidungskompetenzen mit Innovationsrelevanz bündeln oder zumindest ein Vetorecht bei innovationshemmenden Entscheidungen der Nachbarministerien erhalten sollte. Es ist somit zu klären, wie das politische Entscheidungssystem organisiert werden kann, um dem Querschnittscharakter staatlicher Innovationspolitik Rechnung zu tragen.

3.6 Zusammenfassung

Im vorigen Hauptkapitel wurden gesamtwirtschaftliche Rahmenbedingungen erörtert, die Forschung und Entwicklung ermöglichen bzw. unterstützen. Bei den ökonomischen Rahmenbedingungen ist vor allem der Wettbewerb in Märkten als Anreiz für FuE bzw. Innovationen zu nennen. Bei den rechtlichen Rahmenbedingungen sind die intellektuellen Eigentumsrechte (Patente, Copyrights, Warenzeichen, Geschäftsgeheimnisse) bedeutende Anreize für private Firmen, Innovationen zu betreiben. Zwischen Wettbewerb und dem System intellektueller Eigentumsrechte herrscht ein auszubalancierendes Spannungsverhältnis, da die intellektuellen Eigentumsrechte ihrem Inhaber temporäre Monopolstellungen verleihen und ihn gegen Imitation durch Konkurrenten schützen. Abschließend wurden weitere institutionelle Determinanten der Rentabilität von Forschungs- und Entwicklungsaktivitäten behandelt: Das Appropriierungsregime umfasst alle Maßnahmen, Mechanismen und sonstigen Rahmenbedingen, die es einem Innovator ermöglichen, sich die Gewinne aus seiner Innovation anzueignen. Das Gegenstück zu den Gewinnaneignungsmöglichkeiten ist die Verpflichtung eines Innovators, für durch seine neuen Produkte verursachte Schäden aufzukommen. Diese Verpflichtung wird durch das Produkthaftungsrecht normiert. Das Appropriierungsregime und das Produkthaftungsrecht sind gemeinsam wesentliche (aber nicht die einzigen) Determinanten für die Rentabilität privatwirtschaftlicher Forschungs- und Entwicklungsaktivitäten. Abschließend wurde auf die vorhandenen, aber prinzipiell begrenzten Möglichkeiten des Staates hingewiesen, das Innovationssystem einer Region oder einer Volkswirtschaft durch innovations-, wirtschafts- bildungs-, und steuerpolitische Maßnahmen weiter zu entwickeln.

Literaturhinweise

Zu Wettbewerb: *Herdzina, K.* (1999): Wettbewerbspolitik, 5. Aufl., Stuttgart 1999.

Zu intellektuellen Eigentumsrechten: *Besen, S. M./Raskind, L. J.* (1991): An Introduction to the Law and Economics of Intellectual Property, Journal of Economic Perspectives 5, 3–27.

Zum Appropriierungsregime: *Levin, R. C./Klevorick, A. K./Nelson, R. R./Winter, S. G.* (1987): Appropriating the Returns from Industrial Research and Development, in: Brookings Papers on Economic Activity 3, S. 783–831.

Zum Haftungsrecht: *Huber, P. W./Litan, R. E.* (Hrsg.) (1991): The Liability Maze. The impact of Liability Law on Safety and Innovation, Washington, D. C., 1991.

4 Theoretische Grundlagen und Konzepte des Innovationsmanagements von Unternehmen

Das folgende Grundlagenkapitel dient primär dazu, einen Überblick über die wichtigsten in dem vorliegenden Buch verwendeten theoretischen Ansätze der Neuen Institutionenökonomik, der ressourcenorientierten Unternehmensführung und der Industrial Organization-Forschung zu geben. Die Ausführungen werden dem noch relativ jungen Ansatz der ressourcenorientierten Unternehmensführung breiten Raum geben, während die Darstellung der in der Literatur bereits ausführlich behandelten Ansätze der Neuen Institutionenökonomik und der Industrial-Organization-Forschung auf das Wesentliche beschränkt wird.

4.1 Neue Institutionenökonomik: Grundannahmen und Institutionenbegriff

Bei den institutionenökonomischen Ansätzen (vgl. hierzu Picot/Reichwald/Wigand 1996, S. 39, 50; Burr 2002, S. 18ff. sowie Picot/Dietl/Franck 2002, S. 54ff.) stehen Fragen der Institutionengestaltung (insbesondere der Vertrags- und Organisationsgestaltung) im Mittelpunkt der Betrachtung. Gerade durch diesen speziellen institutionellen Blickwinkel kann die Neue Institutionenökonomik auch zur Erklärung des Innovationsverhaltens von Unternehmen und auf Märkten beitragen. Ausgangspunkt dieser Ansätze ist die Annahme, dass menschliches Verhalten durch Institutionen koordiniert und gelenkt wird. Eine Institution ist charakterisiert als »...ein auf ein bestimmtes Zielbündel abgestelltes System von

Normen einschließlich deren Garantieinstrumente, mit dem Zweck, das individuelle Verhalten in eine bestimmte Richtung zu steuern. Institutionen strukturieren unser tägliches Leben und verringern auf diese Weise dessen Unsicherheiten.« (Richter 1994, S. 4)

Beispiele für Institutionen sind Verträge (z.B. Kauf-, Miet- und Arbeitsverträge), Geld und Markennamen, aber auch Regeln, Organisationsformen, die Sprache sowie kulturell geprägte Normen und Traditionen. Allein an dieser nicht abschließenden Aufzählung wird deutlich, dass die Neue Institutionenökonomik von einem sehr weit definierten Institutionenbegriff ausgeht.

Alle institutionenökonomischen Ansätze teilen die gleichen Verhaltensannahmen und Anwendungsvoraussetzungen: Die Analyse ist geprägt vom *methodologischen Individualismus,* d.h. dem Grundsatz, dass Entscheidungen auf der Ebene des Individuums analysiert werden. Dementsprechend werden Ziele nur dem handelnden Individuum und nicht einem Kollektiv von Individuen, wie es beispielsweise ein Unternehmen darstellt, zugeschrieben (vgl. Knudsen 1995, S. 189). Dieser analytische Mikrofokus drückt sich auch in der *Untersuchungseinheit* aus, die im Falle der Property-Rights-Theorie die Handlungs- und Verfügungsrechte an knappen Gütern, im Falle der Transaktionskostentheorie die einzelne Transaktion (definiert als Übertragung von Handlungs- und Verfügungsrechten an knappen Gütern) und im Falle der Agency-Theorie die einzelne Agency-Beziehung darstellt. Gemeinsam ist allen institutionenökonomischen Ansätzen die *Verhaltensannahme der beschränkten Rationalität,* d.h. dass Individuen nicht nach vollkommener Informationsversorgung, vollständiger Bewertung aller Handlungsalternativen und Erreichung maximaler Zielbeiträge streben, sondern sich aufgrund ihrer begrenzten Informationsaufnahme- und Informationsverarbeitungskapazität mit der Erreichung eines zufrieden stellenden Informationsstandes begnügen und satisfizierende Handlungsergebnisse anstreben. Auch die *Verhaltensannahme der individuellen Nutzenmaximierung,* d.h. dass die Individuen entsprechend ihren jeweiligen Präferenzen ihre eigenen Ziele verfolgen, worin immer sie im Einzelfall auch konkret bestehen mögen, und dadurch ihren individuellen Nutzen maximieren, wird von allen institutionenökonomischen Ansätzen geteilt.

4.1.1 Property-Rights-Theorie

Der Property-Rights-Ansatz (vgl. zum Folgenden Picot/Dietl/Franck 1999, S. 55 ff., Dietl 1993; Alchian/Demsetz 1973 sowie Furubotn/Pejovich 1972 und 1974) ist primär ein Ansatz der Organisationstheorie und Organisationsgestaltung, dessen originäres Anwendungsfeld bei Fragen der Privatisierung öffentlichen Eigentums, aber auch bei der Effizienzbeurteilung verschiedener Formen der Unternehmensorganisation (vgl. hierzu z.B. Picot/Michaelis 1984) liegt. Die Property-Rights-Theorie kann aber auch zu wichtigen Fragestellungen des Innovationsmanagements von Unternehmen Erklärungsbeiträge geben: Durch Definition exklusiver intellektueller Eigentumsrechte (z.B. Patente, Warenzeichen, Copyright, Geschäftsgeheimnisse) erhalten Unternehmen oft erst die erforderlichen Anreize, in technische Erfindungen und neue Ideen zu investieren. Ebenso können Spillover-Effekte (Übersprung von Ideen von einem Unternehmen auf ein anderes, ohne dass letztgenanntes hierfür Marktpreise entrichtet) und die Imitation durch Konkurrenten mit nicht definierten oder nicht durchsetzbaren intellektuellen Eigentumsrechten erklärt werden. Ferner kann mithilfe einer Property-Rights-theoretischen Betrachtung auch das Lizenzierungsverhalten von Unternehmen erklärt werden (vgl. hierzu die Ausführungen in Kapitel 5.4.2.1). Erklärungs- und Gestaltungsziel der Property-Rights-Theorie ist die Auswahl effektiver und effizienter Verfügungsrechte-Strukturen für die Abwicklung von Austauschbeziehungen innerhalb (Hierarchie) und zwischen Unternehmen (Kooperation und andere hybride Koordinationsformen) sowie auf Märkten. Gegenstand des Austausches können dabei sowohl Sachgüter als auch Dienstleistungen, Ideen (technische Erfindungen, Innovationen) und Informationen sein.

Die Property-Rights-Theorie ist ein modulares Theoriegebäude und setzt sich neben der Verhaltensannahme der individuellen Nutzenmaximierung aus den Komponenten

- Property Rights,
- externe Effekte und
- Transaktionskosten

zusammen.

Ausgangspunkt und elementare Untersuchungseinheit in dieser Theorie sind die Property Rights. Property Rights lassen sich begrifflich abgrenzen als »... die mit einem Gut verbundenen und Wirtschaftssubjekten aufgrund von Rechtsordnungen und Verträgen zustehenden Handlungs- und Verfügungsrechte« (Picot/Reichwald/Wigand 1996, S. 39). Jedes Gut (Sachgut, Dienstleistung, Ideen, Rechte) ist durch das mit ihm verbundene Verfügungsrechtebündel charakterisiert. Property Rights an einem Gut lassen sich detaillierter analysieren. Hierfür ist es zweckmäßig, sie in weitere Teilrechte zu untergliedern. Es lassen sich im Einzelnen unterscheiden:

1. Recht, ein Gut zu gebrauchen und gemäß den Zielsetzungen des Verwenders einzusetzen (usus);
2. Recht, an einem Gut wesentliche Veränderungen, z. B in stofflicher oder qualitativer Hinsicht vorzunehmen (abusus);
3. Recht, sich die Erträge aus der Nutzung des Gutes anzueignen bzw. die Verpflichtung, Verluste aus dem Einsatz des Gutes zu tragen (usus fructus);
4. Recht, das Gut als Ganzes oder einzelne Teilrechte auf Dritte zu übertragen (Veräußerungsrecht) (vgl. Dietl 1993, S. 57 f.).

Diese Teilrechte können entweder einem einzigen Wirtschaftssubjekt zugeordnet oder auf mehrere Wirtschaftssubjekte verteilt sein. Je stärker alle Teilrechte bei einem einzelnen Individuum gebündelt sind *(konzentrierte Verfügungsrechte)*, desto größere Anreize hat dieses Individuum zu einem sparsamen Ressourceneinsatz, weil es die Folgen seiner Ressourcennutzung unmittelbar selbst trägt. Verfügungsrechte können aber auch auf mehrere Individuen verteilt sein *(kollektive Verfügungsrechte)* oder einzelne Teilrechte können aus ökonomischen, politischen oder gesellschaftlichen Gründen in ihrer Ausübung beschränkt werden *(eingeschränkte Verfügungsrechte)*, wie z. B. bei der Sozialbindung privaten Eigentums oder der staatlichen Regulierung privater und öffentlicher Unternehmenstätigkeit zur Verhinderung des Missbrauchs von Marktmacht oder der Offenlegungspflicht bei patentierten Erfindungen oder die Einschränkungen der Gestaltungsspielräume bei Lizenzverträgen durch das Wettbewerbsrecht eines Landes. Sowohl kollektive als auch eingeschränkte Verfügungsrechte stellen eine *Verdünnung von Verfügungsrechten* dar. Dadurch hat der einzelne

Akteur nur noch verminderte oder verzerrte Anreize, die entsprechenden Güter sparsam einzusetzen, schonend zu behandeln und in ihre Erhaltung zu investieren. Beispiel sind das bekannte Problem der fehlenden Anreize zur Kostensenkung bzw. sogar die Anreize zur bewussten Inkaufnahme von Kostenerhöhungen, wenn ein Monopolist einem Cost-Plus-Regulierungsschema unterworfen wird (vgl. hierzu Averch/Johnson 1962) oder der Verzicht auf eigentlich für beide Seiten lohnende Lizenzabkommen aufgrund von befürchteten wettbewerbsrechtlichen Problemen.

Verdünnte Verfügungsrechte führen außerdem zum Entstehen positiver oder negativer externer Effekte, weil entweder einzelnen Individuen nicht alle Erträge ihrer Ressourcennutzung zufallen (positive externe Effekte, z.B. in Form des von Marktpartnern nicht entgoltenen Spillovers von Ideen) oder sie nicht alle von ihnen im Rahmen des Gebrauchs und der Veränderung des Gutes verursachten Güterabnutzungen, Folgeschäden und Nebenwirkungen tragen müssen (negative externe Effekte, Beispiel: ständige Erhöhung der Anhänger- und Achslasten bei neuen LKW-Generationen, weil der LKW die Kosten der Straßenabnutzung infolge hoher Achslasten nicht vollständig selbst trägt). Dies führt dazu, dass marktlich gebildete Preise nicht alle Kosten und Erträge der Ressourcennutzung widerspiegeln mit der Konsequenz, dass der Marktmechanismus versagt und der einzelne Akteur verzerrte Preissignale und Handlungsanreize erhält. Dies kann zu einer aus gesamtwirtschaftlicher Sicht unerwünschten Übernutzung von knappen Ressourcen (weil negative externe Effekte nicht in die einzelwirtschaftliche Kalkulation einfließen; Beispiel: zu viele LKW-Transporte, weil der LKW die Kosten der Straßenabnutzung und die Umweltschäden nicht vollständig trägt) oder zu einer aus gesamtwirtschaftlicher Sicht ebenfalls unerwünschten zu geringen Nutzung von knappen Ressourcen (weil der Ressourcenbesitzer nicht alle Erträge seiner Ressourcennutzung appropriieren kann; Beispiel: Verzicht auf die Hervorbringung neuer Ideen bzw. den Einsatz von Zeit und Arbeitskraft hierfür, weil das Unternehmen Spillover-Effekte befürchtet) führen. Dementsprechend ist die Gestaltungsempfehlung der Property-Rights-Theorie, möglichst alle Verfügungsrechte an Ressourcen bei dem handelnden Akteur zu bündeln, damit er Anreize zu effektivem und effizientem Ressourcenumgang erhält und das Auftreten externer Effekte vermieden wird. So kann die Patentierung einem Unternehmen alle Verfügungsrechte an einer technischen Erfindung sichern, was Imitation und unbeabsichtigten Spillover von Ideen an Dritte unterbindet und damit starke Anreize für unternehmerische Erfindungen kreiert.

Transaktionskosten entstehen bei der Herausbildung, Zuordnung, Übertragung und Durchsetzung einzelner Teilrechte oder aller Teilrechte an einem Gut (vgl. hierzu Tietzel 1981, S. 211). Insbesondere sind hierbei Kosten der Information und Kommunikation zu nennen, die bei der Anbahnung, Vereinbarung, Abwicklung und Kontrolle einer Austauschbeziehung auftreten (vgl. Picot/Dietl 1990, S. 178), in deren Verlauf Property Rights definiert, einzelnen Wirtschaftssubjekten zugeordnet oder auf Transaktionspartner übertragen, d. h. neu alloziiert werden. Ein Beispiel hierfür ist die Definition und Allokation von Property Rights durch Lizenzverträge (vgl. hierzu Kapitel 5.4.2.1).

Die Effizienz von Property-Rights-Strukturen wird danach beurteilt, inwieweit die vorgefundene Zuordnung von Verfügungsrechten auf die Handlungsträger die Summe aus (positiven oder negativen) externen Effekten und Transaktionskosten minimiert. Effizientere Property-Rights-Strukturen zeichnen sich demnach dadurch aus, dass sie geringere (positive oder negative) externe Effekte und/oder geringere Transaktionskosten als weniger effiziente Property-Rights-Strukturen aufweisen. Umgekehrt betrachtet ist das Auftreten hoher Transaktionskosten oder von externen Effekten größeren Ausmaßes ein Indikator dafür, dass eine Neudefinition oder Reallokation von Handlungs- und Verfügungsrechten Effizienzgewinne ermöglichen könnte. So wären beispielsweise in einer Welt ohne Patente hohe Transaktionskosten beim Schutz von Ideen sowie geringe Anreize zur Generierung neuer Ideen aufgrund hoher externer Effekte (Spillover-Effekte) zu erwarten. Insofern erscheint das Patentsystem als eine effizienzsteigernde Institution, die Transaktionskosten und positive externe Effekte für den Erfinder reduziert.

4.1.2 Transaktionskostenansatz

Der Transaktionskostenansatz ist – genauso wie die Property-Rights-Theorie – ein Theoriegebäude, das der Organisationstheorie und Organisationsgestaltung zuzurechnen ist. Das originäre Anwendungsfeld des Transaktionskostenansatzes liegt bei Fragen der unternehmensinternen

Eigenfertigung bzw. des marktlichen Fremdbezuges oder – allgemein gesprochen – bei der Auswahl effektiver und effizienter Koordinationsmechanismen für die Strukturierung von Transaktionen. Auch für Fragen des Innovationsmanagements kann der Transaktionskostenansatz Erklärungs- und Gestaltungsbeiträge leisten, z.B. bei der Frage der Eigenerforschung oder des Zukaufs von Technologien bzw. Innovationen (vgl. Kapitel 5.2.2.1) oder der Frage der Ausgestaltung einer Lizenzierungspolitik (vgl. hierzu Kapitel 5.4.2.2). Die Transaktionskostentheorie geht zurück auf die grundlegende Arbeit von Ronald Coase (vgl. Coase 1937) und die Fortentwicklung des Grundgedankens von Coase insbesondere durch Oliver E. Williamson (vgl. insbesondere Williamson 1975 und 1990). An der Transaktionskostentheorie wurde in den letzten Jahren vielfältige Kritik geübt (vgl. Dahlmann 1979, Ghoshal/Moran 1996 sowie Langlois/Foss 1997). Dennoch konnte sich der Transaktionskostenansatz als Ansatz zur Erklärung der Unternehmensentstehung und Bestimmung von Unternehmensgrenzen etablieren, der starken Bezug zur betriebswirtschaftlichen Organisationslehre und zum Innovationsmanagement aufweist.

Ausgangspunkt transaktionskostentheoretischer Überlegungen und elementare Analyseeinheit ist die einzelne Transaktion, die definiert wird als Übertragung von Verfügungsrechten an Ressourcen (Produktionsfaktoren, Informationen, Ideen, Rechte), Sachgütern und Dienstleistungen zwischen Akteuren. Bei dieser Transaktion fallen Transaktionskosten an, die sich begrifflich abgrenzen lassen als »Informations- und Kommunikationskosten, die bei der Anbahnung, Vereinbarung, Kontrolle und Anpassung wechselseitiger Leistungsbeziehungen auftreten« (Picot/Dietl 1990, S. 178). Diese Transaktionskosten sind somit bei der organisatorischen Strukturierung eines Leistungsaustausches zu beachten und können als Koordinationskosten interpretiert werden. Sie sind abzugrenzen von den Produktionskosten, die dem bewerteten Verzehr von Produktionsfaktoren zur Erstellung betrieblicher Leistungen entsprechen (vgl. Heinen 1988, S. 59f.) und typischerweise Personalkosten, Materialkosten, Abschreibungen auf Gebäude und Maschinen etc. umfassen. Im Rahmen einer transaktionskostentheoretischen Analyse werden oftmals die Produktionskosten unterschiedlicher institutioneller Arrangements per Annahme entweder als identisch angesehen oder es wird von der Annahme ausgegangen, dass die transaktionskostenminimale Lösung zur Strukturierung eines Leistungsaustausches gleichzeitig auch die Verwirklichung der produktionskostenminimalen Lösung bedeutet. Durch diesen theoretischen Kunstgriff wird es möglich, die Entscheidung zwischen unterschiedlichen institutionellen Einbindungsformen für die Abwicklung einer Transaktion ausschließlich anhand eines relativen Transaktionskostenvergleichs zu treffen und die Produktionskosten dabei zu vernachlässigen. Auch wenn damit Produktionskostenüberlegungen explizit aus der Betrachtung ausgeklammert werden, bleibt es dennoch offiziell erklärtes Ziel, mithilfe des transaktionskostentheoretischen Instrumentariums institutionelle Arrangements auszuwählen, die die Summe aus Transaktionskosten und Produktionskosten minimieren.

Wesentliche Einflussgrößen, die die Höhe der Transaktionskosten bei einem abzuwickelnden Leistungsaustausch bestimmen, sind (vgl. zum Folgenden Picot 1991; Picot/Reichwald/Wigand 1998, S. 43ff. sowie Picot/Dietl/Franck 1999, S. 68ff.)

- Die Spezifität der für die Transaktion benötigten Produktionsfaktoren, der Kombinationsprozesse (die Produktionsfaktoren in Output transformieren) und der für die Erfüllung der Transaktion erstellten Sach- oder Dienstleistungen: Spezifität bezeichnet dabei das Ausmaß der Bindung von Ressourcen an eine bestimmte Verwendungsart. In der Transaktionskostentheorie werden verschiedene Arten von Spezifität unterschieden, z.B. spezifisches Anlagevermögen, spezifisches Humankapital, beziehungsspezifische Investitionen und ortsspezifische Investitionen. Spezifisches Anlagevermögen im FuE-Bereich von Unternehmen bezeichnet Geräte, die auf eine einzige Verwendung hin ausgelegt sind und in anderen Verwendungen geringen oder überhaupt keinen Wert besitzen (Beispiel: Unterirdische Speicherringe zur Erforschung von Elementarteilchen, Versuchsreaktoren zur Erforschung der Kernfusion). Spezifisches Humankapital im FuE-Bereich liegt vor, wenn Mitarbeiter einzigartige Kenntnisse und Fähigkeiten im Laufe der Jahre aufbauen, die sie für eine bestimmte Forschungsaufgabe prädestinieren (z.B. Erfahrung in der Konstruktion von strömungsgünstigen Automobilkarosserien). Beziehungsspezifische Investitionen sind dadurch gekennzeichnet, dass ein Transaktionspartner in eine ganz bestimmte Austauschbeziehung mit einem anderen Austauschpartner investiert, was bei der vorzeitigen Beendigung dieser Austauschbeziehung zu Überkapazitäten beim Investor führen würde. Ein Beispiel hierfür wäre die Investition eines Zulieferers in die Verdopplung seiner FuE-Kapazitäten, um den Großauftrag eines Automobilherstellers akquirieren zu können. Ortsspezifische Investitionen liegen vor, wenn sich Unternehmen in besonderem Maße an einen einzelnen Standort binden und diese Bindung über das mit jeder Standortentscheidung einhergehende Bindungspotenzial hinausgeht. Ein Beispiel mit FuE-Bezug wäre die Entscheidung eines Unternehmens, das neue Forschungslabor in der Nähe einer ganz bestimmten Universität zu bauen, um mit einer ganz bestimmten Forschergruppe an dieser Universität eng kooperieren und Nachwuchskräfte von dieser Universität leichter akquirieren zu können. Das Kernproblem bei jeder Art von spezifischen Investitionen ist darin zu sehen, dass einer der Austauschpartner die dadurch entstehenden Abhängigkeiten dazu nutzen könnte, um nachträglich den anderen Vertragspartner zu erpressen und zur Gewährung besserer Vertragskonditionen zu zwingen (opportunistisches Verhalten).

- Die strategische Bedeutung, die die jeweiligen Produktionsfaktoren, die Kombinationsprozesse und die erstellten Leistungen für die Erreichung der unternehmerischen Ziele haben. Strategische Bedeutung bemisst sich danach, inwieweit eine Transaktion geheimhaltungsbedürftig ist bzw. inwieweit sie zur Differenzierung des Unternehmens von seinen Wettbewerbern beiträgt. Ein Beispiel für eine strategisch bedeutende Transaktion ist die Entscheidung eines Unternehmens, die Zahl seiner Mitarbeiter im FuE-Bereich zu erhöhen, um ein bestimmtes Technologiefeld, bei dem sich das Unternehmen eine Alleinstellung und einen Wettbewerbsvorsprung erarbeiten möchte, besser erforschen zu können. Das Kernproblem bei strategisch bedeutenden Transaktionen ist darin zu sehen, dass Imitationsversuche bis hin zur kriminellen Wirtschaftsspionage (opportunistisches Verhalten) durch Konkurrenten die Wettbewerbsposition eines Unternehmens nachhaltig schädigen können.

- Die Unsicherheit (ausgedrückt in der Anzahl, dem Ausmaß und der Unvorhersehbarkeit substanzieller Aufgabenänderungen), der sich die entscheidenden und handelnden Akteure bei Anbahnung, Vereinbarung, Abwicklung, Kontrolle und nachträglicher Anpassung der jeweiligen Transaktion (Produktionsfaktoren, Kombinationsprozess, Output) gegenübersehen. Hohe Unsicherheit ist gerade bei der erstmaligen Beschäftigung eines Unternehmens mit einem neuen Technologie- bzw. Forschungsfeld im Regelfall zu erwarten. Sie äußert sich in Unsicherheit bezüglich benötigter FuE-Kapazitäten und Finanzmittel, anzuwendender Forschungsmethoden und hinsichtlich der Forschungsergebnisse (Termin- und Budgeteinhaltung, Neuigkeitsgrad und ökonomische Verwertbarkeit der Forschungsergebnisse). Zu Problemen führt hohe Unsicherheit dann, wenn sie von Individuen bewältigt werden muss, die annahmegemäß nur mit begrenzter Rationalität ausgestattet sind.

- Die Häufigkeit, mit der eine bestimmte Transaktion (Produktionsfaktoren, Kombinationsprozess, Output) ausgeführt wird. Zu unterscheiden ist hier die wiederholte Ausführung von Transaktionen von der einmaligen Ausführung von Transaktionen. Bezogen auf den FuE-Bereich kann man von wiederholten Transaktionen sprechen, wenn Unternehmen fortlaufend in einem bestimmten Technologiefeld forschen und dadurch inkrementale Verbesserungen von Technologien und Produkten erzielen. Davon zu unterscheiden ist die einmalige Arbeit an einem Forschungsvorhaben z.B. zur Erfüllung eines einmaligen Kundenauftrages. Die Häufigkeit der Transaktion bestimmt, ob es sich für ein Unternehmen lohnt, spezialisierte Bereiche mit eigenen Organisationsstrukturen innerhalb des Unternehmens zu schaffen und vorzuhalten.

Die maßgeblichen Aufgabenmerkmale sind dabei die beiden Erstgenannten (Spezifität, strategische Bedeutung). Die beiden anderen Aufgabenmerkmale (Unsicherheit, Häufigkeit) haben demgegenüber nachrangige Bedeutung. Neben den oben genannten Aufgabenmerkmalen bestimmen weitere Einflussfaktoren die Höhe der bei einem Leistungsaustausch anfallenden Transaktionskosten. Zu nennen sind hier:

- die Verhaltensmerkmale der Akteure (begrenzte Rationalität und opportunistisches Verhalten)
- die Rahmenbedingungen der Transaktion, die die sog. Transaktionsatmosphäre bilden, insbesondere in Form von sozialen Faktoren (Unternehmenskultur, Vertrauen und gemeinsame Werthaltungen von Transaktionspartnern versus Misstrauen und Wertdifferenzen), rechtlichen Vorgaben (z.B. Vertragsrecht, Haftungsrecht, Gewährleistungsrecht) und technologischen Infrastrukturen (z.B. Informations- und Kommunikationstechnologien), die die Aufgabenerfüllung erleichtern bzw. erschweren und die Höhe der Transaktionskosten beeinflussen. Zur innovationsrelevanten Transaktionsatmosphäre zählen beispielsweise eine innovationsfördernde Unternehmenskultur, Vertrauen zwischen Forschern aufgrund langjähriger Zusammenarbeit in früheren Projekten,

eine ähnliche Sozialisation von Forschern aufgrund gleicher beruflicher Ausbildung und langjähriger Firmenzugehörigkeit (soziale Faktoren). Zur innovationsrelevanten Transaktionsatmosphäre zählen auch die zur Unterstützung von FuE-Aufgaben eingesetzte Informations- und Kommunikationstechnik wie z.B. Videokonferenzsysteme, Intranet, Simulationssysteme etc. (technische Faktoren) sowie das Haftungs- und Patentrecht ebenso wie die Regeln zum Arbeitnehmererfindungsrecht und die unternehmensindividuellen Regeln in den Arbeitsverträgen für Forscher (rechtliche Vorgaben).

Aus dem Zusammenwirken der vier Aufgabenmerkmale mit den innerhalb des Modells als gegeben und unveränderlich angenommen Verhaltensmerkmalen der Aufgabenträger kann unter Berücksichtigung der in der Transaktionsatmosphäre liegenden, die Transaktion fördernden oder hemmenden Faktoren eine Empfehlung zur transaktionskostenminimalen Organisations- und Einbindungsform abgeleitet werden (Markt, Hierarchie, hybride Organisationsform). Organisations- und Einbindungsformen werden dabei insbesondere hinsichtlich ihres Potenzials ausgewählt, opportunistisches Verhalten der Akteure zu begrenzen und hinsichtlich der durch die jeweilige Organisationsstruktur vorgegebenen Anreizstrukturen, sodass eine effiziente, reibungslose (d.h. transaktionskostenminimale) Aufgabenerfüllung erreicht wird. Dies gilt für alle Bereiche und Funktionen in Unternehmen und damit auch für den FuE-Bereich, d.h. forschende Tätigkeit bzw. Transaktionen mit Bezug zu Forschung und Entwicklung.

Aus der Transaktionskostentheorie lassen sich folgende Organisationsempfehlungen ableiten: Je höher die Spezifität, die strategische Bedeutung, die Unsicherheit und die Häufigkeit einer Transaktion sind, umso eher wird die Transaktion unter Einsatz von hierarchischen Koordinationsmechanismen innerhalb eines Unternehmens abgewickelt. Je schwächer die genannten Einflussgrößen ausgeprägt sind, umso eher wird die Transaktion unter Einsatz marktlicher Koordinationsmechanismen, d.h. außerhalb hierarchiegeprägter Unternehmensstrukturen, abgewickelt. Die Aufgabenmerkmale Unsicherheit, Häufigkeit und die Transaktionsatmosphäre wirken dabei entweder als verstärkende oder als abschwächende Faktoren auf die primär durch die Aufgabenmerkmale der Spezifität und der strategischen Bedeutung bestimmte Organisationsentscheidung.

4.1.3 Agency-Theorie

Die Agency-Theorie ist der dritte theoretische Ansatz der Neuen Institutionenökonomik (zur Agency-Theorie vgl. Ross 1973; Jensen/Meckling 1976; Eisenhardt 1989; Dietl 1993, S. 131–153; Picot/Reichwald/Wigand 1996, S. 47–50; sowie Picot/Dietl/Franck 1999, S. 85 ff.), dessen primärer Anwendungsbereich in der Analyse der Effizienz- und Anreizwirkungen unterschiedlicher Vertragsdesigns besteht. Die Agency-Theorie bietet sich für die Lösung vielfältiger Organisationsfragen wie z. B. die organisatorische Strukturierung des Verhältnisses zwischen Lizenzgeber und Lizenznehmer (vgl. hierzu Kapitel 5.4.2.3) oder von FuE-Kooperationen an. Gerade im FuE-Bereich treten oftmals die in der Agency-Theorie im Mittelpunkt stehenden Probleme asymmetrischer Information (z. B. zwischen Austauschpartnern, die unterschiedlichen Wissensstand in einem Technologiefeld haben) auf.

Zusätzlich zu den Annahmen der begrenzten Rationalität und der individuellen Nutzenmaximierung bzw. des Opportunismus, die allen drei institutionenökonomischen Ansätzen gemeinsam sind, wird im Rahmen des Agency-theoretischen Modells explizit die Risikoneigung von Principal und Agent bei der Auswahl geeigneter Beherrschungsformen und Vertragsdesigns, insbesondere bei der Gestaltung von Anreizsystemen, berücksichtigt. Der Principal wird als risikoneutral, der Agent als risikoavers modelliert.

Wesentliche Grundelemente der Agency-Theorie sind das Konzept der Agency-Beziehung, eine Kategorisierung von Situationen asymmetrischer Information und Agency-Kosten als Effizienzkriterium.

Ausgangspunkt und elementare Untersuchungseinheit der Agency-Theorie sind die Leistungsbeziehungen zwischen einem Auftraggeber (Principal) und einem Auftragnehmer (Agent). Im Mittelpunkt agencytheoretischer Betrachtungen stehen asymmetrisch verteilte Informationen zwischen Principal und Agent – wobei im Regelfall ein Informationsvorsprung des Agenten angenommen wird – und die daraus resultierenden Auswirkungen auf die organisatorische Strukturierung der jeweiligen Austauschbeziehung und das erwirtschaftete Leistungsergebnis. Typische Agency-Beziehungen sind beispielsweise die Beziehung zwischen Arzt und Patient, Eigentümer und Manager und – für die Fragestellung dieses

Buches relevant – zwischen dem Leiter und dem forschenden Mitarbeiter eines FuE-Labors. In der Agency-Theorie werden drei Kategorien von Informationsasymmetrien unterschieden:

- Hidden Characteristics liegen vor, wenn der Principal wesentliche Eigenschaften des Agenten oder der von ihm angebotenen Leistung vor Vertragsschluss nicht in Erfahrung bringen kann. Daraus resultiert die Gefahr, einen unerwünschten Vertragspartner auszuwählen (Adverse Selection).

- Hidden Action bezeichnet demgegenüber den Fall, dass nach Abschluss des Vertrages der Principal die Leistungen des Agenten entweder nicht direkt beobachten kann oder ihm die Sachkenntnis fehlt, die beobachteten Leistungen des Agenten zu beurteilen. Dies birgt die Gefahr, dass der Agent seine Leistungsanstrengungen vermindert und seinen Vorteil auf Kosten des Principals sucht (Moral Hazard des Agenten).

- Hidden Intention bezeichnet den Fall, dass der Principal nach Vertragsabschluss die Leistungen des Agenten sehr wohl beobachten und beurteilen, aber die wahren Absichten des Agenten nicht erkennen kann. Hier besteht die Gefahr, dass der Principal aufgrund einseitig erbrachter spezifischer Vorleistungen vom Agenten abhängig wird, was dieser dazu nutzen kann, eine Nachverhandlung des Vertrages zu seinen Gunsten zu erzwingen (Hold-up-Gefahr).

Für alle drei Kategorien von Informationsasymmetrien gibt die Agency-Theorie konkrete Gestaltungsempfehlungen: Hidden Characteristics kann begegnet werden durch Screening-Aktivitäten des Principals (Auswahlverfahren, Einholung von Referenzen), durch Signalling-Aktivitäten des Agenten (Vorlage von Arbeits- und Ausbildungszeugnissen durch potenzielle Mitarbeiter bzw. von Qualitätszertifikationen wie ISO 9001 durch Unternehmen) oder durch Self Selection des Agenten (der Principal gestaltet eine spezifische Entscheidungssituation, mit der er den Agenten konfrontiert, derart, dass er aus der Entscheidung des Agenten Rückschlüsse auf dessen wesentliche Eigenschaften ziehen kann).

Demgegenüber wird für den Fall der Hidden Action das Design von adäquaten Anreiz- und Kontrollsystemen (z.B. ergebnisabhängige Entlohnungsformen und unternehmensinterne Budgetierungs- und Controllingsysteme) durch den Principal als korrigierende Maßnahme empfohlen.

Bei Hidden Intention bieten sich die Begründung gegenseitiger Abhängigkeiten (sog. Geiseltausch) zwischen Principal und Agent, die vertikale Integration von Agent und Principal oder der Abschluss langfristiger Liefer- und Abnahmeverträge als Lösungsoptionen an.

In der Realität treten die genannten Situationen asymmetrischer Informationsverteilung selten isoliert, sondern oftmals in Kombination auf, sodass eine Kombination verschiedener Gegenmaßnahmen und damit differenzierte institutionelle Arrangements implementiert werden müssen, um die aus asymmetrischer Information resultierenden Probleme beherrschen zu können.

Dies hat Implikationen für die Ausgestaltung betrieblicher Anreizsysteme: Schließen Agent und Principal einen Vertrag, der eine ausschließlich leistungsabhängige variable Entlohnung des Agenten vorsieht, so wird der Agent aufgrund der dadurch auf ihn überwälzten Risiken (z.B. Risiken der Minder- oder Schlechtleistung aufgrund externer, vom Agenten nicht kontrollierbarer Einflussfaktoren) eine höhere Vergütung fordern. Schließen umgekehrt Principal und Agent einen Vertrag, der dem Agenten eine fixe, leistungsunabhängige Entlohnung zugesteht, so liegen alle Risiken beim Principal, was diesen veranlassen wird, dem Agenten eine niedrigere Entlohnung anzubieten. Risikoüberlegungen im Rahmen der Agency-Theorie sind nicht nur auf den Fall der Hidden Action beschränkt. Entsprechende Risikoüberlegungen können auch bei der Wahl zwischen Signalling durch den Agenten, Screening durch den Principal und Self Selection (als Reaktion auf Hidden Characteristics) sowie bei der Entscheidung zur vertikalen Integration von Principal und Agent (als Reaktion auf Hidden Intention) eine Rolle spielen.

Entscheidungs- und Effizienzkriterium der Agency-Theorie sind die sog. Agency-Kosten, die sich zusammensetzen aus den Kontrollkosten des Principals, den Garantiekosten des Agenten und dem verbleibenden Wohlfahrtsverlust, der trotz aller Bemühungen um effizientes und effektives Vertragsdesign hingenommen werden muss (vgl. Jensen/Meckling 1976, S. 308). Die effektive und effiziente organisatorische Gestaltung von Agency-Beziehungen zielt darauf ab, die Agency-Kosten zu minimieren.

Fazit: Die drei institutionenökonomischen Theorieansätze bilden aufgrund ihrer gemeinsamen Annahmen ein in sich geschlossenes Theoriegebäude, dessen einzelne Elemente miteinander kombinierbar sind. Die Neue Institutionenökonomik ist damit zur Grundlage einer ökonomisch orientierten Organisationstheorie geworden, die sich von soziologisch oder psychologisch fundierten Organisationstheorien differenziert. Das Anwendungspotenzial auf Fragen des FuE-Managements wurde bisher nur kurz skizziert, es wird in Kapitel 5.2 bis 5.4 verdeutlicht.

Als Stärken der Neuen Institutionenökonomik sind ihre relativ hohe analytisch-logische Präzision, ihre Reife (dokumentiert durch eine Vielzahl von Veröffentlichungen mit Transaktionskosten-, Agency- und Property-Rights-Bezug in anerkannten Fachzeitschriften) und die Akzeptanz dieses Theoriegebäudes in der Volks- und Betriebswirtschaftslehre, insbesondere in der betriebswirtschaftlichen Organisationslehre, zu nennen. Dem stehen als Schwächen z. T. erhebliche Probleme bei der empirischen Anwendung der drei institutionenökonomischen Ansätze gegenüber, was primär in der schwierigen Operationalisierung zentraler Theoriebegriffe, z. B. des Begriffs der Spezifität, und der fehlenden absoluten Messbarkeit der Effizienzkriterien aller drei institutionenökonomischen Ansätze (Agency-Kosten, Transaktionskosten, Summe aus Transaktionskosten und externen Effekten) begründet liegt. Dietl bringt diese Problematik bezüglich der Agency-Theorie auf den Punkt, indem er ausführt: » Da es bislang nicht gelungen ist, diese Kostenkategorie einwandfrei zu quantifizieren, fällt den Agency-Kosten in diesem Zusammenhang hauptsächlich die Funktion eines heuristischen Beurteilungskriteriums zu.« (Dietl 1993, S. 145) Nach Ansicht des Verfassers gilt diese Aussage analog für die Operationalisierung und Messung von Transaktionskosten.

Im nächsten Abschnitt wird der Ansatz der ressourcenorientierten Unternehmensführung erörtert.

4.2 Ressourcenorientierte Unternehmensführung (Resource-Based View of the firm)

Der Resource-Based View of the firm ist aus einer Auseinandersetzung mit der neoklassischen Modellanalyse und insbesondere auch aus einer Auseinandersetzung mit der traditionellen industrieökonomischen Strategielehre, die mit den Arbeiten von Bain und Porter (vgl. Bain 1956; Bain 1968 sowie Porter 1986 und 1988; Scherer/Ross 1990; Shepherd 1990) verbunden ist, entstanden (zu diesen Theorien vgl. Macharzina 1999). Die traditionelle Strategieforschung (vgl. hierzu Kapitel 4.3 dieses Buches) richtet das Augenmerk auf das Produktportfolio und die Positionierung des Unternehmens in seiner Branche. Ein Unternehmen ist nach Porter dann erfolgreich im Wettbewerb, wenn es sich gegen die fünf Wettbewerbskräfte seiner Branche erfolgreich abschotten und dadurch Marktmacht aufbauen kann. Die marktlichen Umfeldbedingungen, mit denen sich Unternehmen konfrontiert sehen, haben sich jedoch in den letzten Jahren deutlich gewandelt. In einem dynamischen, durch Diskontinuitäten und Strukturbrüche gekennzeichneten marktlichen Umfeld stellt sich die Frage nach der Eignung und Berechtigung von Strategiekonzepten, die ein Unternehmen gerade in einem solchen Umfeld positionieren wollen. Deshalb plädieren Vertreter der ressourcenorientierten Unternehmensführung dafür, nicht das marktliche Umfeld des Unternehmens, sondern die einem Unternehmen zur Verfügung stehenden internen Ressourcen und Kompetenzen inklusive der über Kooperationen eingebundenen externen Ressourcen und Kompetenzen zum Ausgangspunkt der Strategieformulierung zu machen (so die Ansicht von Prahalad/Hamel 1990; sowie Grant 1991, S. 116). Für diese Vorgehensweise spricht, dass die internen Ressourcen im Vergleich zur marktlichen Umwelt stabiler und durch das Unternehmen besser kontrollierbar sind und damit eine dauerhaftere Grundlage für die Strategieformulierung und die Rentabilität von Unternehmen darstellen (vgl. Grant 1991, S. 116).

Die Kernaussage des ressourcenorientierten Ansatzes kann wie folgt umschrieben werden: Die verfügbaren Ressourcen des Unternehmens bestimmen die Märkte, in denen das Unternehmen tätig sein kann, und seinen Markterfolg. Ein Unternehmen ist dann im Wettbewerb erfolgreich, wenn es überlegene Ressourcen besitzt und/oder seine Ressourcen besser nutzt als seine Wettbewerber und dadurch eine überlegene Effektivität und Effizienz erzielt (vgl. hierzu Winter 1995, S. 173; Cool/Dierickx 1994, S. 35f. sowie Foss/Knudsen/Montgomery 1995, S. 8). Das Erklärungs- und Gestaltungsziel des ressourcenorientierten Ansatzes

»... is to account for the creation, maintenance and renewal of competitive advantage in terms of the characteristics and dynamics of the internal resources of firms« (Foss 1996, S. 182).

Im Folgenden werden die wesentlichen Inhalte, Hauptvertreter sowie Stärken und Schwächen des ressourcenorientierten Ansatzes im Überblick dargestellt. Dabei wird auf eine ausdifferenzierte Betrachtung der verschiedenen Schulen und theoretischen Richtungen des Resource-Based View verzichtet (vgl. Burr 2002), um die Darstellung einfach und übersichtlich zu halten.

4.2.1 Wesentliche Grundannahmen und Elemente ressourcenorientierter Ansätze der Unternehmensführung

Bis heute hat sich noch kein einheitliches Verständnis und keine kohärente Theorie der ressourcenorientierten Unternehmensführung herausgebildet (so auch Collis 1991, S. 50). Vielmehr unterscheiden sich die verschiedenen Vertreter der ressourcenorientierten Unternehmensführung dadurch, dass sie von unterschiedlichen Modellaxiomen sowie differierenden Umwelt- und Verhaltensannahmen ausgehen und dementsprechend zu abweichenden Forschungsinhalten und unterschiedlichen Forschungsfragen und Forschungsergebnissen gelangen.

Die meisten Vertreter des ressourcenorientierten Ansatzes beziehen sich auf folgende gemeinsame Grundannahmen und Ausgangspunkte der Modellbildung (vgl. zum Folgenden auch Foss/Knudsen/Montgomery 1995, S. 10):

- Betrachtungsebene: Das Unternehmen
- Elementare Untersuchungseinheit: Ressourcen i. e. S.

- Ziel des unternehmerischen Handelns: Erzielung von Renten
- Betrachteter Zeithorizont: mittel- bis langfristig
- Annahmen zur marktlichen Umwelt des Unternehmens: Funktionsfähiger Wettbewerb
- Zielsetzung theoriegestützter Aussagen: Deskription und Präskription

Betrachtungsebene: Das Unternehmen

Die Betrachtung konzentriert sich auf die Ebene des Unternehmens mit der Zielsetzung, die dem Unternehmen zur Verfügung stehenden Ressourcen hinsichtlich ihrer wettbewerbsstrategischen Potenziale zu untersuchen.

Elementare Untersuchungseinheit: Ressourcen

Die elementare Untersuchungseinheit in den Ansätzen zur ressourcenorientierten Unternehmensführung sind die dem einzelnen Unternehmen zur Verfügung stehenden Ressourcen (vgl. Foss/Knudsen/Montgomery 1995, S. 10 sowie Grant 1991, S. 118).

In den ressourcenorientierten Ansätzen werden entweder einzelne Ressourcen (z.B. Finanzmittel oder Sachanlagen) als isolierte Analyseeinheiten oder komplexe Ressourcenbündel (wie z.B. organisatorische Routinen und (Kern-) Kompetenzen), die aus dem Zusammenspiel mehrerer Ressourcen resultieren, als aggregierte Analyseeinheiten betrachtet.

Essenziell ist in allen ressourcenorientierten Ansätzen der Unternehmensführung die Annahme, dass jedes Unternehmen einen spezifischen Ressourcenpool aufweist und sich dadurch von den anderen Unternehmen seiner Branche unterscheidet. Mit dieser Annahme der heterogenen Ressourcenausstattung werden Effizienzunterschiede zwischen Firmen und das unterschiedliche Potenzial von Unternehmen zur Erzielung von Renten und Wettbewerbsvorteilen erklärt (vgl. hierzu auch Foss 1997, S. 10).

Ziel des unternehmerischen Handelns: Erzielung von Renten

Als Ziel unternehmerischen Handelns und generelle Verhaltensannahme wird im ressourcenorientierten Ansatz die Erwirtschaftung und Verteidigung von unternehmerischen Renten angeführt. Barney definiert den Begriff der ökonomischen Rente wie folgt: » A firm earns an economic rent when it earns a rate of return on the resources and capabilities it controls *greater than* what is needed to attract those resources and capabilities to the firm. ... Economic rents are created when firms discover (on purpose or accidently) more valuable ways of using their resources and capabilities than what was expected by their owners« (Barney 1994, S. 116, 118). Ökonomische Renten werden dann erzielt, wenn die mithilfe der Ressourcen erwirtschafteten Erlöse über den Opportunitätskosten dieser Ressourcen liegen (vgl. zu dieser Definition Mahoney/Pandian 1992, S. 364). Durch die Modellierung von Rentenstreben als Zielkonzeption ist der ressourcenorientierte Ansatz anschlussfähig an die Forschung zum strategischen Management, die nach oft vertretener Auffassung Strategieentwicklung und Strategieimplementierung als »continuing *search for rent*« (Bowman 1974, S. 47 sowie Mahoney/Pandian 1992, S. 364) definiert. Es lassen sich mehrere Arten von Renten unterscheiden (vgl. zum Folgenden Spieß 2002, S. 14 f.):

Ricardo-Renten beruhen auf der ungleichen Verteilung von Ressourcen zwischen den in einem Markt tätigen Unternehmen und sind Knappheitsrenten. Solche Ricardo-Renten kann ein Unternehmen erzielen, wenn es relativ knappe Ressourcen besitzt und ausbeutet, über die seine Wettbewerber entweder gar nicht oder nur in sehr eingeschränkter Menge verfügen.

Quasi-Renten sind die wertmäßige Differenz zwischen der optimalen und der nächstbesten Verwendung einer Ressource. Je spezifischer eine Ressource ist, umso höher ist ceteris paribus die mit ihrer Hilfe erwirtschaftete Quasirente (vgl. hierzu Klein/Crawford/Alchian 1978).

Schumpeter-Renten erzielt ein Unternehmen, wenn es mithilfe seiner Ressourcen Produkt- und Prozessinnovationen hervorbringt und sich die daraus resultierenden Innovationsgewinne aneignen kann. Aufgrund von imitierendem Verhalten der Wettbewerber sind Schumpeter-Renten kein dauerhaftes Phänomen.

Monopol-Renten basieren demgegenüber auf überlegener Marktmacht und vorteilhaften Produkt-Markt-Konstellationen des Unternehmens.

Es bleibt anzumerken, dass diese begrifflich-inhaltliche Differenzierung nicht völlig trennscharf ist und insbesondere zwischen Schumpeter-Renten und Monopol-Renten sowie zwischen Ricardo-Renten und Monopol-Renten deckungsgleiche inhaltliche Schnittmengen existieren können.

Im Rahmen des ressourcenorientierten Ansatzes, in dessen Mittelpunkt der effektive und effiziente Einsatz unternehmerischer Ressourcen steht, sind primär Ricardo-Renten, Quasi-Renten und Schumpeter-Renten von Relevanz. Demgegenüber steht im Strategieansatz der Industrial-Organization-Forschung (siehe Kapitel 4.3) die Erzielung von Monopolrenten und in der Neuen Institutionenökonomik (siehe Kapitel 4.1) die Erzielung von Quasirenten und Effizienzstreben im Vordergrund.

Renten werden im ressourcenorientierten Ansatz der Unternehmensführung durch Identifikation, Akkumulation, Einsatz und Entwicklung von Wettbewerbsvorteile generierenden Ressourcen(bündeln) erzielt: »Strategy formulation consists in the identification, deployment and development of resources« (Wernerfel 1989). Eine gut zum ressourcenorientierten Ansatz der Unternehmensführung passende Strategiedefinition findet sich auch bei Collis: »Strategy is concerned with the optimal application of the resources a firm possesses relative to competitors.«

Betrachteter Zeithorizont: mittel- bis langfristig

Der im ressourcenorientierten Ansatz geltende Zeithorizont lässt sich als mittel- bis langfristig charakterisieren (Knudsen 1995, S. 208, abweichend aber Conner 1991, S. 143). Vertreter dieses Ansatzes betonen, dass Wettbewerbsvorteile vor allem durch langfristig nutzbare und schwer imitierbare Ressourcen geschaffen werden können (vgl. hierzu Foss/Knudsen/Montgomery 1995, S. 8; Schoemaker/Amit 1994, S. 6f. sowie Mahoney/Pandian 1992, S. 364).

Annahmen zur marktlichen Umwelt des Unternehmens: Funktionierender Wettbewerb

Die marktliche Umwelt des Unternehmens wird – obwohl dies von vielen Autoren nicht explizit spezifiziert wird – als wettbewerblich modelliert, d. h. es wird von der Existenz starken und funktionsfähigen Wettbewerbs ausgegangen, der die Unternehmen zur Kostensenkung anhält sowie das Entstehen und Fortbestehen von Monopolrenten verhindert (vgl. Penrose 1985, S. 13). Im Einklang damit steht die Annahme konstanter Skalenerträge (also gerade keine economies of scale) und Verbundvorteile, was dazu führt, dass unterschiedliche Unternehmensgrößen grundsätzlich keine Effizienzunterschiede aufweisen und der Markt nicht von einigen wenigen Großunternehmen dominiert wird (vgl. Penrose 1985, S. 10 sowie Penrose 1995, S. xvii). Zusätzlich zur Annahme wettbewerblicher Märkte liegt den ressourcenorientierten Ansätzen die explizite oder implizite Annahme einer unsicheren, dynamischen Unternehmensumwelt zugrunde (vgl. Sanchez/Heene 1996, S. 39).

Zielsetzung theoriegestützter Aussagen: Deskription und Präskription

Der ressourcenorientierte Ansatz enthält deskriptive und in starkem Maße präskriptive Aussagen. Im Mittelpunkt der deskriptiven Analyse steht die Analyse, Beschreibung und Klassifikation der Ressourcenbestände eines Unternehmens unter wettbewerbsstrategischen Gesichtspunkten. Im Mittelpunkt der präskritiven Analyse steht die Ableitung von Gestaltungsempfehlungen, welche Ressourcen i.e.S. sowie Routinen i.w.S. ein Unternehmen aufbauen soll, um verteidigungsfähige Wettbewerbsvorteile zu erzielen. Dementsprechend entwickeln die Vertreter des präskriptiven Ansatzes heuristische Verfahren zur Strategiefindung und bemühen sich um die Ableitung konkreter Handlungsempfehlungen für das Management. In diesem Sinne steht der ressourcenorientierte Ansatz der Unternehmensführung in der Tradition der Forschung zum strategischen Management.

4.2.2 Der Ressourcenbegriff und Ressourcenkategorien im Resource-Based View of the firm

Die Problematik des Ressourcenbegriffs

Problematisch ist im ressourcenorientierten Ansatz die Definition des Ressourcenbegriffes: Teilweise verzichten Vertreter des ressourcenorientierten Ansatzes auf eine explizite Definition des Ressourcenbegriffs und versuchen, ihn durch enumerative Aufzählungen einzelner Kategorien von Ressourcen zu umschreiben. Bei einer solchen Vorgehensweise bleibt jedoch das Verbindende und Gemeinsame der aufgezählten Ressourcenkategorien, nämlich die eigentliche Definition des Begriffs »Ressource«, oftmals unklar und es unterbleibt die explizite Herausarbeitung und begriffliche Definition der Merkmale, die für das Vorliegen einer Ressource konstitutiv sind.

Darüber hinaus werden Ressourcen von verschiedenen Autoren unterschiedlich definiert: Wernerfelt versteht unter einer Ressource

> »... anything which could be thought of as a strength or weakness of a given firm ...(tangible or intangible) assets which are tied semi-permanently to the firm« (vgl. Wernerfelt 1984, S. 172 sowie Winter 1995, S. 149).

In neueren Veröffentlichungen zur ressourcenorientierten Unternehmensführung werden dagegen Ressourcen, die für den Unternehmenserfolg abträglich und damit Schwächen des Unternehmens sind, stark vernachlässigt und nur noch Ressourcen mit positiv besetzten Eigenschaften, die unternehmerische Stärken begründen, betrachtet. So definiert Barney Ressourcen als

> »all assets, capabilities, organizational processes, firm attributes, information, knowledge, etc. controlled by a firm that enable the firm to conceive of and implement strategies that improve its efficiency and effectiveness« (Barney 1991, S. 101).

Wichtig an dieser Definition ist das Wort »controlled«. Kontrolle impliziert nicht notwendigerweise, dass das Unternehmen diese Ressourcen besitzt, sondern lässt auch die Möglichkeit offen, dass Ressourcen in anderen Unternehmen oder in Märkten vorhanden sind und das Unternehmen lediglich den Zugang zu diesen Ressourcen oder ihre Einsatzmöglichkeiten kontrolliert. Dieser sehr weiten Fassung des Ressourcenbegriffs und der Beschränkung auf positiv zum Unternehmenserfolg beitragende Ressourcen wird auch in dem vorliegenden Buch gefolgt, um die Analyse zu fokussieren.

Die Abgrenzung des Ressourcenbegriffs zum Produktbegriff kann im Einzelfall zusätzliche Probleme bereiten. So ist Rohstahl für den Automobilhersteller eine Inputressource, für den Stahlhersteller hingegen ein marktgängiges Produkt. Daraus lässt sich schlussfolgern, dass die Einteilung eines knappen Gutes in die Kategorien des Produkts und der Ressource anhand der beabsichtigten Verwendung im Einzelfall und der Bedürfnisse bzw. Zielsetzungen der Ressourcenverwender erfolgen muss und dass jede Ressourcenverwendung eine mehr oder weniger große Transformationsleistung beinhaltet. Penrose betrachtet auch Lagerbestände fertiger, aber noch nicht verkaufter Erzeugnisse als Ressourcen des Unternehmens (vgl. Penrose 1995, S. 24). Weitere Hinweise zur Abgrenzung des Ressourcenbegriffs gibt De Gregory, der ausführt, dass neue technologische Möglichkeiten (z.B. zum Abbau von bisher nicht zugänglichen Rohstoffvorkommen oder zur gewinnbringenden Verarbeitung von bisher nicht im Produktionsprozess sinnvoll einsetzbaren Rohstoffen) bestimmen, ob ein Gut den Charakter einer ökonomisch wertvollen Ressource erhält. Das beste Beispiel hierfür sind Produktionsrückstände, die durch neue Recyclingverfahren zu ökonomisch wertvollen Ressourcen geworden sind. Daneben bestimmen institutionelle Arrangements wie z.B. die Verteilung von Verfügungsrechten darüber, welche Güter ökonomisch wertvolle Ressourcen und welche Güter freie Güter sind. Zusammenfassend lässt sich somit konstatieren, dass das Zusammenspiel von technologischen und institutionellen Faktoren mit Konsumentenpräferenzen darüber bestimmt, ob ein bisher freies Gut zu einer ökonomisch wertvollen Ressource wird und dass innerhalb des ressourcenorientierten Ansatzes der Unternehmensführung der Ressourcenbegriff und seine Abgrenzung zu den Begriffen des »Gutes« und des »Produktes« umstritten und letztlich unscharf bleiben.

In der Literatur werden verschiedene Ressourcentypologien vorgeschlagen. Unter den Vertretern des ressourcenorientierten Ansatzes besteht keine Einigkeit darüber, wie die einem Unternehmen zur Verfügung stehenden Ressourcen kategorisiert werden können.

Ressourcen i.e.S.

Barney unterscheidet drei Kategorien von Ressourcen (vgl. zu diesen drei Kategorien Barney 1991, S. 101):

- Physisches Kapital (Fabrikgebäude, Maschinen, geographische Lage, Zugang zu Rohstoffen)
- Humankapital (Ausbildung, Erfahrung, Beziehungen einzelner Manager und Mitarbeiter)

- Organisationales Kapital (formale Berichtssysteme, formale und informale Planungs-, Kontroll- und Koordinationssysteme, informelle Beziehungen innerhalb des Unternehmens und zu anderen Unternehmen).

Grant fügt diesen drei Kategorien noch weitere Ressourcenkategorien hinzu:

- Technologie (Produkt- und Prozesstechnologie)
- Reputation (Markennamen, Ruf des Unternehmens)
- Finanzielle Ressourcen (vgl. Grant 1991, S. 119).

Itami und Roehl nennen als weitere Ressourcenkategorien das Vertrauen, das die Konsumenten dem Unternehmen entgegenbringen und die Unternehmenskultur (vgl. Itami/Roehl 1987, S. 12 ff.). Nachfolgend wird der Aspekt des Vertrauens aus der Betrachtung ausgeklammert, weil er zumindest teilweise bereits bei der Reputation des Unternehmens berücksichtigt wird.

Es fällt auf, dass viele der in der Literatur vorgeschlagenen Kategorisierungen von Ressourcen i. e. S. die für den Unternehmenserfolg sehr bedeutende Ressource »Managementteam und Managementfähigkeiten« nicht als gesonderte Ressourcenkategorie ausweisen, sondern unter Humankapital subsumieren. Ein gesonderter Ausweis der Ressource »Managementteam und Managementfähigkeiten« erscheint jedoch angebracht, weil das Management als der dispositive Faktor über den Einsatz und die Kombination der anderen Ressourcen des Unternehmens entscheidet und deshalb eine herausgehobene Bedeutung besitzt.

Es verbleiben somit zusammengefasst acht Kategorien von Ressourcen, die den weiteren Ausführungen zugrunde gelegt werden und den Ausgangspunkt der Analyse darstellen. Es wird anhand dieser Kategorien deutlich, dass der Ressourcenbegriff nicht nur Inputfaktoren, sondern auch die Kombinationsprozesse und Aktionsvariablen der Organisationsstruktur umfasst, mit deren Hilfe Inputfaktoren zu Sachgütern und Dienstleistungen transformiert werden.

Alle bisher genannten acht Ressourcenkategorien sind für die FuE von Unternehmen von Bedeutung: physisches Kapital (Gebäude, Labore, technische Geräteausstattung), Humankapital (qualifizierte Wissenschaftler und Ingenieure, Techniker, sonstiges FuE-Personal), organisationales Kapital (Organisationsformen, Anreiz- und Kontrollsysteme für FuE-Aufgaben), die Technologie des Unternehmens (vorhandene Patente, explizites und implizites technologisches Wissen), Reputation (z.B. als Technologieführer in einer Branche, als Anbieter technologisch anspruchsvoller Produkte), Finanzmittel (FuE-Budgets), Unternehmenskultur (Werte und Einstellungen im Unternehmen gegenüber dem technischen Fortschritt und der Bedeutung von Innovationen für die Wettbewerbsfähigkeit, innovationsorientierte vs. innovationshemmende Unternehmenskultur) und das Managementteam (Geschäftsführung des gesamten Unternehmen, Leitung des FuE-Bereichs).

Routinen i.w.S.

An der bisher entwickelten Kategorisierung unternehmerischer Ressourcen lässt sich vielfältige Kritik üben. So kann die logische Verortung aller erfolgsgenerierenden Ressourcen auf einer einzigen Ressourcenebene und die isolierte Einzelbetrachtung von Ressourcen (bei weitestgehender Vernachlässigung der Kombination und des Zusammenwirkens von Ressourcen zur Generierung komplexer Erfolgspotenziale) kritisiert werden. Dies führt einerseits zu inhaltlichen Unschärfen und begrifflichen Überschneidungen (z.B. zwischen Humankapital, Technologie und organisationalem Kapital) und blendet andererseits wesentliche Erfolgsfaktoren aus (z.B. die Fähigkeit eines Unternehmens, Ressourcen effektiv und effizient einzusetzen). Nötig ist daher eine differenziertere Systematisierung der oben genannten Ressourcenkategorien, die die Ressourcen eines Unternehmens explizit auf verschiedenen Ebenen verortet (vgl. hierzu Spieß 2002, S. 7).

Die bisher beschriebenen Kategorien von Ressourcen i.e.S. (physisches Kapital, Humankapital, organisationales Kapital, Managementteam, Technologie, Reputation, Unternehmenskultur und finanzielle Ressourcen) sind für sich alleine von geringem strategischen Wert. Sie gewinnen strategischen Wert dadurch, dass sie effektiv und effizient koordiniert und eingesetzt werden (vgl. Sanchez/Heene/Thomas 1996, S. 27). Das führt zu den nachfolgend betrachteten Ressourcenkategorien, nämlich organisatorische Routinen, technische Kompetenzen und Kernkompetenzen. Diese drei Ressourcenkategorien werden im Folgenden unter dem Sammelbegriff »Routinen i.w.S.« zusammengefasst. Routinen i.w.S. sind nicht auf der Ebene des einzelnen Akteurs und einer einzelnen, isolierten Ressource angesiedelt, sondern auf der Ebene der Gesamtorganisation und stellen komplexe Ressourcenbündel dar. Organisatorische Routinen und (Kern-) Kompetenzen stellen als Routinen i. w. S. der zweiten Ebene den koordinierten Einsatz der Ressourcen i. e. S. der ersten Ebene sicher (vgl. hierzu auch die nachfolgende Abbildung). Es handelt sich um kollektive Eigenschaften, die dem Unternehmen oder wesentlichen Teilbereichen (z. B. Divisionen, Geschäftsbereiche) als Ganzes zugeschrieben werden und gerade nicht einzelnen Mitarbeitern. Sie sind aus Sicht des Resource-Based View der Grund dafür, dass Unternehmen bestimmte Dinge (z. B. die Entwicklung laufruhiger und sparsamer Reihensechszylindermotoren bei einem Automobilhersteller, Entwicklung nutzerfreundlicher graphischer Bedienungsoberflächen bei einem Softwarehersteller, besonderes Design und Marketing bei einem Konsumgüterhersteller) besser können als andere Unternehmen, d. h. in bestimmten Aktivitäten besondere Kompetenzen aufgebaut haben. Sie begründen wesentliche verteidigungsfähige Wettbewerbsvorteile von Unternehmen. Dass solche kollektiven Unternehmenseigenschaften in der Praxis existent und von Bedeutung sind, zeigt sich daran, dass in Unternehmen eine jährliche Fluktuation von Mitarbeitern (i. d. R. zwischen 4 bis 20 %, je nach wirtschaftlicher Lage und Arbeitsklima im Unternehmen) stattfindet, aber dennoch Unternehmen ihre besonderen Kompetenzen über Jahre und Jahrzehnte hinweg bewahren können.

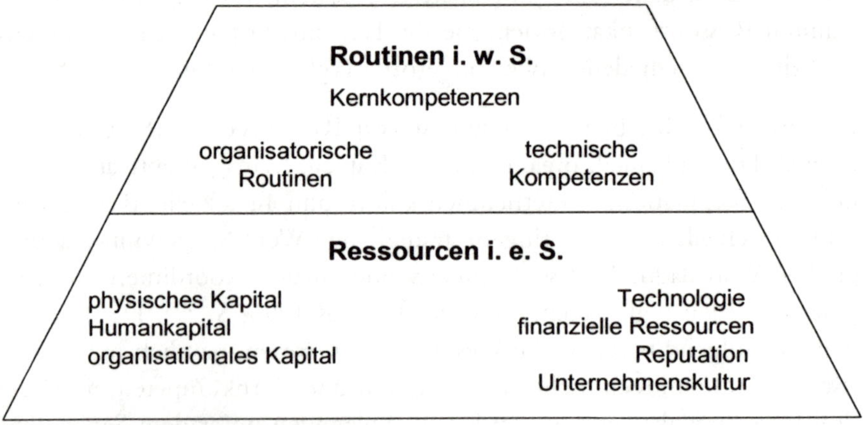

Abb. 10 : Ressourcen i.e.S. und Routinen i.w.S. innerhalb des Ansatzes der ressourcenorientierten Unternehmensführung

Die einzelnen Kategorien von Routinen i.w.S. werden nachfolgend näher charakterisiert. Der Begriff der Routine wurde maßgeblich durch die grundlegende Arbeit von Nelson und Winter geprägt, sie verstehen unter Routinen »... all regular and predictable behavioral patterns of firms« (Nelson/Winter 1982, S.14; vgl. auch Gerybadze 1982, S.146–155). Eine Routine ist ein wiederkehrendes, abstraktes Aktivitätsmuster, dessen Funktion darin besteht, den koordinierten Einsatz und das Zusammenspiel der unternehmerischen Ressourcen sicherzustellen (vgl. hierzu Winter 1995, S.149). Der Begriff der Routine besitzt damit sowohl eine Ressourcendimension als auch eine Organisationsdimension, die im ressourcenorientierten Ansatz der Unternehmensführung miteinander vermischt sind und nicht scharf voneinander getrennt werden.

Routinen können in zwei Erscheinungsformen auftreten, nämlich als Kompetenz und als organisatorische Routine.

Mahoney und Pandian verstehen unter der Kompetenz eines Unternehmens seine Fähigkeit, besseren Gebrauch von seinen Ressourcen als die Wettbewerber zu machen und führen unter Anlehnung an Penrose aus: »A firm may achieve rents not because it has better resources, but rather the firm's distinctive competence involves making better use of its resources (Penrose 1959, S. 54)« (Mahoney/Pendian 1992, S. 365). Sehr ähnlich ist auch der Kompetenzbegriff, den Sanchez, Heene und Thomas zugrunde legen: »Competence is an ability to sustain the coordinated deployment of assets in a way that helps a firm achieve its goals. Here we use the word ability in the ordinary language meaning of a power to do something.« (Sanchez/Heene/Thomas 1996, S. 8). Auch Conner versteht unter der Kompetenz eines Unternehmens seine Fähigkeit, Humankapital, physisches Kapital und Reputationskapital einzusetzen und zu kombinieren (vgl. Conner 1991, S.122).

Nachfolgend wird der Begriff der Kompetenz für die technologischen Fähigkeiten eines Unternehmens, die oftmals durch die Verschmelzung von Technologien und Produktionsfähigkeiten eines Unternehmens hervorgehen (vgl. Gerybadze 1998, S. 5), und der Begriff der organisatorischen Routine für die organisatorischen Fähigkeiten eines Unternehmens verwendet. Gemeinsam ist sowohl technischen Kompetenzen als auch organisatorischen Routinen, dass sie sich auf wiederholte Aktivitätsmuster (bei der Entwicklung und dem Einsatz von Technologien bzw. bei organisationsbezogenen Entscheidungen und Handlungen) beziehen.

Kernkompetenzen besitzen eine herausgehobene wettbewerbsstrategische Bedeutung gegenüber den technischen Kompetenzen und organisatorischen Routinen des Unternehmens. Dosi et al. verstehen unter Kernkompetenzen eines Unternehmens »a set of differentiated technological skills, complementary assets, and organizational routines and capacities« (Dosi et al. 1990 zitiert nach Collis 1991, S. 51). Sie schreiben damit dem Begriff der Kernkompetenz sowohl eine technologische (technical skills) als auch eine organisatorische Komponente (routines) zu, die zu einer Kernkompetenz verschmelzen. Dieser Sichtweise wird auch in der vorliegenden Arbeit gefolgt.

Weite Verbreitung hat auch die Definition von Prahalad und Hamel gefunden, die Kernkompetenzen definieren als »the collective learning in the organization, especially how to coordinate diverse production skills and integrate multiple streams of technology« (Prahalad/Hamel 1990, S. 82; vgl. hierzu auch Eriksen/Meckelsen 1996, S. 58). Prahalad und Hamel betonen damit den Koordinationsaspekt und den Technologieaspekt von Kernkompetenzen sehr stark.

Das Vorliegen von Kernkompetenzen kann unter Zuhilfenahme bestimmter Kriterien ermittelt werden (vgl. hierzu auch Marino 1996 unter Berufung auf Prahalad/Hamel 1990). Eine Kernkompetenz liegt vor, wenn:

- eine Kompetenz zu außerordentlichen Nutzeffekten bei potenziellen Kunden führt,
- das Unternehmen bei dieser Kompetenz eine außerordentliche Leistungsfähigkeit im Vergleich zu allen Wettbewerbern aufweist,
- diese Kompetenz in nachhaltiger Weise (erschwerte Imitier- und Substituierbarkeit durch Wettbewerber) auf die Erfüllung strategischer Ziele einwirkt und
- diese Kompetenz für eine große Zahl an Produkten und Geschäftsbereichen genutzt werden kann (d. h. Zugang zu einer Vielzahl von Märkten ermöglicht) (vgl. hierzu auch Gerybadze 1997 und 1999, S. 79 sowie Prahalad/Hamel 1990, S. 83–84).

Im klassischen Beitrag von Prahalad und Hamel finden sich historische Beispiele von Unternehmen, die in fokussierten Technologie- und Aktivitätsfeldern Kernkompetenzen aufgebaut haben. So hat das Unternehmen

Honda in den 1980er Jahren eine Kernkompetenz in der Konstruktion und dem Bau in großen Stückzahlen leistungsfähiger und dennoch sparsamer Vierzylinder-Vierventilmotoren aufgebaut. Honda war eines der ersten Unternehmen im Markt, das Vierventilmotoren anbot und konnte hierbei von seiner Erfahrung im Motorsport (Formel 1-Engagement) und im Motorradbau profitieren. Anhand der oben genannten vier Kriterien kann geprüft werden, ob es sich bei dieser Kompetenz Anfang der 1980er Jahre um eine Kernkompetenz von Honda handelte.

Diese Kompetenz von Honda führte damals zu außerordentlichen Nutzeffekten bei aktuellen und potenziellen Kunden, die sehr leistungsfähige und dennoch sparsame Motoren erwerben konnten. Mehrere Jahre lang hatte Honda bei dieser Kompetenz eine außerordentliche Leistungsfähigkeit im Vergleich zu allen Wettbewerbern in Form eines technologischen Vorsprungs. Diese Kompetenz hat in nachhaltiger Weise (erschwerte Imitier- und Substituierbarkeit durch Wettbewerber) auf die Erfüllung strategischer Ziele eingewirkt, denn es dauerte mehrere Jahre, bis die ersten Konkurrenten ebenfalls leistungsfähige Vierventilmotoren in Großserienfahrzeugen einsetzten und potenzielle Substitute zu Vierventilmotoren (wie z.B. leistungsfähige Dieselmotoren mit Direkteinspritzung, Benzinmotoren mit Direkteinspritzung) kamen erst 15 Jahre später auf den Markt. Diese Kompetenz konnte Honda für eine große Zahl an Produkten und Geschäftsbereichen nutzen, d.h. sie eröffnete Zugang zu einer Vielzahl von Märkten (Automobilbau, Motorradbau, Bau von Rennbooten und Rasenmähern).

Kernkompetenzen schlagen sich nieder in Kernprodukten, d.h. in wesentlichen Baugruppen bzw. Komponenten von Endprodukten. Im Falle von Honda waren die Kernkomponenten (zum Zeitpunkt Mitte bis Ende der 1980er Jahre) leistungsfähige und sparsame Motoren wie z.B. der 1,4 Liter Vierventiler mit 90 PS oder der 1,6 Liter Vierventiler mit 106 bzw. 124 PS.

Kernprodukte sind in mehreren Geschäftsfeldern eines Unternehmens einsetzbar. Im Falle von Honda fanden die auf der Grundlage der Kernkompetenz in Motorenentwicklung und Motorenbau hergestellten Motoren Einsatz in den Geschäftsfeldern Automobilbau, Motorradbau sowie beim Bau von Rennbooten und Rasenmähern. Und in den einzelnen Geschäftsfeldern fanden die Motoren Einsatz in den verschiedensten Endpro-

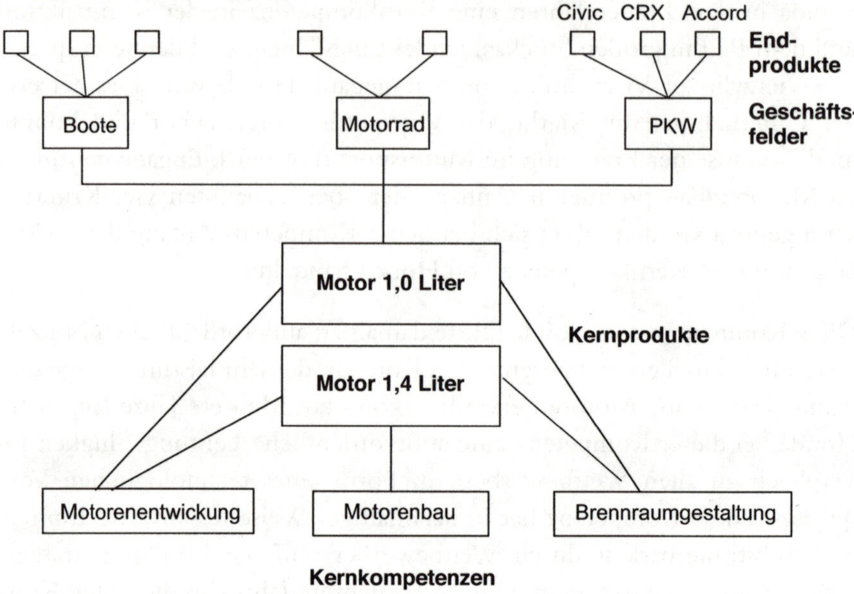

Abb. 11: Kernkompetenzen als Fundament der Unternehmensentwicklung.

dukten (z.B. im Geschäftsfeld Automobilbau in den PKW-Modellen Civic, CRX, Accord, Prelude, Legend). Auf diese Weise entwickeln sich aus den Kernkompetenzen letztendlich die Endprodukte des Unternehmens. Prahalad und Hamel wählen hier das Analogiebild eines Baumes: Die Kernkompetenzen sind die Wurzeln, die Kernprodukte der Stamm, die Geschäftsfelder die Äste und die Endprodukte die Blätter des Unternehmens.

Aus dem bisher Gesagten lassen sich noch weiterführende Schlussfolgerungen ableiten:

Unternehmen stehen nicht nur auf den Absatzmärkten für Endprodukte (die herrschende Sicht der Industrial Organisation Forschung) im Wettbewerb, sondern sie konkurrieren auch im Markt für Kernprodukte und um die Ressourcen, mit denen sie Kernkompetenzen aufbauen können. Es gibt Anbieter, die zwar im Endproduktmarkt einen geringen Marktanteil haben, aber als Komponentenfertiger bei den Kernprodukten einen hohen Marktanteil aufweisen. Als Beispiel hierfür nennen Prahalad und Hamel die japanische Firma Canon, die im Markt für Laserdrucker als Endprodukte einen geringen, im Markt für Belichtungstrommeln (als Kernprodukt für den Laserdrucker) aber einen sehr hohen Weltmarktanteil hat. Eine Strategie als Komponentenfertiger, der anderen Unternehmen wesentliche Kernprodukte zuliefert, ist aus zwei Gründen sinnvoll. Zum einen kann der Hersteller des Kernproduktes dadurch höhere Stückzahlen und economies of scale realisieren, zum anderen kann er andere Unternehmen, die das Kernprodukt von ihm zukaufen, am Aufbau eigener Kernkompetenzen hindern. Unternehmen stehen ferner im Wettbewerb um knappe Ressourcen (qualifizierte Mitarbeiter, Zubehörteile und Subdienstleistungen hoher Qualität), die sie im Rahmen ihrer Transformations- und Veredelungsprozesse sowie durch Einbindung in routinehaft ablaufende Unternehmensprozesse vielleicht einmal zu Kernkompetenzen kombinieren können.

Die weitere Implikation der obigen Abbildung ist, dass das Outsourcing der Kernprodukte nicht ratsam ist, weil dann die zur Herstellung der Kernprodukte erforderlichen Kernkompetenzen mittelfristig verlernt werden würden.

Kernkompetenzen lassen sich zusammenfassend abgrenzen als Verschmelzung von technischen Kompetenzen und organisatorischen Routinen zu unternehmerischen Querschnittsfähigkeiten von hoher strategischer Relevanz.

Nach Strautmann sind Kernkompetenzen die wesentlichen technologischen, vertrieblichen und organisatorischen Fähigkeiten eines Unternehmens (vgl. Strautmann 1993, S. 31 ff. sowie Walch 1997, S. 29). Kernkompetenzen liegen nur vor, wenn das Unternehmen im entsprechenden Kompetenzfeld eine nachgewiesene Überlegenheit gegenüber den Wettbewerbern besitzt (hohe Eigenkompetenz) und sich mit der Kernkompetenz im Wettbewerb von Konkurrenten differenzieren kann (hohe strategische Relevanz). Ein wesentlicher Unterschied zwischen Kernkompetenzen einerseits und technischen Kompetenzen bzw. organisatorischen Routinen andererseits ist somit darin zu sehen, dass Kernkompetenzen Querschnittsfähigkeiten auf der Ebene des Gesamtunternehmens, letztere hingegen technische oder organisatorische Fähigkeiten auf der Ebene eines einzelnen Unternehmensbereichs (Division, Abteilung, Team) darstellen. Weil organisatorischen Routinen, technischen Kompetenzen und Kernkompetenzen gemeinsam ist, dass sie auf repetitiven Aktivitätsmustern und organisationalem Lernen beruhen, wird für diese drei Kategorien von Ressourcen i.w.S. im Folgenden der Sammelbegriff »Routinen i.w.S.« verwendet.

Man kann das abstrakte Konzept der Routinen i.w.S. besser verstehen, wenn man sich ihm über ein Analogiebild nähert: Menschen haben bestimmte Talente (z.B. Fingerfertigkeit, musische Begabung etc.), die sie von anderen Menschen unterscheiden. Am Beispiel eines Klavier spielenden Kindes wird dies deutlich: Benötigt werden neben einem talentierten Kind (Humankapital) im Wesentlichen die Ressourcen Klavier (physisches Kapital), Finanzmittel (zur Bezahlung des Klaviers und der Ausbildung), Zeit (für die Ausbildung) und ein Klavierlehrer (zur Führung des Kindes beim Aufbau seiner Fähigkeiten). Durch beständige Wiederholung und Übung über einen längeren Zeitraum hinweg entwickelt das Kind seine Fähigkeiten zum Klavierspiel. Was die Talente und Fähigkeiten beim Menschen sind, sind in analoger Betrachtung die Routinen i.w.S. beim Unternehmen: Durch beständige Wiederholung und Verbesserung von technologie- und organisationsbezogenen Aktivitäten über einen längeren Zeitraum wird das Zusammenspiel der unternehmerischen Ressourcen zunehmend reibungsloser, gleichsam routinehaft. Je länger und häufiger sich Unternehmen mit bestimmten Technologiefeldern bzw. Organisationsproblemen (z.B. Reorganisationen, Steuerung dezentraler Einheiten) befassen, umso größer ist das im Unternehmen (bei den einzelnen Mitarbeitern als individuelles Wissen und beim Unternehmen als in Regeln, Routinen i.w.S., Datenbanken und Handbüchern gespeichertes organisatorisches Wissen) vorhandene explizite und implizite Wissen, wie entsprechende Probleme anzugehen und zu lösen sind. Routinen entstehen somit aus wiederholten Aktivitäten des Unternehmens und durch organisatorisches Lernen (vgl. Macharzina/Oesterle/Brodel 2001, Macharzina 1999, 577–580, v.d. Oelsnitz/Hahmann 2003, 63ff.), wie das Zusammenspiel der unternehmerischen Ressourcen im Zeitablauf verbessert werden kann. Sie resultieren in gleichsam automatisch ablaufendem, eingespieltem Zusammenwirken unternehmerischer Ressourcen (v.a. in koordiniertem Handeln von Unternehmensangehörigen) bei der Lösung bestimmter technologischer oder organisatorischer Probleme.

Einige Bemerkungen zum Verhältnis von Ressourcen i.e.S. und Routinen i.w.S. und ihrer jeweiligen wettbewerbsstrategischen Bedeutung aus Sicht des ressourcenorientierten Ansatzes der Unternehmensführung sind noch erforderlich. Viele Unternehmen besitzen einen großen Bestand an wertvollen technologischen Ressourcen und dennoch können ihnen die erforderlichen Kompetenzen fehlen, die technologischen Ressourcen effektiv einzusetzen und dadurch Wettbewerbsvorteile zu erzielen (vgl. Teece/Pisano/Shuen 1997, S. 515 sowie Sanchez/Heene/Thomas 1996, S. 27 f.). Selbst wenn ein Unternehmen weitgehend identische Ressourcenbestände (z. B. Technologien) wie seine Konkurrenten besitzt, kann es dennoch ganz unterschiedliche technische Kompetenzen entwickeln, wenn es seine technologischen Ressourcen anders einsetzt, kombiniert und koordiniert als seine Wettbewerber (vgl. Sanchez/Heene/Thomas 1996, S. 27 sowie Foss 1997, S. 13). Zudem gilt gerade nicht, dass ein Mehreinsatz an Ressourcen i. e. S. zwingend zu einem Mehr an Kompetenz des Unternehmens bzw. ausgereifteren organisatorischen Routinen führt.

Gerade weil Routinen i. w. S., das Wissen eines Unternehmens und seiner Mitarbeiter als intangible Ressource schwer zu quantifizieren sowie oft nur längerfristig und mit größerem Aufwand veränderbar sind, konzentrieren sich Manager sehr häufig auf das Managen der Bestände und Ressourcenflüsse an Geld, Gütern und tangiblen Ressourcen (z. B. Maschinen in der Produktion, Gebäude, Grundstücke) sowie das Bestimmen bzw. Verbessern der Marktposition des Unternehmens. Manager vernachlässigen demgegenüber nicht selten die Entwicklung der o. g. intangiblen Ressourcen des Unternehmens (vgl. Sanchez/Heene 1997 a, S. 3087 f.).

Dynamic Capabilities und visionär-prospektive Fähigkeiten

Wenn man ein Unternehmen allerdings nur anhand seiner Ressourcen i. e. S. und seiner Routinen i. w. S. charakterisiert und beschreibt, so wird damit nur ein unvollkommenes Bild eines Unternehmens gezeichnet. Es fehlt bisher das dynamische Element, das sich ausdrückt im Aufbau neuer und der Degeneration bestehender Ressourcenpools sowie der dadurch induzierten Weiterentwicklung eines Unternehmens. Um eine stärker dynamische Betrachtung zu ermöglichen, werden nachfolgend die beiden zusätzlichen Ressourcenkategorien Dynamic Capabilities eines Unternehmens und visionär-prospektive Fähigkeiten eines Unternehmens eingeführt. Insgesamt ergibt sich somit eine vierstufige Ressourcenkategorisierung, die die nachfolgende Abbildung darstellt.

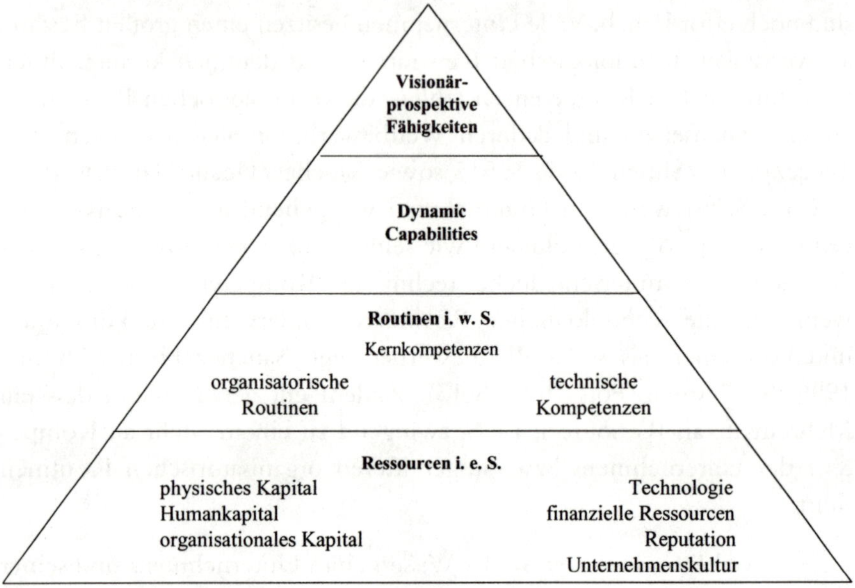

Abb. 12: Ressourcenkategorien innerhalb des Ansatzes der ressourcenorientierten Unternehmensführung.

Dynamic Capabilities bezeichnen die Fähigkeit eines Unternehmens zur permanenten Erneuerung und Rekombination seiner Ressourcen i.e.S. sowie Routinen i.w.S. (vgl. hierzu Montgomery 1995, S. 263) als Antwort auf sich wandelnde Markt- und Umweltbedingungen. Teece, Pisano und Shuen definieren Dynamic Capabilities »... as the firm´s ability to integrate, build, and reconfigure internal and external competences to address rapidly changing environments« (Teece/Pisano/Shuen 1997, S. 516). Für Eisenhardt und Martin sind Dynamic Capabilities die »... organisatorischen und strategischen Routinen, mit denen Firmen neue Ressourcenkombinationen erreichen, wenn Märkte entstehen, kollidieren, sich spalten, evolvieren oder vergehen« (Eisenhardt/Martin 2000, S. 1107, Übersetzung des Verfassers). Im Vergleich zu Ressourcen i.e.S. und Routinen i.w.S. stellen Dynamic Capabilities Metafähigkeiten dar, weil sie die Fähigkeit eines Unternehmens bezeichnen, seine Ressourcen i.e.S. und Routinen i.w.S. an sich wandelnde Umweltbedingungen anzupassen (vgl. Teece/Pisano/Shuen 1997, S. 515). Die dynamischen Fähigkeiten eines Unternehmens finden Ausdruck in der Flexibilität des Unternehmens bei der Anpassung vorhandener Ressourcenpotenziale an neue Probleme und

Umweltsituationen sowie in der Innovationsfähigkeit des Unternehmens beim Aufbau ganz neuer Ressourcenpotenziale und der dadurch ermöglichten Hervorbringung innovativer Produkte, Dienstleistungen und Unternehmensprozesse. Die Fähigkeit eines Unternehmens, Märkte und Technologien außerhalb des Unternehmens zu beobachten und ökonomisch sinnvolle Verbindungen zwischen sich ändernden Marktbedürfnissen einerseits sowie den derzeitigen und potenziellen Fähigkeiten des Unternehmens andererseits zu entdecken, hat große Bedeutung für den Wettbewerbserfolg in dynamischen Märkten (vgl. Sanchez 1995, S. 154).

Die Dynamic Capabilities eines Unternehmens hängen somit wesentlich ab von seinen Fähigkeiten,

- neue Entwicklungen in der Unternehmensumwelt (z.B. Märkte, Technologien, offensive Aktionen der Konkurrenten und relevante Veränderungen von Konsumentenpräferenzen) zu erkennen und ihre voraussichtliche Bedeutung für das Unternehmen abschätzen zu können,
- schneller als die Wettbewerber zu lernen,
- organisatorische Veränderungen schneller als die Wettbewerber zu implementieren und flexibel auf Veränderungen der Umwelt zu reagieren.

Diese Fähigkeiten bilden sich insbesondere heraus, wenn ein Unternehmen über dezentrale Strukturen mit einer Bündelung von Entscheidungs- und Weisungsbefugnissen vor Ort verfügt. Die Fähigkeit eines Unternehmens zur permanenten Rekonfiguration von Ressourcen und Kompetenzen ist eine erlernte und erlernbare organisatorische Fähigkeit. Je öfter diese Fähigkeit benötigt und praktiziert wird, umso leichter wird sie erlernt und umgesetzt (vgl. Teece/Pisano/Shuen 1997, S. 521). Die Dynamic Capabilities basieren auf explizitem und implizitem Wissen des Unternehmens (als Kollektivwissen), das bei der Bewältigung bestimmter Probleme und Situationen in der Vergangenheit gewonnen wurde. Dieses Wissen kann in zukünftigen, mehr oder weniger ähnlichen (aber nicht identischen) Problemen und Situationen vom Unternehmen genutzt werden, um eine schnelle Reaktion und Anpassung des Unternehmens an das in Teilen und einigen Lösungselementen vertraute Problem zu bewirken. Voraussetzung für die Herausbildung dynamischer Fähigkeiten eines Unternehmens ist ferner das Vorhandensein von noch nicht ausgeschöpften ressourcenbezogenen und organisatorischen Reserven, mit deren Hilfe das

Unternehmen neue, unerwartete Anforderungen bewältigen kann (vgl. hierzu Staehle 1991, S. 313).

So verstandene Dynamic Capabilities eines Unternehmens stellen eine eigenständige Quelle für Wettbewerbsvorteile dar (vgl. hierzu Collis 1991, S. 50, 52), da im Wettbewerb die Fähigkeit schneller zu lernen und sich an Umweltveränderungen schneller anzupassen als die Wettbewerber (d.h. Dynamic Capabilities) langfristig den einzigen verteidigungsfähigen Wettbewerbsvorteil darstellt (De Geus 1998, S. 71; vgl. hierzu auch bei Foss 1997 a, S. 350; Williams 1992, S. 30, 37, 48). De Geus führt hierzu prägnant aus: »the ability to learn faster than your competitors may be the only sustainable competitive advantage« (De Geus 1988, S. 71). Diese Argumentation widerlegen Eisenhardt und Martin: Ihrer Ansicht nach liegt der strategische Wert dynamischer Fähigkeiten nicht in den Fähigkeiten per se, sondern in den neuen Ressourcenkonfigurationen begründet, die mithilfe dieser Fähigkeiten hervorgebracht werden, sofern die hervorgebrachten Ressourcenkonstellationen die Bedingungen für einen verteidigungsfähigen Wettbewerbsvorteil erfüllen. Die dynamischen Fähigkeiten können keine Quelle für einen verteidigungsfähigen Wettbewerbsvorteil sein, weil die entsprechenden Unternehmensprozesse Ähnlichkeiten zwischen Unternehmen aufweisen, sowie zumindest teilweise imitierbar und substituierbar sind (vgl. Eisenhardt/Martin 2000, S. 1106, 1110, 1117).

Dynamic Capabilities unterstützen insbesondere die Erzielung von Schumpeter-Renten durch Produkt- und Prozessinnovationen (vgl. Teece/Pisano/Shuen 1997, S. 527), weil sie die für die Umsetzung derartiger Innovationen erforderlichen Veränderungen der unternehmensinternen Ressourcenbasis und die entsprechenden organisatorischen Anpassungen ermöglichen.

Die visionär-prospektiven Fähigkeiten eines Unternehmens und seines Managementteams sind die vierte relevante Ressourcenebene im Rahmen des ressourcenorientierten Ansatzes. Sie leiten und prägen den Aufbau von Ressourcenpotenzialen auf den unteren drei Ebenen der Ressourcenhierarchie, d.h. auf der Ebene der Ressourcen i.e.S., der Routinen i.w.S. sowie der Dynamic Capabilities. Die Vision eines Unternehmens lässt sich allgemein definieren als »imagination of some future desired state« (Brumagim 1994, S. 97). Die wesentliche Funktion einer Unternehmensvision besteht darin, dass aus ihr die Unternehmensziele abgeleitet werden (vgl. Post 1997, S. 734) und dass sie Manager bei der Entscheidung unterstützt, auf welche Produkte, Märkte und Kundengruppen das Unternehmen seine Ressourcen konzentrieren soll (vgl. Schoemaker 1992). Unternehmensvisionen können insbesondere auch zum Inhalt haben, welchen Stellenwert die Erforschung und Beherrschung von Technologien sowie das Angebot innovativer Produkte für das Unternehmen und sein Selbstverständnis haben (vgl. Vahs/Burmester 2002, S. 100f.). Unternehmensvisionen gehen oftmals auf einzelne visionäre Führungskräfte zurück. Ressourcen, die zur Generierung und Verwirklichung von Unternehmensvisionen erforderlich sind, umfassen somit Führungskräfte mit visionär-prospektiven Fähigkeiten sowie Ressourcen für die Kommunikation und Umsetzung der Vision innerhalb der Organisation. Mithilfe einer Unternehmensvision kann ein Unternehmen Wettbewerbsvorteile und Renten erzielen, wenn das Unternehmen auf der Grundlage seiner Vision z.B. frühzeitig bestimmte Ressourcen als wertvoll erkennen kann, bevor seine Konkurrenten den wahren Wert dieser Ressourcen erkennen (vgl. hierzu Barney 1986).

Es bleibt zu erörtern, welche Funktion die Unternehmensvision im Modell der ressourcenorientierten Unternehmensführung einnimmt. Sanchez führt hierzu aus:

> »In this regard, the resources and capabilities view seems to make an implicit assumption that capable strategic managers will somehow be able to develop superior insights (was der oben vertretenen Auffassung von Unternehmensvision sehr nahe kommt, Anmerk. d. Verf.) into the most likely outcomes in dynamic markets and will therefore be able to lead the firm to internalize the right set of resources...« (Sanchez 1993, S. 269).

Damit werden innerhalb des ressourcenorientierten Modells nach Ansicht von Sanchez unrealistische Anforderungen an die Voraussicht des Managements gestellt, von dem erwartet wird, dass es die Ressourcen, die einen strategischen Wettbewerbsvorteil erzeugen, problemlos identifizieren und akquirieren kann (vgl. Sanchez 1993, S. 270).

Es scheint somit im ressourcenorientierten Ansatz eine implizite Annahme des Vorhandenseins einer Unternehmensvision vorhanden zu sein. Bei Fehlen dieser Annahme müssten die visionär-prospektiven Fähigkeiten einer Unternehmensführung modellendogen erklärt werden, was die Zuhilfenahme von Erkenntnissen aus der Kognitionspsychologie und anderen nicht-ökonomischen Wissenschaftsdisziplinen erfordern würde. Die Prozesse, die zur Generierung einer Unternehmensvision führen, und die Abschätzung des ökonomischen Wertes einer Unternehmensvision für das Unternehmen entziehen sich einer rein ökonomisch-rationalen Analyse (vgl. Brumagim 1994, S. 91, 97f.). Die Annahme einer bereits vorhandenen Unternehmensvision, die als ökonomische Ressource von großer strategischer Bedeutung modelliert wird, dient daher dazu, die ökonomische Geschlossenheit innerhalb des Modells der ressourcenorientierten Unternehmensführung zu bewahren.

Aus Sicht des ressourcenbasierten Ansatzes, wie er in diesem Buch dargestellt wird, ergeben sich somit vier unterschiedliche Ebenen einer Ressourcenhierarchie. Unternehmerische Renten können auf allen Ebenen dieser Ressourcenhierarchie erzielt werden, also sowohl auf der Ebene der Ressourcen i. e. S., der Ebene der Routinen i. w. S., der Ebene der Dynamic Capabilities und der Ebene der visionär-prospektiven Fähigkeiten eines Unternehmens bzw. seines Managements. Voraussetzung für die Erzielung von Renten ist allerdings, dass diese Ressourcen i. w. S. jeweils die Ressourcencharakteristika aufweisen, die für die Begründung eines verteidigungsfähigen Wettbewerbsvorteils erforderlich sind, d. h. dass die Ressourcen jeweils den Test eines verteidigungsfähigen Wettbewerbsvorteils bestehen (vgl. hierzu die nachfolgenden Ausführungen).

4.2.3 Das Konzept des verteidigungsfähigen Wettbewerbsvorteils

Zentral für die Erzielung von Renten ist der Aufbau verteidigungfähiger Wettbewerbsvorteile (Sustainable Competitive Advantage).

Zwischen den Vertretern des ressourcenorientierten Ansatzes wird kontrovers diskutiert, welche Merkmale eine Ressource aufweisen muss, damit sie einem Unternehmen einen verteidigungsfähigen Wettbewerbsvorteil verleiht. Ein verteidigungsfähiger Wettbewerbsvorteil liegt vor, wenn er weiter besteht trotz der Anstrengungen von Konkurrenten, diesen Wettbewerbsvorteil zu duplizieren, und daher die Anstrengungen der Konkurrenten mangels Erfolgsaussichten beendet worden sind (vgl. Barney 1991,

S. 102). Auf der Grundlage eines solchen Wettbewerbsvorteils kann ein Unternehmen Renten erzielen.

Die nachfolgende Abbildung verdeutlicht das Konzept des verteidigungsfähigen Wettbewerbsvorteils im Überblick. Das zentrale Axiom innerhalb des Resource-Based View of the firm ist, dass sich Unternehmen in ihrer Ressourcenausstattung unterscheiden und dass sich daraus Unterschiede in der Effizienz und der Profitabilität von Unternehmen erklären lassen.

Ein verteidigungsfähiger Wettbewerbsvorteil liegt vor, wenn eine Ressource einem Unternehmen einen Wettbewerbsvorteil gegenüber Konkurrenten verleiht *und* sie zur Nutzenstiftung für den Kunden beiträgt (markt- bzw. umweltorientierte Argumente) *und* wenn die Ressource spezifisch (d. h. auf einen bestimmten Einsatz im Unternehmen besonders zugeschnitten), schwer imitierbar bzw. substituierbar ist *sowie* gleichzeitig der Einsatz der Ressource effizient organisiert ist (ressourcenorientierte bzw. unternehmensinterne Argumente). Kann sich das Unternehmen die Erträge aus dieser Ressource aneignen (Appropriierbarkeit, z. B. weil es alle Verfügungsrechte an der Ressource besitzt und keine staatliche Regulie-

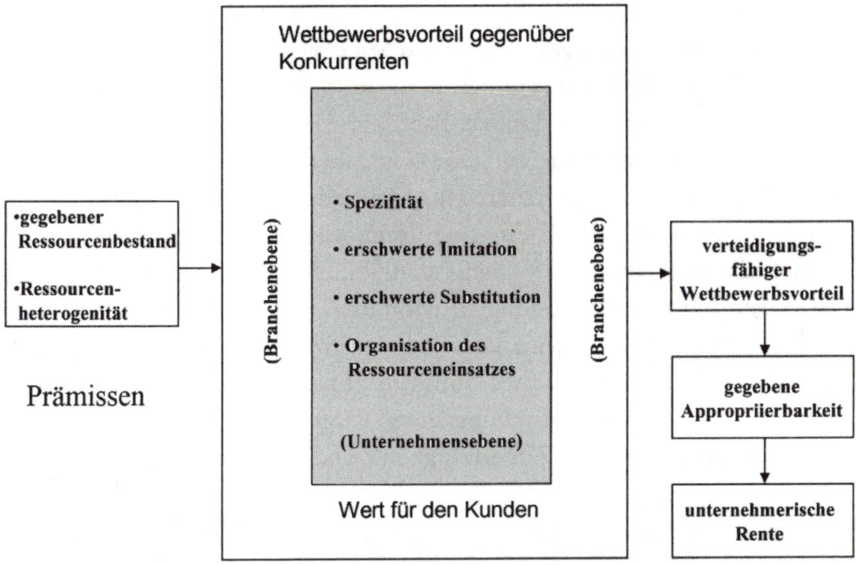

Abb. 13: Ressourcenmerkmale und verteidigungsfähiger Wettbewerbsvorteil, in Anlehnung an Barney 1991.

rung die Aneignung der Erträge aus dem Ressourceneinsatz begrenzt oder verhindert), so ist eine unternehmerische Rente erzielbar. Dies ist – stark verkürzt – die Argumentation, wie sie von vielen Vertretern des Resource-Based View (vgl. z.B. Barney 1991; Cool/Dierickx 1994; Schoemaker/Amit 1994) vertreten wird.

Ein Beispiel verdeutlicht das Vorgehen bei der Analyse:

Im Telekommunikationssektor wird zwischen Ortsnetzbereich und Fernnetzbereich unterschieden. Das kabelgebundene Ortsnetz verleiht den etablierten Telekommunikationsunternehmen (vormals Monopolbetriebe in Staatsbesitz) einen verteidigungsfähigen Wettbewerbsvorteil: Für den Kunden stellt ein Anbieter, der Ortsnetz- und Fernnetzverbindungen aus einer Hand anbieten kann, einen Wert i. S. eines Nutzenzuwachses (Komfortvorteile durch eine einzige Rufnummer und eine einzige Rechnung, evtl. günstigere Telekommunikationstarife durch Synergieeffekte zwischen Ortsnetz und Fernnetz) dar. Durch ein eigenes Ortsnetz kann sich der Telekommunikationsdienstleister von anderen Konkurrenten ohne eigenes Ortsnetz differenzieren und dadurch einen Wettbewerbsvorteil erlangen (z.B. günstigere Gesamtkostenstruktur als bei Anbietern, die von anderen Ortsnetzbetreibern Netzkapazität mieten müssen). Die Ressource Ortsnetz ist zudem spezifisch, d.h. auf eine einzige Verwendung hin zugeschnitten (Übertragung von Daten und Sprache auf elektronischem Weg). Ein Ortsnetz ist für Konkurrenten nicht imitierbar, d.h. durch Verlegung paralleler Leitungen nicht duplizierbar, denn ein zweiter Ortsnetzbetreiber dürfte aufgrund der hohen Vorlaufinvestitionen und der erheblichen economies of scale im Ortsnetzbereich (natürliches Monopol) langfristig neben dem etablierten Ortsnetzmonopolisten nicht rentabel und damit nicht überlebensfähig sein. Ein Ortsnetz ist auch nicht substituierbar (z.B. durch Daten- und Sprachübertragung in Mobilfunknetzen, Kabelfernsehnetzen und Richtfunknetzen), denn keines der prinzipiell möglichen Substitute hat sich bisher als technisches Substitut (Erfüllung gleicher technischer Funktionalität, z.B. Bereitstellung einer vergleichbaren Übertragungskapazität in vergleichbarer Zuverlässigkeit) und gleichzeitig als ökonomisches Substitut (bei gleicher Funktionalität mindestens genauso gutes oder besseres Preisleistungsverhältnis) erwiesen. Wenn der Einsatz der Ressource Ortsnetz effizient organisiert wird (dafür sprechen die starken Produktivitätsgewinne durch Personalabbau bei den meisten europäischen Telekommunikationsdienstleistern), so spricht insgesamt viel dafür, dass für einen Telekommunikationsdienstleister ein gut ausgebautes kabelgebundenes Ortsnetz einen verteidigungsfähigen Wettbewerbsvorteil darstellt. Fraglich ist allerdings, ob sich der Telekommunikationsdienstleister auch die Renten aus diesem verteidigungsfähigen Wettbewerbsvorteil aneignen kann. Die Appropriierung der Erträge aus der Ressource Ortsnetz wird durch staatliche Regulierungseingriffe eingeschränkt, die den Ortsnetzbetreiber zur Vermietung von Übertragungskapazität an Wettbewerber zwingen (geteilte Nutzung im Rahmen der erzwungenen Netzzusammenschaltung). Staatliche Regulierungseingriffe begrenzen darüber hinaus Tariferhöhungen für Ortsnetzgespräche und den lokalen Telefonanschluss (vgl. hierzu Burr 1995). Ein kabelgebundenes Ortsnetz stellt somit für den Telekommunikationsanbieter zwar einen verteidigungsfähigen Wettbewerbsvorteil dar, er kann sich aber nicht alle Renten aus dieser strategisch wertvollen Ressource aneignen.

Für das Bestehen eines verteidigungsfähigen Wettbewerbsvorteils, der zu einem nachhaltigen Rentenstrom für das Unternehmen führt, ist es erforderlich, dass die in der obigen Abbildung genannten Ressourcen- und Umweltmerkmale alle simultan erfüllt sind. Ressourcen, die alle o.g. Kriterien erfüllen, sind die »Kronjuwelen« des Unternehmens (vgl. Montgomery 1995), die seinen strategischen Wettbewerbsvorteil gegenüber den Wettbewerbern begründen. Sie sind eng mit der Geschäftsidee des Unternehmens verknüpft, mit der es sich im Markt positioniert. In vielen Unternehmen stellen diese als »Kronjuwelen« bezeichneten Ressourcen nur einen quantitativ kleinen Teil der gesamten Ressourcenausstattung dar. Einen verteidigungsfähigen Wettbewerbsvorteil kann ein Unternehmen erringen, indem es einzelne Ressourcen i.e.S. (z.B. Sachanlagevermögen, Humankapital, Reputation, Markennamen, Patente etc.) besitzt bzw. kontrolliert oder indem es Kernkompetenzen bzw. Kompetenzen entwickelt, die die o.g. Merkmale erfüllen.

Nachfolgend wird mit dem Strategieansatz der Industrial-Organization-Forschung ein Ansatz vorgestellt, der historisch früher als der ressourcenorientierte Ansatz und in betonter Abgrenzung zum neoklassischen Modell entwickelt wurde.

4.3 Der Strategieansatz der Industrial-Organization-Forschung

In deutlichem Kontrast zum neoklassischen Modell stehen im Mittelpunkt des Strategieansatzes der Industrial-Organization-Forschung die verschiedenen Möglichkeiten und Ansatzpunkte des Managements zum systematischen Aufbau von Marktmacht durch Beeinflussung der Wettbewerbskräfte innerhalb einer Branche, während das neoklassische Modell Voraussetzungen und Resultate vollkommenen Wettbewerbs untersucht.

Der industrieökonomische Ansatz (auch Market Based View genannt) war in den 1980er Jahren das herrschende Paradigma der Strategieforschung (vgl. Teece/Pisano/Shuen 1997, S. 511). Er basiert vor allem auf den Arbeiten von Porter (vgl. hierzu insbesondere Porter 1986 und 1988) und dem Structure-Conduct-Performance-Ansatz als theoretischem Unterbau, der einen Kausalzusammenhang zwischen Marktstruktur, Unternehmensverhalten und Unternehmensperformance postuliert. Dabei ist die genaue Richtung dieser Kausalbeziehungen zwischen den verschiedenen Vertretern der Industrial-Organization-Forschung umstritten: Die herrschende Ansicht innerhalb der Industrial-Organization-Forschung (sog. strukturalistische Perspektive) scheint immer noch zu sein, dass die Marktstruktur das Unternehmensverhalten und die Unternehmensperformance bestimmt, während die hiervon abweichende Meinung einen umgekehrten Zusammenhang postuliert, dass die Unternehmensperformance das Unternehmensverhalten und letztlich auch die Marktstruktur bestimmt (vgl. hierzu Shepherd 1990, S. 5–7 sowie Scherer/Ross 1990, S. 5 f.).

Der industrieökonomische Ansatz der Strategieforschung geht von folgenden Verhaltens- und Umweltannahmen aus:

1. Die primäre Untersuchungseinheit innerhalb des Market Based View ist die Branche (vgl. Foss 1996, S. 177 und Porter 1981, S. 611). Im Mittelpunkt der Betrachtung stehen dabei insbesondere die durch Zahl und Größe der konkurrierenden Unternehmen bestimmte Branchenstruktur sowie die von einzelnen Unternehmen realisierten Produkt-Markt-Kombinationen.

2. Managerhandeln wird innerhalb des industrieökonomischen Ansatzes als rational modelliert (vgl. Amit/Schoemaker 1993, S. 42) und hat als

Zielsetzung die Erwirtschaftung von Monopolrenten durch Positionierung des Unternehmens innerhalb einer Branche und/oder durch Beeinflussung der Branchenstruktur. Entscheidungen des Managements streben die Erreichung eines stabilen Gleichgewichtszustands in Form eines dauerhaften und verteidigungsfähigen Wettbewerbsvorteils an.

3. Die unternehmerische Ressourcenausstattung wird als exogen gegeben modelliert oder es wird davon ausgegangen, dass ein Unternehmen, nachdem es sich für eine bestimmte Wettbewerbsstrategie entschieden hat, die für die Strategieimplementierung erforderlichen Ressourcen friktionslos und unproblematisch erwerben bzw. aufbauen kann (vgl. Teece/Pisano/Shuen 1997, S. 514).

4. Die Unternehmen einer Branche werden als grundsätzlich homogen, d.h. als ökonomische Einheiten mit qualitativ weitestgehend identischer Ressourcenausstattung modelliert (vgl. Barney 1991, S. 100 sowie Peteraf 1990, S. 10ff.). Unterschiede zwischen verschiedenen Unternehmen werden auf Unterschiede in der Unternehmensgröße und in der ökonomischen Performance, d.h. in den erzielten Renditen, reduziert (vgl. Teece/Pisano/Shuen 1997, S. 511 sowie Conner 1991).

Gemäß dem Strategieansatz der Industrial-Organization-Forschung werden verteidigungsfähige Wettbewerbsvorteile und daraus abgeleitete Monopolrenten primär durch die Positionierung eines Unternehmens gegenüber den fünf Wettbewerbskräften seiner Branche (Verhandlungsmacht der Nachfrager, Verhandlungsmacht der Zulieferer, aktuelle und potenzielle Konkurrenten sowie Konkurrenz durch Substitutionsprodukte) erzielt.

Die Konzentration auf Wettbewerbskräfte und die Branchenstruktur bedeutet aber nicht, dass Market-Based View Porter'scher Prägung die Bedeutung unternehmensinterner Erfolgspotenziale völlig vernachlässigt. Porter erkennt die Bedeutung des Resource-Based View, der die Ressourcen und Kompetenzen eines Unternehmens als entscheidend für die Begründung von Wettbewerbsvorteilen betrachtet, im Rahmen der Forschung zum strategischen Management an (vgl. Porter 1994, S. 279). Porter als Vertreter des Market-Based View schreibt aber Aspekten der Branchenstruktur größere Bedeutung für die Erzielung von Wettbewerbsvorteilen zu und warnt davor, dass sich Unternehmen übermäßig auf ihre Ressourcenbasis und Kompetenzen konzentrieren und dabei ihre Branche

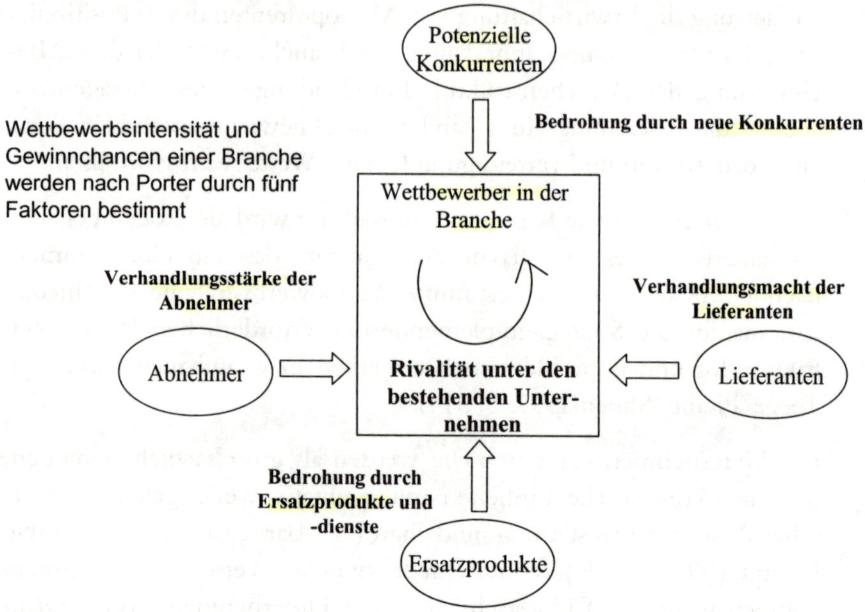

Abb. 14: 5 Wettbewerbskräfte nach Porter (Quelle: Porter 1999, S. 29)

und die in ihr herrschenden Wettbewerbsverhältnisse vernachlässigen (vgl. hierzu Porter 1994, S. 281 f.; Spieß 2002, S. 18, Fn. 15).

Die primären Aufgaben des strategischen Managements von Unternehmen sind die Entdeckung profitabler Industrien und von Produkt-Markt-Kombinationen innerhalb einzelner Industrien sowie die Implementierung einer geeigneten Wettbewerbsstrategie (Kostenführerschaft, Differenzierung, Nischenstrategie), mit der sich das Unternehmen gegenüber den in seiner Branche herrschenden Wettbewerbskräften isolieren kann (vgl. Grant 1991, S. 117). Die grundsätzlichen strategischen Optionen zeigt die nachfolgende Abbildung.

Der Ansatz von Porter findet Anwendung auf Fragen der Strategieformulierung und damit des strategischen Managements von Unternehmen. Er kann allerdings auch zum Innovationsmanagement von Unternehmen Beiträge erbringen: Anknüpfungspunkte hierfür sind das Konzept der Markteintrittsbarrieren (als Determinante der potenziellen Konkurrenz), mit denen sich gerade auch Unternehmen konfrontiert sehen, die mit innovativen Sachgütern und Dienstleistungskonzepten in bereits von etablierten Unternehmen beherrschte Märkte eintreten möchten. Ebenso hat die Wettbewerbskraft Bedrohung durch Substitutionsprodukte deutlichen Bezug zur schöpferischen Zerstörung, die für innovative Produkte und Dienstleistungen charakteristisch ist. Und jede der drei grundlegenden Strategien nach Porter (Kostenführerschaft, Differenzierung, Nischenstrategie) kann mithilfe von Produkt- und Prozessinnovationen unterstützt und realisiert werden.

Am Market-Based View lässt sich vielfältige Kritik üben: Der industrieökonomische Ansatz ist statisch konzipiert (vgl. Grant 1991, S. 114; Foss 1996, S. 177). Er leistet eine Zustandsbetrachtung und strategische Momentaufnahme von Branchenstrukturen und der von einzelnen Unternehmen gewählten Produkt-Markt-Kombinationen. Dynamische Aspekte wie z. B. Strategiefindungsprozesse, die Änderung von Unternehmensstrategien im Zeitablauf und die Analyse von Wettbewerbsprozessen im Sinne von Schumpeter (vgl. Schumpeter 1980, S. 134) oder Hayek (vgl. Hayek 1976, S. 122 f.) oder Innovationsprozesse sind nicht Gegenstand des industrieökonomischen Ansatzes der Strategieforschung. Dennoch kann der

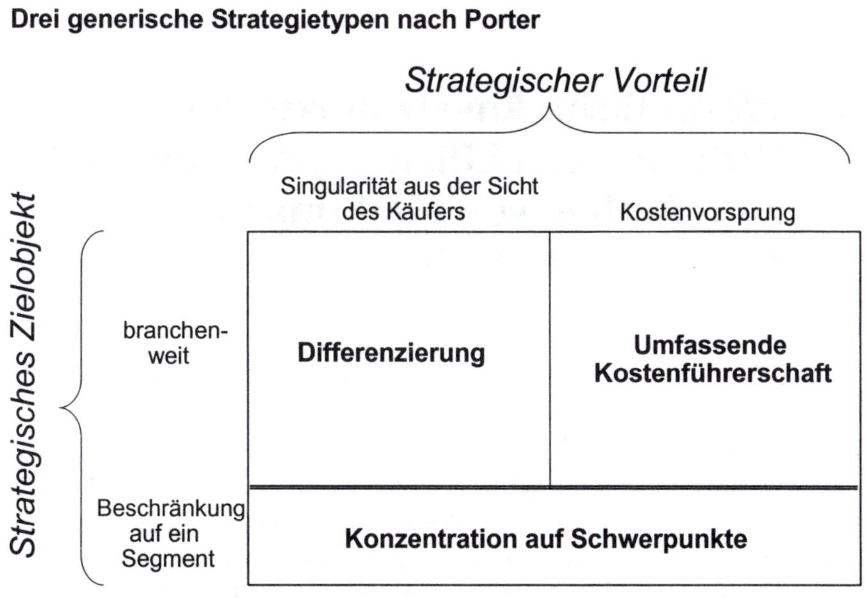

Abb. 15: Wettbewerbsstrategien nach Porter (Quelle: Porter 1983, S. 67)

Market-Based-View auch Aussagen zur Innovationsforschung und zum Innovationsmanagement machen.

Kritisiert werden kann ferner, dass die Unternehmen innerhalb einer Branche als Black Boxes betrachtet werden, d.h. ihre Binnenorganisationsstrukturen und Ressourcenausstattungen werden aus der Analyse fast vollständig ausgeblendet (vgl. Amit/Schoemaker 1993, S. 42; Foss 1996, S. 177). Scherer und Ross stellen hierzu fest: »The field (Industrial Organization, Anmerk. d. Verf.) has little to say directly about how one organizes and directs a particular industrial enterprise« (Scherer/Ross 1990, S. 1).

Die Modellannahmen und -restriktionen der Industrieökonomik sowie die Kritik an diesem Ansatz sind zum Ausgangspunkt für Weiterentwicklungen der Forschung zum strategischen Management geworden. Neuere Ansätze wie z.B. der im vorigen Kapitel dargestellte Ansatz der ressourcenorientierten Unternehmensführung zielen darauf ab, einige der restriktiven Modellannahmen des Market-Based View zu überwinden und durch realitätsnähere Annahmen zu ersetzen. So hat sich der Resource-Based View in Auseinandersetzung mit dem Market-Based View entwickelt.

4.4 Wesentliche Ansatzpunkte zur Erzielung von Effizienzgewinnen und zum Aufbau von Marktmacht aus theoretischer Sicht

Unternehmen können im Wesentlichen an drei Punkten ansetzen, um Effizienzvorteile zu erzielen bzw. Marktmacht aufzubauen. Sie können den Ressourceneinsatz bzw. die Entwicklung neuer Ressourcenpotenziale optimieren, institutionelle Strukturen effizienzorientiert gestalten oder das Unternehmen gegenüber den Wettbewerbskräften in seiner Branche durch Auswahl geeigneter Produkt-Markt-Kombinationen und Wettbewerbsstrategien positionieren. Mithilfe dieser drei grundsätzlichen Ansatzpunkte können Unternehmen Effizienz- bzw. Monopolrenten er-

	Beschaffungsmarkt	unternehmens-interne Aktivität	Absatzmarkt
Institutionen-gestaltung	Gestaltung von Institutionen des Beschaffungsmarktes (z. B. Einkaufskooperationen, Vertragsgestaltung mit Zulieferern)	Gestaltung unternehmens-interner Institutionen (z. B. Übergang von der U-Form zur M-Form, Vertragsgestaltung mit Arbeitnehmern)	Gestaltung von Institutionen des Absatzmarktes (z. B. Reputation des Anbieters, Vertragsgestaltung mit dem Kunden)
Ressourcen-aufbau und Ressourcen-einsatz	Bezug rentengenerierender Ressourcen von unvollkommenen Faktormärkten oder allgemeiner Ressourcen von funktionierenden Faktormärkten	unternehmensinterner Aufbau neuer Ressourcen sowie Einsatz und Multiplikation bestehender Ressourcen, Transformationsprozesse von Input zu Output	Verwertung von Unternehmenressourcen (Veräußerung an andere Unternehmen, Einbringen in Kooperationen oder Einfügen in Produkte)
Aufbau von Marktmacht	Aufbau von Marktmacht gegenüber Zulieferern von Vorprodukten und Rohstoffen sowie gegenüber Arbeitnehmern	Gestaltung der Wertkette und ihre Verknüpfüng mit Zulieferern und Kunden	Aufbau von Marktmacht gegenüber aktuellen und potentiellen Konkurrenten, Anbietern von Substituten und gegenüber Kunden

Abb. 16: Generierung von unternehmerischen Renten durch Institutionengestaltung, Ressourcenentwicklung und Ressourceneinsatz sowie Aufbau von Marktmacht.

wirtschaften. Die in den drei theoretischen Richtungen hierfür jeweils empfohlenen Ansatzpunkte verdeutlicht nochmals die obenstehende Abbildung.

Mit diesem allgemeinen Bezugsrahmen wird der von Mahoney und Pandian vorgeschlagenen Forschungsmethodik gefolgt:

> »Competitive advantage is a function of industry analysis, organizational governance and firm effects (in the form of resource advantages and strategies). ... Simultaneous attention to these research streams is precisely the approach that warrants future research«. (Mahoney/Pandian 1992, S. 375)

4.5 Zusammenfassung

Im vorigen Hauptkapitel wurden mit der Neuen Institutionenökonomik, dem Resource-Based View of the firm und dem Strategieansatz nach Porter die theoretischen Grundlagen dargestellt, um Forschung und Entwicklung bzw. Innovation in Unternehmen analysieren und verstehen zu können. FuE-Management im Verständnis dieses Buches ist vor allem die Gestaltung organisatorischer Rahmenbedingungen (Institutionelle Rahmenbedingungen wie Regeln, Organisationsformen, Anreiz- und Kontrollsysteme für FuE im Unternehmen) und das Management der im FuE-Bereich eingesetzten Ressourcen (vor allem Aufbau und Einsatz unternehmerischer FuE-Kompetenzen). Dabei darf das marktliche Umfeld, vor allem die Branche, in der das Unternehmen operiert, nicht aus dem Blickwinkel verloren werden.

Literaturhinweise

Zur Neuen Institutionenökonomik: *Picot, A./Dietl, H./Franck, E.* (2002): Organisation, 3. Aufl., Stuttgart 2002.

Zum Resource-Based View of the firm: *Burr, W.* (2002): Service Engineering bei technischen Dienstleistungen, Wiesbaden 2002, S. 27–90.

Zum Strategieansatz der Industrial-Organization-Forschung: *Porter, M. E.* (1983): Wettbewerbsstrategie, Frankfurt/Main 1983.

5 Ausgewählte Aktionsfelder, Strategien und Methoden des Innovationsmanagements von Unternehmen

Nachfolgend werden ausgewählte Aktionsfelder, Strategien und Methoden des unternehmerischen Innovationsmanagements vorgestellt. Es kann dabei in diesem Buch nur ein kleiner Ausschnitt von Herausforderungen und Fragestellungen des unternehmerischen Innovationsmanagements behandelt werden. Besonderer Wert wird dabei, wo angebracht und notwendig, auf die theoretische Fundierung der Ausführungen gelegt.

Im nächsten Kapitel werden Technologieportfolios als Methodik der Technologieplanung in Unternehmen behandelt. Mithilfe dieser Methodik können Unternehmen attraktive Technologiefelder identifizieren und Prioritäten für ihre FuE-Anstrengungen festlegen. Im folgenden Kapitel wird dann die Frage der Eigenforschung bzw. des Fremdbezugs (Make or Buy) von Forschungsergebnissen von Dritten erörtert. Es wird deutlich werden, dass es eine Vielzahl von organisatorischen Alternativen zur Eigenforschung in eigenen FuE-Labors gibt und dass die Auswahl der besten organisatorischen Alternative mithilfe von theoretischen Konzepten unterstützt werden kann. Das nächste Kapitel behandelt eine Spezialfrage der Make or Buy-Problematik, nämlich den Aufbau neuer Forschungs- und Geschäftsfelder durch internes oder externes Venture-Management. Im darauf folgenden Kapitel werden Instrumente des Projektmanagements und die Bedeutung einer innovationsfreundlichen Unternehmenskultur als Koordinationsinstrumente für die Eigenerstellung von Forschungsaufgaben im Überblick dargestellt. Auf der Grundlage der durch die Technologieplanung definierten Prioritäten, der getroffenen Make or Buy-Entscheidungen für die Einbindung von Technologien und der für die Eigenforschung gewählten Koordinationsinstrumente werden dann abschließend zwei Spezialprobleme des Innovationsmanagements behandelt. Der Schutz der eigenen Forschungsergebnisse mithilfe von Patenten (Patentierungsstrategie vor allem für selbst erforschte und entwickelte Technologien) und die Möglichkeit der Überlassung eigener FuE-Ergebnisse an Dritte im Wege der Lizenzvergabe (Lizenzierungsstrategien als Möglichkeit der externen Technologieverwertung).

5.1 Technologieportfolios als Instrumente zur Planung von FuE-Programmen und -Projekten

Die Portfoliotechnik ist ursprünglich entwickelt worden für die Optimierung von Finanzanlagen unter Ertrags- und Risikogesichtspunkten (vgl. Markowitz 1952). Von Unternehmensberatungen wurde die Portfoliotechnik in den 1960er und 1970er Jahren für die Strategie- und Investitionsplanung nutzbar gemacht (z.B. BCG-Matrix, McKinsey-Matrix) (vgl. hierzu Vahs/Burmester 2002, S. 122f.). Ein weiteres Anwendungsfeld der Portfoliotechnik ist neben der Strategie- und Investitionsplanung vor allem auch die Technologieplanung von Unternehmen. Technologieportfolios bezwecken nicht die strategische Planung von strategischen Geschäftseinheiten (wie in der BCG- und McKinsey-Matrix), sondern die strategische Planung der gleichsam hinter Produkten stehenden, im Unternehmen vorhandenen oder noch zu entwickelnden Technologien und Technologiefelder (vgl. Vahs/Burmester 2002, S. 124).

Viele Unternehmen haben in den letzten Jahren ihre Aufwendungen für Forschung und Entwicklung gesteigert, um im internationalen Innovationswettbewerb mithalten zu können. Einer fortgesetzten Steigerung der Ausgaben für Forschung und Entwicklung sind allerdings durch die finanzielle Leistungsfähigkeit und die Risikotragfähigkeit von Unternehmen prinzipielle Grenzen gesetzt: »Die unternehmerische Antwort auf den intensiveren Wettbewerb kann ... **nicht** darin bestehen, immer **mehr** für Forschung und Entwicklung auszugeben. Es geht vielmehr darum, die Investitionen in Forschung und Entwicklung wirksamer zu steuern« (Saad et al. 1991, S. 13, zitiert nach Ernst 2002, S. 6).

Technologieportfolios sind ein Instrument zur Ausrichtung von Forschung und Entwicklung an der Unternehmensstrategie, zur strategiegeleiteten Auswahl von FuE-Projekten und zur Verbesserung der Allokation von FuE-Ressourcen. Mit der Portfoliomethodik können Entscheidungen über die Aufnahme, Fortführung oder den Abbruch von Forschungsprojekten getroffen sowie Prioritäten für den Ressourceneinsatz (Finanzmittel, Personalkapazität von Ingenieuren und Forschern, Sachmittel wie Labore und Geräte, Zeit) festgelegt werden (vgl. Ernst 2002, S. 6, unter Bezugnahme auf Saad et al. 1991, S. 13f., 95).

Nachfolgend werden Technologieportfolios dargestellt, wie sie vor allem von Pfeiffer et al. konzipiert worden sind. Die Grundstruktur des Technologieportfolios zeigt die nachfolgende Abbildung.

Das Technologieportfolio nach Pfeiffer et al. ist wie jedes Portfolio durch zwei Achsen gekennzeichnet. Auf der Längsachse ist als unternehmensinterne Variable die Ressourcenstärke des Unternehmens relativ zu seinen Wettbewerbern abgetragen. Diese Ressourcenstärke bestimmt die Fähigkeit eines Unternehmens, eigene Technologien zu entwickeln. Auf der

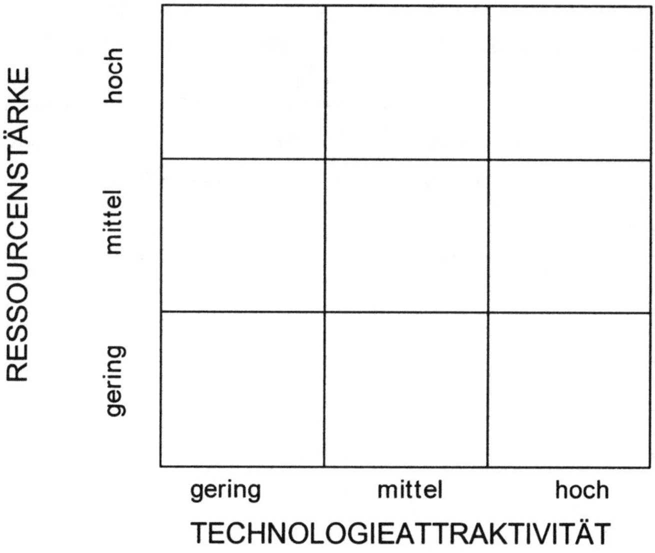

Abb. 17: Grundstruktur des Technologieportfolios (Quelle: nach Pfeiffer et al. 1991, S. 99)

Hochachse ist als unternehmensexterne, vom Unternehmen kaum zu beeinflussende Umweltvariable die Technologieattraktivität normiert (vgl. Vahs/Burmester 2002, S. 124).

Für die Entwicklung eines aussagekräftigen Technologieportfolios schlagen Pfeiffer et al. eine Vorgehensweise in vier Schritten vor (vgl. Pfeiffer et al. 1991, S. 78f.):

1. Identifikation und Systematisierung der im Unternehmen vorhandenen Technologien
2. Erstellung des Technologieportfolios zur Beurteilung der im Unternehmen gegenwärtig (Zeitpunkt t_0) vorhandenen Technologien
3. Vergleich des gegenwärtigen Technologieportfolios (Zeitpunkt t_0) mit dem erwarteten Technologieportfolio zu einem zukünftigen Zeitpunkt t_1, um mögliche Defizite und Gefahren bei den für das Unternehmen bedeutsamen Technologien frühzeitig zu erkennen
4. Ableitung von Normstrategien bzw. Empfehlungen zur Ressourcenallokation

Zu 1.: Identifikation und Systematisierung der im Unternehmen vorhandenen Technologien

Bei diesem ersten Arbeitsschritt ist die Hauptaufgabe, die hinter den strategischen Geschäftseinheiten bzw. Produkten des Unternehmens stehenden Technologien oder Technologiefelder zu identifizieren.

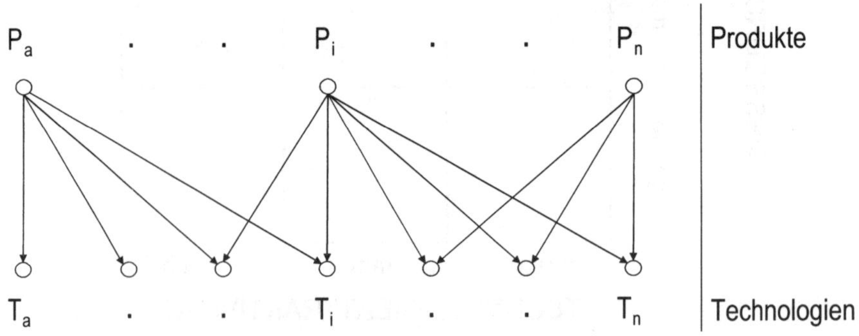

Abb. 18: Zum Zusammenhang von Produkten und Technologien des Unternehmens (Quelle: Pfeiffer et al. 1991, S. 81)

Für die Identifikation und Analyse der im Unternehmen vorhandenen Technologien ist es erforderlich, die Produkte, in die die Technologien einfließen, zu untergliedern in Subsysteme, Baugruppen und einzelne Komponenten. Erst eine disaggregierte Betrachtung der Produkte des Unternehmens ermöglicht die Identifikation der in Subsystemen, Baugruppen und einzelnen Komponenten eingesetzten Technologien. Die nachfolgende Abbildung verdeutlicht das prinzipielle Vorgehen.

Dekomposition von Produkten zur Identifikation von Technologien

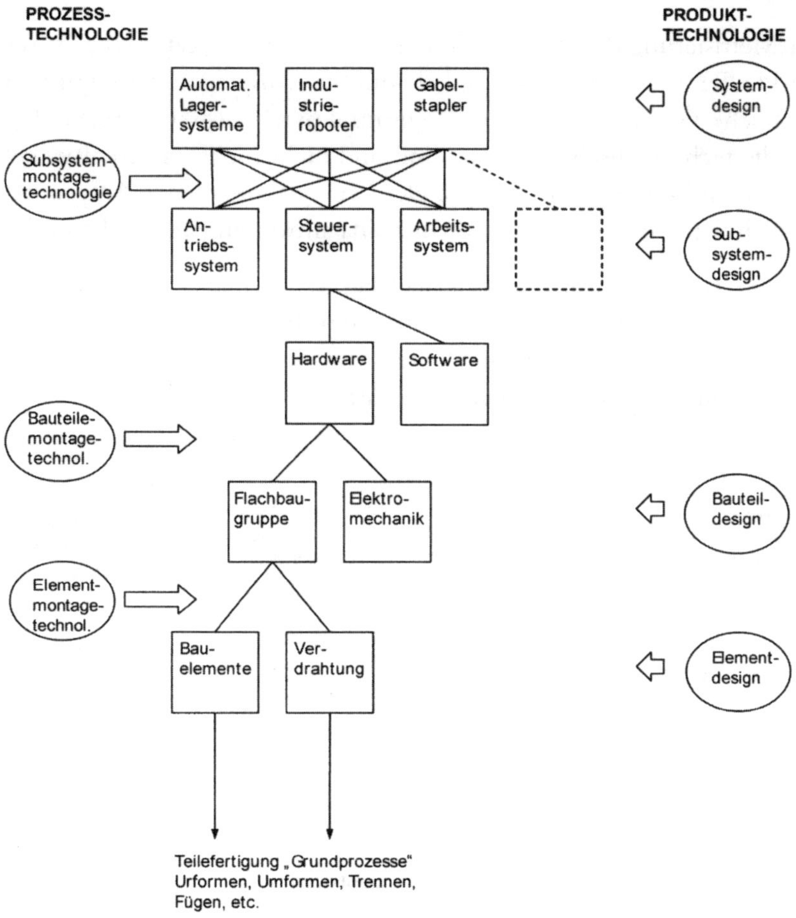

Abb. 19: Untergliederung von Produkten in Teilelemente und Identifikation von Technologien (Quelle: Pfeiffer et al. 1991, S. 83)

Zu 2.: Erstellen des Technologieportfolios

Zur Erstellung des Technologieportfolios müssen die beiden Achsendimensionen »Technologieattraktivität« und »Ressourcenstärke« definiert und operationalisiert werden.

Die Technologieattraktivität bezeichnet das in einer Technologie noch steckende und damit noch nicht ausgeschöpfte Entwicklungs- und Anwendungspotenzial. Diese Dimension des Technologieportfolios kann untergliedert werden in eine technisch-physikalische Potenzialdimension und eine ökonomische Bedarfsdimension bzw. Anwendungsdimension (vgl. hierzu die nachfolgende Abbildung).

Zur Metrisierung der Portfoliodimension »Technologieattraktivität« schlagen Pfeiffer et al. eine Nominalskala mit den Ausprägungen »gering, mittel, hoch« vor. Geringe Technologieattraktivität liegt bei Technologien vor, die technologisch ausgereizt sind und nicht mehr weiterentwickelbar sind (Potenzialdimension) und die gleichzeitig abnehmende Anwendungsmöglichkeiten und Anwendungsvolumina aufweisen (Bedarfsdimension).

Mittlere Technologieattraktivität liegt bei Technologien vor, die noch in gewissem Umfang weiter entwickelbar sind (Potenzialdimension) und bei denen die Anwendungsmöglichkeiten von der Zahl und vom Volumen her auf hohem Niveau stagnieren (Bedarfsdimension).

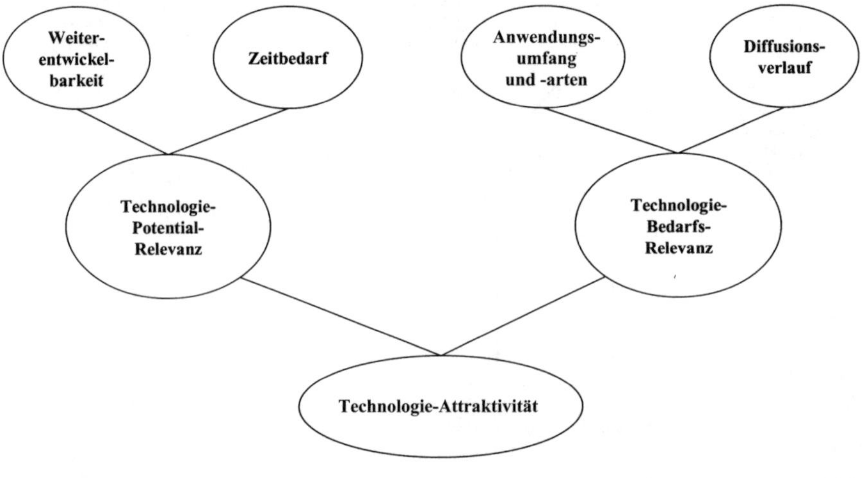

Abb. 20: Dimensionen der Technologieattraktivität (Quelle: Pfeiffer et al. 1991, S. 88)

Hohe Technologieattraktivität liegt vor bei Technologien, die noch erhebliche Weiterentwicklungsmöglichkeiten aufweisen, d.h. deren Weiterentwicklung gerade begonnen hat (Potenzialdimension) und bei denen die Anwendungsmöglichkeiten von der Zahl und vom Volumen her stark zunehmen (Bedarfsdimension).

Objektiv messbare Indikatoren für die Technologieattraktivität können somit beispielsweise der Zeitbedarf oder die Kosten zur Erreichung der nächsten technologischen Entwicklungsstufe, die Zahl der noch erschließbaren Anwendungsfelder (Anwendungsbreite) bzw. die Zahl der Verfeinerungen der bestehenden Anwendungen (Anwendungstiefe) oder die mithilfe der Technologie bei den Endprodukten noch prinzipiell realisierbaren physikalischen Performancesteigerungen sein (z.B. Beurteilung der Technologieattraktivität im Automobil- und vor allem Motorenbau unter den Aspekten noch ausschöpfbare Reduktionsmöglichkeiten bei Gewicht, Kraftstoffverbrauch, Größe, Lärmemissionen und Schadstoffemissionen bzw. noch bestehende Potenziale zur Leistungssteigerung oder Geschwindigkeitserhöhung).

Die zweite Portfoliodimension »Ressourcenstärke« ist im Gegensatz zur Technologieattraktivität eine endogene, vom Unternehmen beeinflussbare Größe. Die Dimension Ressourcenstärke muss ebenfalls definiert und operationalisiert werden. Pfeiffer et al. führen hierzu aus: »Unter Ressour-

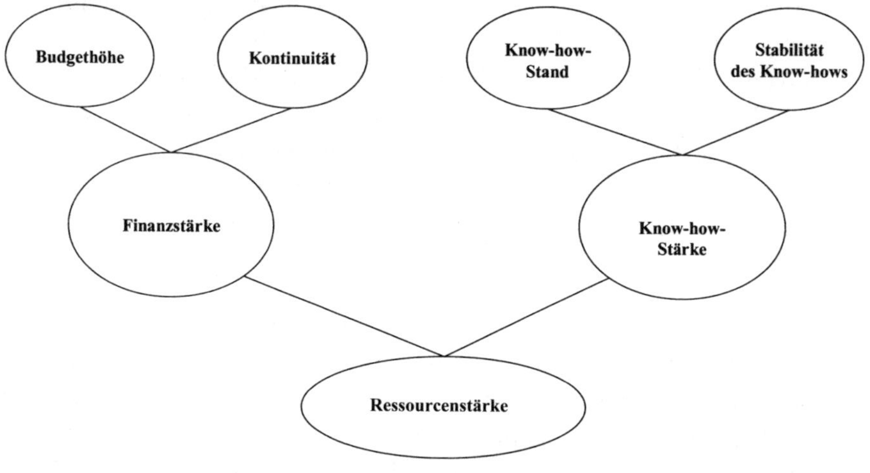

Abb. 21: Dimensionen der Ressourcenstärke (Quelle Pfeiffer et al. 1991, S. 91)

censtärke werden also die zur Realisierung des Technologiepotenzials nötigen, im Unternehmen bereits vorhandenen Mittel – letztlich gemessen in Relation zur Konkurrenz – berücksichtigt (Pfeiffer et al. 1991, S. 89).« Pfeiffer et al. konzentrieren ihre Betrachtung auf zwei Kategorien von Ressourcen, nämlich für FuE vorhandene Finanzmittel (FuE-Budgets) und Know-how.

Zur Metrisierung der Dimension »Ressourcenstärke« schlagen Pfeiffer et al. ein ähnliches Vorgehen wie bei der Dimension »Technologieattraktivität« vor, d.h. eine verbale Beschreibung in den Kategorien »gering, mittel, hoch«. Eine gering ausgeprägte Ressourcenstärke ist gleichbedeutend mit einer Ressourcenlücke relativ zu Wettbewerbern. Eine mittlere Ressourcenstärke liegt vor, wenn eine der beiden Ressourcenkategorien (Finanzmittel oder Know-how) nur ungenügend vorhanden ist. Eine hohe Ressourcenstärke indiziert, dass Know-how und Finanzmittel für die Technologieentwicklung in ausreichendem Maße vorhanden sind (vgl. Pfeiffer et al. 1991, S. 91 f.).

Als Indikatoren zur Bestimmung der relativen Ressourcenstärke des Unternehmens können die absolute Höhe der FuE-Ausgaben, personelle und sachliche Kapazitäten im FuE-Bereich oder das im Unternehmen vorhandene Know-how (anhand der Zahl und/oder der Qualität der Patente) herangezogen werden (Pfeiffer et al. 1991, S. 90). Es ist darauf hinzuweisen, dass große Probleme bei der direkten Messung von Know-how im Unternehmen bestehen. Denkbar ist die Möglichkeit einer indirekten Messung, z.B. über die subjektive Bewertung durch Fachleute oder – wie oben dargestellt – über Ersatzindikatoren wie z.B. Zahl oder Qualität der Patente. Die Problematik einer solchen Bewertung (Subjektivität, erhebliche Probleme bei der Erfassung und Bewertung des Know-hows von Konkurrenten, Ausblendung eines großen Teils des unternehmerischen Wissens, nämlich des impliziten Wissens, aus der Betrachtung) ist offensichtlich.

Es bleibt festzuhalten, dass sich sowohl bei der Operationalisierung der Portfoliodimension »Technologieattraktivität« als auch der Portfoliodimension »Ressourcenstärke« sowie bei der Ermittlung der Gewichte für die Indikatoren prinzipiell ähnliche Probleme bei beiden Portfoliodimensionen und ähnliche Probleme wie bei Patentportfolios (vgl. hierzu Kapitel 5.3.3) stellen.

Nach der Identifikation der im Unternehmen vorhandenen Technologien und ihrer Bewertung anhand der Dimensionen Technologieattraktivität und Ressourcenstärke können sie im Technologieportfolio durch Eintragung an der entsprechenden Stelle positioniert werden.

Zu 3.: Vergleich des gegenwärtigen mit dem zukünftig erwarteten Technologieportfolio

Nach der Ermittlung der im Unternehmen gegenwärtig vorhandenen Technologien in einem Technologieportfolio (Ist-Situation zum Zeitpunkt t_0) ist in einem nächsten Schritt ein auf einen Zeitpunkt t_1 in der Zukunft hin abgestelltes Technologieportfolio gemäß der gleichen Methodik wie unter 2. dargestellt zu ermitteln. Wesentlich für die Erstellung dieses zukunftsorientierten Technologieportfolios ist eine Prognose der zum zukünftigen Zeitpunkt t_1 bedeutenden Technologien, die zu den gegenwärtig im Unternehmen vorhandenen Technologien in einem Konkurrenzverhältnis stehen können.

Die nachfolgende Abbildung verdeutlicht die Vorgehensweise anhand der im gegenwartsbezogenen Technologieportfolio dargestellten Fertigungs-

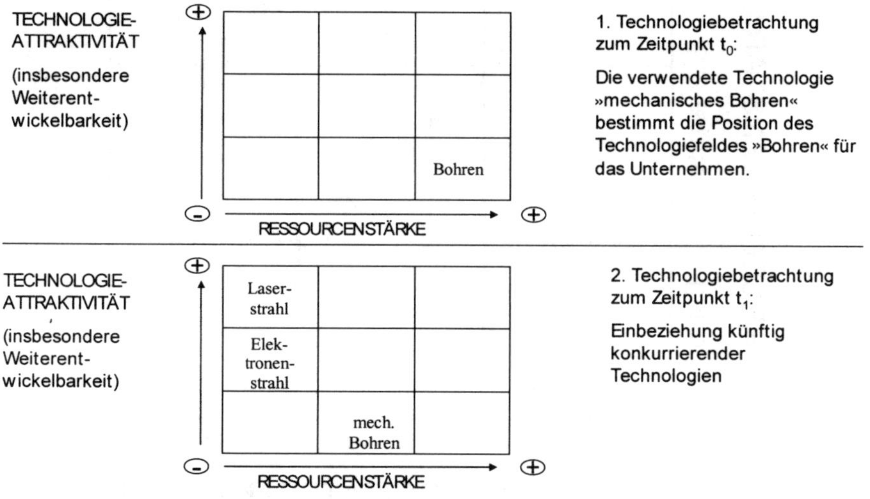

Abb. 22: Früherkennung konkurrierender Technologien und ihre Positionierung in zukunftsorientierten Technologieportfolios (Quelle: Pfeiffer et al. 1991, S. 94)

technologie »mechanisches Bohren«, die mit den im zukunftsbezogenen Technologieportfolio dargestellten konkurrierenden Fertigungstechnologien (Bohren mit Elektronenstrahlen, Bohren mit Laserstrahlen) verglichen wird.

Zu 4.: Ableitung von Normstrategien bzw. Empfehlungen zur Ressourcenallokation

Anhand der Positionierung der Technologie innerhalb des Technologieportfolios können konkrete Handlungsempfehlungen bzw. Investitionsstrategien abgeleitet werden. Die grundsätzlichen Handlungsempfehlungen verdeutlicht die nachfolgende Abbildung.

Je nach Positionierung im Portfolio sollte eine Technologie entweder weiterhin oder erstmalig erforscht (»Investieren«) oder nicht mehr erforscht (»Desinvestieren«) werden bzw. es sollte unter Einholung zusätzlicher Daten fallweise über die Fortführung oder Einstellung der Forschung

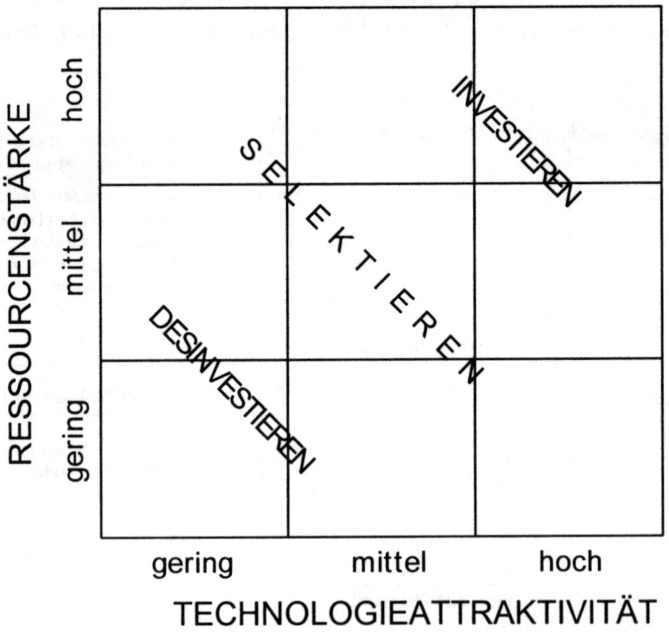

Abb. 23: Strategieempfehlungen des Technologieportfolios (Quelle: Pfeiffer et al. 1991, S. 99)

in dem entsprechenden Technologiefeld (»Selektieren«) entschieden werden (vgl. Pfeiffer et al. 1991, S. 98–102).

Mithilfe der Portfoliomethode können somit das gesamte FuE-Programm eines Unternehmens und einzelne FuE-Projekte unter dem Aspekt der Auswahl zu erforschender Technologien und unter dem Aspekt der Ressourcenallokation geplant werden.

5.2 Make or Buy von Technologien

Die Frage der Eigenerstellung bzw. des Fremdbezugs wird üblicherweise in Bezug auf Produkte bzw. Produktkomponenten sowie in Bezug auf Dienstleistungen bzw. Subdienstleistungen gestellt. Die Make or Buy-Frage kann aber auch bezüglich neuer Technologien und Techniken gestellt werden. Unternehmen stehen nicht nur vor der Frage, ob sie ein bestimmtes Vorprodukt selbst fertigen bzw. ob sie eine bestimmte Dienstleistung selbst erstellen sollen, sondern auch, ob sie eine in Frage stehende neue Technologie selbst erforschen und entwickeln sollen. Mit den verschiedenen Möglichkeiten, wie sich ein Unternehmen eine benötigte Technologie beschaffen kann, beschäftigt sich dieses Kapitel. Im nächsten Kapitel wird dann die Frage erörtert, wie ein Unternehmen seine vorhandenen Technologien mithilfe von Lizenzvergabe verwerten kann. Beide Kapitel zusammen behandeln somit die Akquisition und Verwertung von Technologien als eine Kernfragestellung des unternehmerischen Technologie- und Innovationsmanagements.

5.2.1 Einbindungsformen, Methoden und Strategien der Technologieakquisition

Auf dem Kontinuum zwischen Markt und Hierarchie gibt es verschiedene Einbindungsformen, durch deren Nutzung Unternehmen Technologien akquirieren können (vgl. die nachfolgende Abbildung).

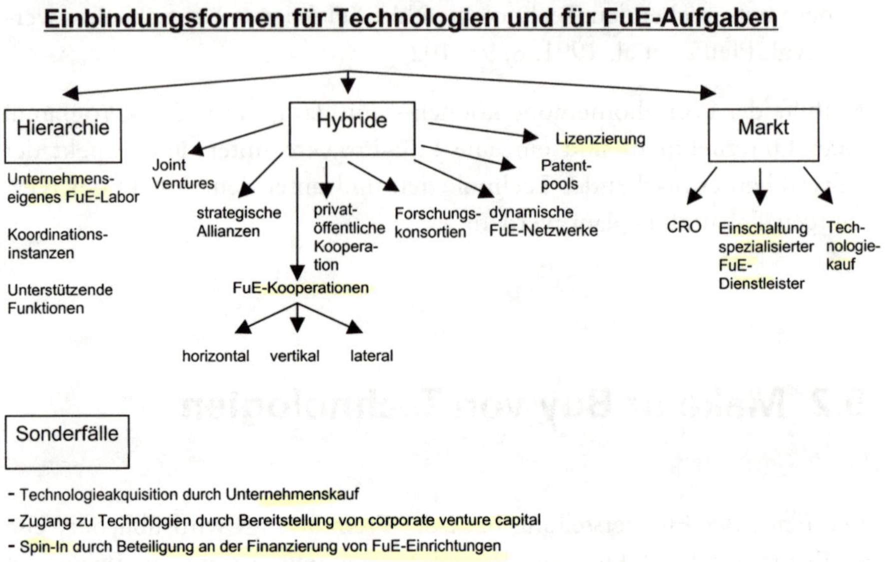

Abb. 24: Einbindungsformen für Technologien und FuE-Aufgaben

Zum **marktlichen Fremdbezug** von Technologien gehört vor allem der Technologiekauf, bei dem ein Kunde von einem Anbieter eine bereits fertig entwickelte Technologie z.B. in Form eines Patentes erwirbt, ohne dass diese Technologie vorher nach den Vorgaben des Käufers entwickelt wurde (z.B. Kauf von Standardtechnologien).

Zu nennen ist beim marktlichen Fremdbezug von Technologien des Weiteren die Möglichkeit der Auftragsforschung: Spezialisierte FuE-Dienstleister (sog. Contract Research Organizations CRO's, z.B. in der Automobilindustrie das Entwicklungszentrum von Porsche in Weissach oder der auf die Automobilindustrie spezialisierte Ingenieurdienstleister Bertrand) übernehmen für ihre Kunden ganze Forschungs- und Entwicklungsprojekte. Diese FuE-Dienstleister treten die Forschungs- und Entwicklungsergebnisse nach Abschluss des gemäß den Spezifikationen des Kunden durchgeführten Projektes an den Kunden ab. Einen Spezialfall hierzu stellt die Einschaltung spezialisierter Dienstleistungsunternehmen in Teilschritte des FuE-Prozesses dar, wobei der gesamte FuE-Prozess aber noch durch das Kundenunternehmen gesteuert und die strategisch bedeutsamen Aktivitäten (z.B. die eigentliche Arbeit in den Forschungslabors) dieses Prozesses vom Kundenunternehmen selbst wahrgenommen werden. Beispiele hierfür sind das Auftreten spezialisierter Dienstleister, die für Pharmafirmen den Zulassungsprozess für neue Medikamente bei den Gesundheitsbehörden steuern. Denkbar ist auch die Einschaltung spezialisierter Dienstleister wie z.B. von Marktforschungsinstituten, Patentrechercheagenturen oder Unternehmensberatern bzw. Trainern für Kreativitätstechniken (z.B. Brainstorming). Die Einschaltung solcher Dienstleister ermöglicht es dem Unternehmen, sich auf die strategisch bedeutsamen Forschungsaufgaben zu konzentrieren und von Vorteilen der Arbeitsteilung zu profitieren. Der Unterschied zum CRO-Modell ist darin zu sehen, dass CRO's die Fähigkeit haben, den ganzen FuE-Prozess von der Konzeptentwicklung bis zum Abschluss des FuE-Projektes zu übernehmen. Da es bei der Einschaltung eines spezialisierten FuE-Dienstleisters oftmals zu einer engen, fortlaufenden Zusammenarbeit zwischen FuE-Dienstleister und Kunde kommt, weisen diese Modelle der FuE-Organisation eine Nähe zu den nachfolgend vertieften Hybridmodellen auf.

Die Alternative zum marktlichen Fremdbezug ist die Eigenforschung und Eigenentwicklung in der FuE-Abteilung des eigenen Unternehmens (**Hierarchie**). Zur hierarchischen FuE-Organisation zählen neben den mit den eigentlichen Forschungsaufgaben und der technischen Entwicklung befassten FuE-Laboren auch die Koordinationsinstanzen (z.B. Lenkungsgremien für FuE-Projekte, Ausschüsse zur Bestimmung der FuE-Strategie, mit Fragen der FuE-Finanzierung und der Überwachung der Finanzmittelverwendung befasste Budget- und Controllingabteilungen) sowie die Unternehmensbereiche, die die FuE-Abteilung bei ihrer Aufgabenerfüllung unterstützen (Personalabteilung zur Betreuung von FuE-Mitarbeitern, Beschaffungswesen für technische Geräte und Labormaterial).

Marktlicher Fremdbezug und hierarchische Eigenerstellung sind die beiden Extremformen von Koordinationsmechanismen für FuE-Aufgaben. Dazwischen gibt es eine Vielzahl von **Hybridformen** der Technologieakquisition, die marktliche und hierarchische Elemente kombinieren.

Zu nennen sind hier horizontale FuE-Kooperationen, in deren Rahmen zwei oder mehr private Unternehmen derselben Branche und Produktionsstufe in ihren jeweiligen Forschungsabteilungen an einem gemeinsamen Forschungsprojekt arbeiten. Ein Beispiel hierfür ist die langjährige

Forschungszusammenarbeit von Siemens, IBM und Toshiba bei der Entwicklung des 256 MB DRAM-Chips. Meistens handelt es sich bei den kooperierenden Unternehmen um direkte Konkurrenten, die nach Möglichkeiten der Zusammenarbeit (coopetition als Versuch, Wettbewerb und Kooperation zu vereinbaren) z.B. im vorwettbewerblichen Bereich der Grundlagenforschung oder auf Drittmärkten oder in Forschungsfeldern von geringerer strategischer Bedeutung streben.

Bei vertikalen FuE-Kooperationen kooperieren zwei oder mehr private Unternehmen derselben Branche, die aber unterschiedlichen Produktionsstufen angehören, bei einem Forschungsvorhaben. Solche vertikalen FuE-Kooperationen finden sich beispielsweise in der Automobilindustrie bei der Entwicklungszusammenarbeit zwischen Automobilzulieferer und Endhersteller.

Bei lateralen FuE-Kooperationen kooperieren zwei oder mehr private Unternehmen aus unterschiedlichen Branchen. Ein Beispiel hierfür wäre die Kooperation eines Speicherchipproduzenten mit einem Chemieunternehmen bei der Entwicklung neuer Herstellverfahren und Ausgangsmaterialien für Speicherchips.

Neben Kooperationen zwischen privaten Unternehmen untereinander sind gerade im FuE-Bereich oftmals auch privat-öffentliche Kooperationen zwischen privaten Unternehmen und öffentlichen Forschungseinrichtungen (Universitäten, Fraunhofer-Institute oder Ministerien der Forschungsförderung, die kooperative Forschungsprojekte der Privatwirtschaft unterstützen) zu beobachten.

Eine weitere Hybridform sind Joint Ventures zwischen privaten Unternehmen im FuE-Bereich. Hierbei gründen zwei oder mehr private Unternehmen ein Gemeinschaftsunternehmen, das die gemeinsame Forschung (und ggf. auch die Produktion) betreibt. Ein bekanntes Beispiel hierfür ist das sehr erfolgreiche Joint Venture von Siemens und Bosch im Bereich der Haushaltsgeräte (Bosch Siemens Haushaltsgeräte). Ebenfalls ist in der Kategorie Joint Venture die Zusammenarbeit zwischen privaten Unternehmen in Institutionen der Gemeinschaftsforschung, die oftmals von diesen Unternehmen finanziert und gemeinsam betrieben werden, zu nennen.

Zu den Hybridformen zählen auch langfristig angelegte, strategische Allianzen zwischen privaten Unternehmen in für die teilnehmenden Unternehmen sehr bedeutsamen FuE-Feldern (coopetition). Ein Beispiel ist hier die Kooperation von DaimlerChrysler mit Ford bei der Entwicklung der Brennstoffzelle als neuer potenzieller Antriebsquelle für Automobile.

Im Gegensatz zu langfristig angelegten strategischen Allianzen steht die Teilnahme an auf kurzfristige und fallweise Zusammenarbeit mit wechselnden Partnern ausgelegten dynamischen FuE-Netzwerken (Beispiel: Entwicklung von Internetsoftware oder Multimedialösungen im Silicon Valley durch je nach Kundenauftrag kurzfristig wechselnde Zusammenarbeit zwischen Unternehmen) oder die Teilnahme an projektbasierten, befristeten Forschungskonsortien, die Unternehmen verschiedener Wertschöpfungsstufen und Branchen zusammenführen (z.B. das Sematech-Konsortium zur Verbesserung der Technologieposition in der amerikanischen Halbleiterindustrie).

Die Lizenznahme von anderen Unternehmen gegen Entrichtung einer Lizenzgebühr oder gegen Überlassung einer eigenen Technologie (Cross Licensing) ist für Unternehmen ebenfalls eine bedeutende Einbindungsform für Technologien. Im Gegensatz zum Technologiekauf (vollständiger Eigentumsübergang der Technologie auf den Käufer, marktlicher Fremdbezug) wird bei der Lizenznahme vor allem das Recht auf die Nutzung der Technologie vom Lizenzgeber an den Lizenznehmer abgetreten, während andere Teilrechte (z.B. das Recht zur Weiterentwicklung der Technologie, zur Vergabe weiterer Lizenzen) noch ganz oder teilweise beim Lizenzgeber verbleiben können (vgl. hierzu auch die Ausführungen in Kapitel 5.4.2.1). Lizenzierung führt oftmals zu einer langfristig angelegten, engen Zusammenarbeit zwischen Lizenzgeber und Lizenznehmer vom Technologietransfer bis hin zur gemeinsamen Markterschließung und Werbung. Daher ist Lizenzierung als Hybridform und nicht als marktlicher Fremdbezug von Technologien zu klassifizieren. Von dem CRO-Modell unterscheidet sich Lizenzierung durch die oftmals langfristig angelegte Zusammenarbeit zwischen den Lizenzpartnern (bisweilen 15 bis 20 Jahre), während die Zusammenarbeit mit einem CRO oftmals projektbezogen und auf einen kurz- bis mittelfristigen Zeitraum beschränkt ist.

Sehr ähnlich zu einem Cross Licensing-Abkommen ist die Teilnahme an einem Patentpool. Hierbei legen Unternehmen Technologien in einem Pool zusammen, um die gemeinsame Verwertung dieser Technologien

(z. B. gegenüber Lizenznehmern) oder den gegenseitigen Zugang zu den gepoolten Technologien sicherzustellen.

Ein weiterer hybrider Modus der Technologieakquisition ist der Abschluss langfristiger Lieferabkommen und langfristiger Technologie-Sharing-Abkommen (ggf. unterlegt mit einer Minderheitsbeteiligung) mit Spin-Offs des eigenen Unternehmens. Zweck solcher Abkommen ist es, den aus dem eigenen Unternehmen ausgegliederten Spin-Offs eine Anschubfinanzierung zu geben. Dabei erfolgt ein Spin-Off sehr oft mit der Zielsetzung, für die neue Technologie außerhalb der bürokratischen Strukturen des eigenen Unternehmens ideale Entwicklungsbedingungen zu schaffen oder Risiken der Technologieentwicklung für das eigene Unternehmen zu reduzieren, aber dennoch einen Zugang zu dieser Technologie zu sichern, um bei ihrer erfolgreichen Durchsetzung im Markt später die Spin-Off-Einheit wieder akquirieren zu können.

Einen **Sonderfall**, der in das Markt-Hierarchie-Kontinuum schwer einzuordnen ist, stellt die Technologieakquisition via Kauf eines anderen Unternehmens dar. Einerseits handelt es sich hierbei um eine Markttransaktion, die aber andererseits die FuE-Eigenerstellungskapazitäten des übernehmenden Unternehmens vergrößert. So haben beispielsweise Unternehmen der Netzwerkausrüsterbranche (Hersteller von Glasfaser- und Mobilfunknetzen für die Telekommunikationsbranche) in den letzten Jahren vor allem auf Technologieakquisition durch Unternehmensakquisition gesetzt. Bekannt für seine Fähigkeiten zur Integration übernommener Unternehmen und zur Nutzbarmachung ihrer Technologien ist der Netzwerkausrüster Cisco geworden.

Einen weiteren **Sonderfall** stellt es dar, wenn Unternehmen Venture Capital für neu gegründete Unternehmen bereitstellen (corporate venture capital), um über eine Minderheits- oder Mehrheitsbeteiligung Zugang zu ihren Technologien zu erhalten und ggf. bei erfolgreicher Entwicklung des neu gegründeten Unternehmens dieses später ganz zu übernehmen. Derartige Möglichkeiten zur Bereitstellung von Venture Capital haben im Regelfall große, finanzstarke Unternehmen wie IBM, Siemens und die Deutsche Telekom AG. Dabei treten diese Unternehmen in Wettbewerb mit Venture Capital Fonds und Private Equity Firmen um die aussichtsreichsten Investitionsmöglichkeiten in junge Technologieunternehmen.

Der umgekehrte Fall eines Spin-Offs ist das »Hineinkaufen« (quasi ein Spin-In) in den FuE-Bereich eines anderen Unternehmens oder einer öffentlichen Forschungseinrichtung, z.B. über Finanzzuschüsse zu Entwicklungsprojekten, Spenden oder eine Minderheitsbeteiligung. Ein bekanntes Beispiel war die Großspende der Bayer AG an die Stanford Universität in USA. Von der Zuwendung wurde ein Forschungsinstitut finanziert, im Gegenzug erhielt die Bayer AG bevorzugten Zugang zu den gentechnischen Forschungsergebnissen der Stanford Universität.

Neben der Wahl einer geeigneten Einbindungsform für FuE-Aufgaben sind weitere Methoden und Strategien der Technologieakquisition zu nennen:

- Kauf von Zulieferteilen und Vorprodukten bzw. Software oder Dienstleistungslösungen, in denen die benötigte Technologie enthalten (embedded) ist,
- Imitation oder Emulation erfolgreicher Technologien von Konkurrenzunternehmen,
- Konkurrenzbeobachtung durch Besuch von Messen, Ausstellungen und Einholung von Informationen über Konkurrenten,
- Rechtliche unzulässige Wirtschaftsspionage,
- Abwerbung von wichtigen FuE-Mitarbeitern bzw. ganzen FuE-Teams von Konkurrenten,
- Strategie des Inventing Around (nach Offenlegung des Patentes eines Konkurrenten werden FuE-Projekte so angelegt, dass unter Umgehung des bestehenden Patentes eine funktionell gleichartige oder zumindest ähnliche technologische Lösung realisiert werden kann) oder
- Strategie des Reverse Engineering (nach Markteinführung eines Konkurrenzproduktes wird dieses von Mitarbeitern der eigenen FuE-Abteilung demontiert und auf die verwendeten Techniken, Materialien bzw. Konstruktionsprinzipien hin untersucht, um Anregungen für die eigene FuE zu erhalten).

Diese zuletzt genannten Methoden und Strategien der Technologieakquisition werden nachfolgend nicht weiter vertieft.

5.2.2 Theoretische Grundlagen zur Erklärung des Make or Buy von Technologien

Die diesem Lehrbuch zugrunde liegenden Theorien lassen sich auch auf die Frage des Make or Buy von Technologien anwenden.

Betrachtung aus Sicht der Transaktionskostentheorie

Hauptzielsetzung einer transaktionskostentheoretischen Analyse ist nach *Williamson* »devise contract and governance structures that have the purpose and effect of economizing on bounded rationality while simultaneously safeguarding transactions against the hazards of opportunism« (Williamson 1985, S. xiii). Die Auswahl zwischen mehreren möglichen Einbindungsformen für Technologien bzw. FuE-Aufgaben kann aus Sicht der Transaktionskostentheorie wie folgt erklärt werden (vgl. die nachfolgende Abbildung).

Die Abwicklung von FuE-Aufgaben in der Hierarchie ist unter den nachfolgenden Bedingungen effizient und empfehlenswert:

Hoch spezifische Investitionen: Sind für ein Forschungsvorhaben spezifische Geräte, die auf diese Forschungsaufgabe besonders zugeschnitten und nicht anderweitig verwendbar sind (Specific Assets, z.B. unterirdische

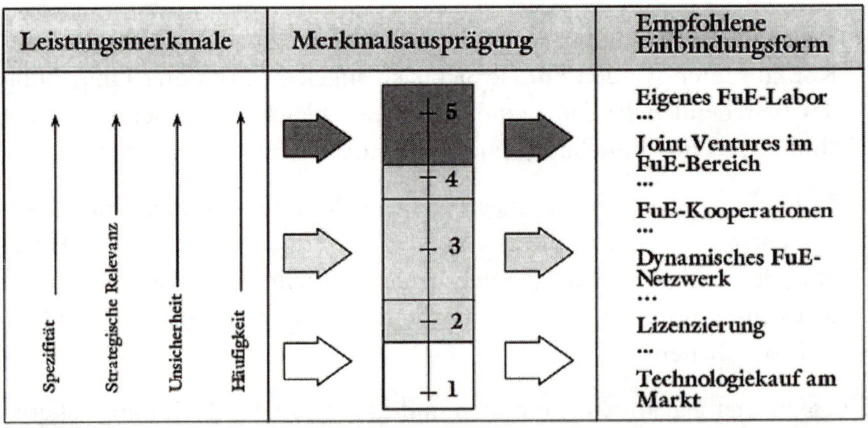

Abb. 25: Einbindungsformen für Technologien und FuE-Aufgaben aus Transaktionskostensicht (Quelle: in Anlehnung an Picot 1991 und Gerybadze 1997 a)

Speicherringe für Elementarteilchenforschung, Testreaktoren zur Erforschung der Kernfusion) sowie der Aufbau neuen, spezifischen Humankapitals beim FuE-Personal ebenso erforderlich wie die Ansiedlung des Labors in der Nähe eines ganz bestimmten Universitätsinstituts oder eines bestimmten FuE-Partners (ortsspezifische Investitionen) und die Schaffung zusätzlicher sachlicher und personeller FuE-Kapazitäten, um gerade diese eine FuE-Aufgabe abwickeln zu können (beziehungsspezifische Investitionen), so spricht dies für Eigenerstellung in der Hierarchie, um drohende Abhängigkeiten von marktlichen Austauschpartnern oder Kooperationspartnern zu vermeiden.

Hohe strategische Bedeutung: Besitzt die zu erforschende Technologie hohe strategische Bedeutung, d.h. trägt sie zur Differenzierung von Wettbewerbern und damit zur Erlangung von Wettbewerbsvorteilen bei und ist sie daher in hohem Maße geheimhaltungsbedürftig, so spricht dies ebenfalls für Eigenforschung in der Hierarchie, um den Abfluss von strategierelevanten Informationen an Konkurrenten oder Zulieferer zu verhindern.

Hohe Unsicherheit: Ist die FuE-Aufgabe durch hohe Unsicherheit gekennzeichnet, d.h. sind häufige Änderungen beim Forschungsgegenstand, der Forschungsrichtung, den Forschungsmethoden sowie mehrmalige Anpassungen der Zeitpläne, der Finanzbudgets und der Einsatzplanung für die sonstigen Ressourcen (Verfügbarkeit von Laboren und technischen Spezialisten) zu erwarten, so spricht dies ebenfalls tendenziell für die Eigenerstellung der entsprechenden FuE-Leistungen. Die Unsicherheit hinsichtlich des Verlaufs und der Ergebnisse des Forschungsvorhabens wird vor allem dann besonders groß sein, wenn sich ein Unternehmen das erste Mal mit der Erforschung einer bestimmten Technologie beschäftigt und daher keine Erfahrung mit dem entsprechenden Technologiefeld hat. Eigenerstellung ist in diesem Fall tendenziell vorzuziehen, um ständige Neuverhandlungen und Anpassungen des mit einem externen Technologielieferanten oder einem Kooperationspartner geschlossenen Vertrages zu vermeiden, was hohe Verhandlungskosten und Spielräume für Hold up des Vertragspartners mit sich bringen kann.

Hohe Häufigkeit: Wird eine bestimmte FuE-Aufgabe in derselben oder einer ähnlichen Form wiederholt erfüllt, so spricht dies ebenfalls tendenziell für die Eigenerstellung, da in diesem Fall gute Bedingungen für die Auslastung einmal geschaffener FuE-Kapazitäten gegeben sind und sich der Aufbau der entsprechenden institutionellen Strukturen im Unternehmen (Technologieausschüsse, FuE-Controlling, Leitungsinstanzen) lohnt. Hohe Häufigkeit wird vor allem bei inkrementeller Weiterentwicklung von Technologien, an denen ein Unternehmen bereits seit Jahren arbeitet, erfüllt sein.

Für den Technologiekauf (d.h. marktlicher Fremdbezug) sprechen umgekehrte Ausprägungen der oben genannten Einflussfaktoren:

Geringe Spezifität, d.h. Einsatz von standardisierten, mehrfach verwendbaren Ressourcen: Sind für die Forschungsaufgabe Mehrzweckgeräte einsetzbar, die für mehrere verschiedene Forschungsaufgaben einsetzbar sind (z.B. Reagenzgläser, Öfen und Geräte zur Trennung von Flüssigkeiten in Chemielabors), können die Aufgaben von breit qualifizierten Mitarbeitern ohne spezifische Kenntnisse des Forschungsgegenstandes bewältigt werden; ist die Nähe zu bestimmten Forschungsinstitutionen nicht von entscheidender Bedeutung und kann die FuE-Aufgabe ohne beziehungsspezifische Investitionen in den Aufbau von zusätzlichen FuE-Kapazitäten (beim Technologielieferanten) bewältigt werden, so spricht dies tendenziell für Fremdbezug der Technologie bzw. Fremdwahrnehmung der entsprechenden FuE-Aufgaben.

Geringe strategische Bedeutung der zu erforschenden Technologie (z.B. nachrangige Bedeutung des Technologiefeldes im Rahmen der gesamten Technologiestrategie des Unternehmens) und dementsprechend geringe Geheimhaltungsprobleme und geringes Differenzierungspotenzial im Wettbewerb begünstigen ebenfalls Fremdbezug der Technologie.

Geringe Unsicherheit liegt vor, wenn das Unternehmen mit der Technologie z.B. aufgrund vorheriger Forschung und umfangreicher Erfahrung mit dem entsprechenden Technologiefeld sehr vertraut ist und daher den Verlauf des Forschungsprozesses und seine Ergebnisse gut abschätzen und planen kann. Dies begünstigt Fremdbezug der entsprechenden Technologie, weil die wesentlichen Details im Vertrag zwischen dem Unternehmen und seinem Technologielieferanten vorab geregelt werden können und der nachträgliche Änderungs- und Anpassungsbedarf bei diesem Vertrag im Allgemeinen gering sein wird.

Geringe Häufigkeit spricht tendenziell ebenso für Fremdbezug, weil bei einem einmaligen Forschungsprojekt in einem bestimmten Technologiefeld (z. B. einmalige Entwicklung einer Technologie für einen bestimmten, einmaligen Kundenauftrag) der Aufbau von auf Dauer angelegten FuE-Kapazitäten und entsprechenden institutionellen Strukturen nicht rentabel ist.

Mittlere Ausprägungen der vier genannten Transaktionskosteneinflussgrößen begünstigen die Auswahl und Implementierung einer hybriden Einbindungsform für die Technologieakquisition (z. B. Joint Venture, FuE-Kooperation, Lizenznahme) je nach Stärke der Merkmalsausprägungen.

Es bleibt anzumerken, dass die ersten beiden Einflussfaktoren (Spezifität, strategische Bedeutung) die maßgeblichen sind, die die Grundentscheidung (Hierarchie, Markt oder hybride Einbindungsform) festlegen. Demgegenüber modifizieren die anderen beiden Einflussfaktoren (Unsicherheit, Häufigkeit) die Grundentscheidung lediglich in gradueller Weise. Beispielsweise ist es denkbar, dass ein Unternehmen bei überdurchschnittlicher Spezifität und überdurchschnittlicher strategischer Bedeutung der Technologie bzw. der Ressourcen zu ihrer Erforschung nicht das eigentlich empfohlene Joint Venture wählt, weil die geringe Unsicherheit und die geringe Häufigkeit eher eine Hybridform mit geringerer Bindungswirkung (z. B. Teilnahme an einem Forschungskonsortium) nahe legt.

Betrachtung aus Sicht der Agency-Theorie

Zu der Frage des Make or Buy von Technologien bzw. Einbindungsformen für FuE-Aufgaben lassen sich auch aus Sicht der Agency-Theorie Erkenntnisse gewinnen.

Bei allen drei grundlegenden Einbindungsformen für FuE-Aufgaben (Markt, Hierarchie und Hybridformen) stellen sich im Regelfall Agency-Probleme.

Technologiekauf liegt vor, wenn ein einzelnes Unternehmen eine für eine anonyme Kundengruppe entwickelte und damit bereits standardisierte Technologie (z. B. Standardanwendungssoftware, einfache Standardmaschinen, gemäß Standardspezifikation produzierte Halbleiter) im Wege des Kaufvertrages erwirbt. Beim Technologiekauf von einem Marktpartner stellen sich vor dem Abschluss des Kaufvertrages für den Principal Probleme, die Qualität (z. B. Aktualität, Ausgereiftheit und Stabilität) der vom

Agent angebotenen Technologie bzw. die technologische Leistungsfähigkeit des Agenten zu beurteilen (Hidden Characteristics). Dies birgt die Gefahr, die falsche Technologie oder den falschen Lieferanten der Technologie (Adverse selection) auszuwählen. Diesem aus asymmetrischer Information zwischen Principal und Agent resultierenden Problem kann auf drei Arten begegnet werden: Der Principal holt Informationen über den Agenten bzw. die von ihm angebotene Technologie ein, z. B. indem er Auskunft bei den vom Agenten benannten Referenzkunden einholt oder sich die Technologie vorher unter realistischen Anwendungsbedingungen demonstrieren lässt (Screening des Principals). Beim Signaling des Agenten geht die Initiative zum Abbau des Informationsgefälles vom Agenten aus, der von sich aus Qualitätszertifikate (z. B. eine DIN ISO 9001 Qualitätszertifizierung) oder für seine Technologie erhaltene Auszeichnungen und Preise bzw. veröffentlichte Presseurteile nachweist, um mit dem Principal zu einem Vertragsabschluss zu kommen. Zu einer Self Selection-Situation kommt es, wenn der Principal vom potenziellen Agenten sehr umfangreiche Garantieleistungen für die Funktionsfähigkeit der Technologie, hohe Konventionalstrafen bei Überschreitung vereinbarter Zeitpläne oder die Offenlegung wesentlicher Informationen zu der Technologie (z. B. des Quellcodes bei Software oder Vorlage von technischen Konstruktionszeichnungen) fordert. Ein Agent, der sich auf diese Forderungen nicht einlässt, offenbart damit geringes Vertrauen in seine angebotene Technologie bzw. seine geringe Kooperationsbereitschaft.

Nach Abschluss des Kaufvertrages besteht das Risiko, dass der Agent wenig Engagement zeigt, den Principal bei der Implementierung der Technologie in dessen Unternehmen zu unterstützen bzw. After Sales Services nicht im in Aussicht gestellten Umfang erbringt, weil der Principal ihn dabei nicht fortlaufend beobachten kann oder weil dem Principal das technische Fachwissen fehlt, um die Leistungen des Agenten beurteilen zu können. Diesem Moral-Hazard-Problem kann der Principal versuchen zu begegnen, indem er Kontrollsysteme vorsieht (z. B. abschließender Funktionstest nach vollständiger Implementierung der Technologie, Vereinbarung präziser Zeitpläne und Meilensteine für die Implementierung, deren Einhaltung überwacht wird, Service Level Agreements als kennzahlenbasierte Systeme zur Überprüfung quantifizierbarer Aspekte der Dienstleistungsqualität) und/oder Anreizsysteme kreiert (z. B. Konventionalstrafen bei Nichteinhaltung des vereinbarten Zeitplans, Bonuszahlungen, wenn die Technologie die Erwartungen an ihre Leistungsfähigkeit erfüllt bzw. übererfüllt oder vereinbarte Zeitpläne vom Agenten eingehalten wurden).

Das Hidden Intention Problem besteht darin, dass der Agent die vom Principal getätigten spezifischen Investitionen dazu nutzt, um nach Abschluss des Vertrages bzw. bei einem Folgeauftrag die Vertragsbedingungen zu seinen Gunsten opportunistisch nachzuverhandeln (Hold up). Dies ist beispielsweise der Fall, wenn der Principal die vom Agenten gelieferte Technologie spezifisch an sein Unternehmen angepasst hat und nunmehr einen Folgeauftrag zur Weiterentwicklung dieser Technologie erteilen möchte. Dies kann der Agent nutzen, um vom Principal aufgrund dessen bereits getätigter spezifischer Investitionen sehr hohe Preise für die neue Technologiegeneration zu fordern. Als Gegenmaßnahme kann der Principal versuchen, die einseitige Abhängigkeit in eine wechselseitige Abhängigkeit zu überführen, indem er beispielsweise die Reputation des Agenten im Markt als Geisel nutzt, mit deren Vernichtung er im Falle fortgesetzter Hold-up-Verhaltensweisen drohen kann. Ebenfalls als Gegenmaßnahme könnte der Abschluss langfristiger Verträge, die nicht nur detaillierte Regelungen für den ursprünglichen Technologiekauf, sondern auch Grundregeln für den Kauf von Folgegenerationen der Technologie mit Ausstiegsregeln für beide Vertragsparteien normieren, genannt werden. Auf diese Art kommt es zu einer längerfristigen Austauschbeziehung, was die Interessenangleichung von Principal und Agent begünstigt. Als letzte Gegenmaßnahme kann der Principal zur Eigenerstellung der Technologie, d. h. zur vertikalen Integration übergehen, um drohende Abhängigkeiten von einem Technologielieferanten auszuschließen.

Bei vielen Hybridformen sind im Vergleich zum Kauf einer bereits fertig entwickelten Technologie vom Umfang her erheblich gesteigerte Probleme asymmetrischer Information zu erwarten: Im Falle der Zusammenarbeit mit einem Auftragsforscher (Contract Research Organization CRO) oder der Teilnahme an einem Forschungskonsortium in Zusammenarbeit mit anderen Unternehmen ggf. anderer Branchen ist folgendes Kernproblem zu beachten: Es ist in diesen Fällen noch keine Technologie vorhanden, sondern sie muss erst noch in Zusammenarbeit mit den Transaktionspartnern entwickelt werden.

Statt der Beurteilung primär einer bereits vorhandenen Technologie und sekundär des sie anbietenden Unternehmens (beim Technologiekauf) verschiebt sich das Informationsproblem des Principal vor Vertragsabschluss auf die Beurteilung der technologischen Kompetenz, der wirtschaftlichen Leistungsfähigkeit und der Kooperationsbereitschaft seiner potenziellen Transaktionspartner (Auftragsforscher, Partnerfirmen in einem Forschungskonsortium), mit denen er gemeinsam die Technologie entwickeln möchte. Im Vergleich zur Beurteilung einer zum Kauf angebotenen, bereits fertig entwickelten Standardtechnologie ist die Beurteilung einer möglichen Zusammenarbeit mit einem oder mehreren anderen Unternehmen sowie der bei einer erfolgreichen Zusammenarbeit voraussichtlich erzielbaren Forschungs- und Entwicklungsergebnisse ein erheblich komplexeres Informationsproblem.

Die prinzipiellen Gegenmaßnahmen zur Handhabung von Agency-Problemen unterscheiden sich allerdings nur graduell, aber nicht prinzipiell von den oben empfohlenen Ansatzpunkten zur Handhabung von Agency-Problemen beim Technologiekauf.

Hidden Characteristics-Probleme bei der Auswahl geeigneter Technologiepartner bestehen in Informationsdefiziten des Principal über die technologische und wirtschaftliche Leistungsfähigkeit sowie die Kooperationsbereitschaft des potenziellen Partners. Diese Probleme können durch Signaling, Screening und Self Selection eingegrenzt werden. Im Vordergrund der Bemühungen zum Abbau des Informationsgefälles werden dabei im Unterschied zum Technologiekauf vor allem Informationen über die verborgenen Eigenschaften des potenziellen Partners und weniger über die von beiden Partnern gemeinsam noch zu entwickelnde Technologie stehen.

Hidden Action-Probleme nach Auswahl eines Technologiepartners können gesehen werden in einem geringen Leistungs- und Anstrengungsniveau des Technologiepartners sowie in Problemen bei der Beurteilung des Partnerverhaltens im Rahmen der gemeinsamen Forschungsarbeit aufgrund nicht jederzeit möglicher Beobachtbarkeit oder fehlender Fachkenntnis in dem jeweiligen Technologiefeld auf Seiten des Principal. Als Ansatzpunkte für Maßnahmen zur Reduktion des Informationsgefälles kommen auch hier die Gestaltung von Anreiz- und Kontrollsystemen (Einigung auf ein gemeinsam aufzubauendes FuE-Controlling oder einzuhaltende Meilensteine im Projekt, Entlohnung des Auftragsforschers nach Projektfortschritt und Einhaltung von Meilensteinen) infrage, die die gemeinsame Forschungsarbeit der Partner reibungsloser und transparenter gestalten sollen.

Hidden Intention-Probleme nach Auswahl eines Technologiepartners können sowohl in spezifischen Investitionen, mit denen der Principal in Vorleistung geht, als auch in der Transferierung vorhandener spezifischer Investitionen an den Technologiepartner begründet sein. Ersteres ist der Fall, wenn der Principal in erheblichem Ausmaß in das Anlernen des Agenten investieren muss, z.B. durch Transfer von bereits von ihm erarbeiteter Forschungsergebnisse, was dieser nach erfolgtem Wissenstransfer angesichts des hohen Aufwands für das Anlernen eines neuen Agenten zur Nachverhandlung von Vertragsbedingungen nutzen kann. Zweiteres ist der Fall, wenn der Principal im Vertrauen auf die weitere Zusammenarbeit mit dem Agent seine eigenen Kompetenzen im entsprechenden Technologiefeld nicht pflegt bzw. aufgegeben hat und damit mittel- bis langfristig in eine Abhängigkeitsposition vom Technologiepartner gerät, was dieser bei anstehenden Vertragsverlängerungen opportunistisch ausnutzen kann. Diese Hold-up-Gefahren kann der Principal durch mehrere Gegenmaßnahmen reduzieren:

- Eigenwahrnehmung der FuE-Aufgaben (d.h. vertikale Integration und Verzicht auf die Einschaltung eines Technologiepartners) oder zumindest Vorhaltung einer eigenen personellen und sächlichen Mindestkapazität im FuE-Bereich zwecks Erhalt eigener FuE-Kompetenz,
- Schaffung gegenseitiger Abhängigkeiten (z.B. Reputation des Agenten als Pfand in der Hand des Principal, Hinterlegung von finanziellen Bürgschaften durch den Agenten, Aufbau einer eigenen technologischen Kompetenz durch den Principal, auf die der Agent seinerseits angewiesen ist) oder
- Entwicklung einer langfristigen Austauschbeziehung (zwecks Interessenangleichung zwischen den Partnern).

Bei der Einbindungsform Hierarchie verlagern sich die Agency-Probleme in das eigene Unternehmen hinein bzw. an die Grenze des Unternehmens zu seiner Umwelt, vor allem zum relevanten Arbeitsmarktsmarktsegment für potenzielle FuE-Mitarbeiter. Agency-Probleme sind hier die Gestaltung der Auswahlverfahren zur Akquirierung der am besten geeigneten Mitarbeiter aus den Kandidaten, die sich für eine Anstellung im FuE-Bereich des Unternehmens bewerben (Hidden Characteristics vor Abschluss des Arbeitsvertrages), die Gestaltung von spezifischen Anreiz- und Kontrollsystemen, die die im FuE-Bereich beschäftigten Mitarbeiter zu einem Verhalten im Sinne des Unternehmens bzw. der Unternehmensziele anhalten (Hidden Action nach Abschluss des Arbeitsvertrages). Die Bindung besonders wichtiger FuE-Mitarbeiter an das Unternehmen (z. B. durch Pensionszusagen, die eine Mindestverweildauer im Unternehmen zur Voraussetzung haben) oder der Versuch, die Interessen von FuE-Mitarbeiter und Unternehmen anzugleichen (z. B. durch leistungsabhängige Entlohnung von FuE-Mitarbeitern mit Aktien und Aktienoptionen) soll Hold-up-Probleme nach Abschluss des Arbeitsvertrages reduzieren. Hold up liegt vor, wenn z. B. ein FuE-Mitarbeiter, in dessen Ausbildung das Unternehmen spezifisch investiert hat, nach Abschluss der Ausbildung mit dem Verlassen des Unternehmens droht, wenn nicht die Beschäftigungskonditionen zu seinen Gunsten nachverhandelt werden.

Auf eine den Besonderheiten des FuE-Bereiches (oftmals hohe Unsicherheit der Ergebnisse von FuE-Projekten, große Bedeutung von Information, Erfahrung und vorhandenem Wissen für den Erfolg von FuE-Projekten, hoher Anteil der Personalkosten an den gesamten FuE-Kosten, große Bedeutung einzelner Experten für den Gesamterfolg von FuE-Projekten) Rechnung tragende Ausgestaltung der Maßnahmen zur Beherrschung von Agency-Problemen ist zu achten.

Betrachtung aus Sicht der Property-Rights-Theorie

Während die Transaktionskostentheorie für die effizienzorientierte Entscheidung zwischen den genannten Einbindungsformen für Technologien bzw. FuE-Aufgaben wertvolle Hinweise geben kann, ist die Property-Rights-Theorie für die organisatorische Feinstrukturierung der gewählten Einbindungsform hilfreich und anwendbar. So bestimmt die Verteilung der Property Rights an den FuE-Ergebnissen (z. B. der Patente, die aus der Forschung hervorgehen) die Motivation der Partner, sich im Interesse der gemeinsamen Aufgabenerfüllung zu engagieren und anzustrengen, z. B. bei einer FuE-Kooperation oder bei einer Lizenzbeziehung (vgl. zu Letzterem die Ausführungen in Kapitel 5.4.2.1). Kommen die Ergebnisse gemeinsamer Forschung beiden Partnern in gleichem Maße zu Gute, so kann dies die Neigung eines Partners zur Reduktion seiner Anstrengungen (Drückebergerei, Shirking) unterstützen. Daher kann es beispielsweise sinnvoll sein, bei einer FuE-Kooperation dem Partner mit der größeren Erfahrung bzw. dem Wissensvorsprung, der auch die Projektleitung ausübt, das Patent aus der gemeinsamen Forschungsarbeit zu überlassen, um für ihn starke Anreize zu schaffen, und dem anderen Partner ein Lizenzrecht an der gemeinsamen Erfindung zuzugestehen. Dies setzt andere Anreize für die Akteure, als wenn das Patent beiden Partnern gemeinsam zugestanden wird. Auch wird die Verteilung der Property Rights an den für FuE benötigten Ressourcen und Inputfaktoren (z.B. gemeinsam im Eigentum der Partner befindliche Geräte wie z.B. ein Windkanal oder ein chemisches Labor) die Anreize der Partner bestimmen, mit den Ressourcen schonend und effizient umzugehen.

Die Verteilung von Property Rights zwischen Partnern bestimmt nicht nur die Motivation der Partner, sondern definiert auch Kontroll- und Steuerungsmöglichkeiten eines Partners gegenüber einem anderen Partner. So kann beispielsweise bei einer FuE-Kooperation vereinbart werden, dass das von einem Partner bereitgestellte Labor von beiden Partnern gleichberechtigt genutzt wird (Teilung von usus zwischen Partnern) oder dass nur ein Partner das Labor nutzen darf und es dem anderen Partner fallweise gestatten kann (usus und Veräußerungsrecht bei einem Partner). Im letztgenannten Fall hat der Partner mit dem Nutzungsrecht an der wichtigen Ressource einen Hebel, um auf den anderen Partner Einfluss auszuüben i.S.v. Steuerung und Kontrolle seines Verhaltens. Ebenso ist es, wenn zwei Partner gemeinsam eine Technologie erforschen und zur Anwendungsreife entwickeln, beide Partner die Technologie benötigen, aber einer der Partner die Patente an der Technologie sich vorbehalten hat. Dieser Partner hat eine relativ starke Verhandlungsposition gegenüber dem anderen Partner. So sichert sich beispielsweise das Unternehmen MCC Smart die Patente an den gemeinsam mit den Zulieferern entwickelten Technologien (vgl. Pfaffmann 2001).

Generell gibt die Property-Rights-Theorie auch Hinweise auf die zu erwartende Effizienz eines gewählten institutionellen Arrangements. Unter diesem Aspekt erscheinen insbesondere Hybridformen mit geteilten Property Rights an wesentlichen Inputfaktoren (Labors, Geräte) und an dem Output (den Patenten, den Forschungsdokumentationen) der Forschung anreiz- und effizienzschwächer, als wenn einem einzigen Unternehmen allein die Property Rights an den Inputfaktoren und dem Output des

FuE-Prozesses zugeteilt werden (z.B. im Fall der Eigenforschung in eigenen Labors). Ebenfalls erscheinen hybride Arrangements, bei denen Partner FuE-Ressourcen zusammenlegen und sich den Output (d.h. Forschungsergebnisse und Patente) teilen, aufgrund der verdünnten Verfügungsrechte effizienz- und anreizschwächer als ein institutionelles Arrangement, bei dem ein Partner die Property Rights an den Inputfaktoren hat und der andere Partner die Property Rights an dem Forschungsoutput erhält. Dies ist z.B. der Fall, wenn ein Auftragsforscher in seinen Labors für einen Kunden eine Technologie erforscht und am Ende des Forschungsauftrages das Patent gegen Bezahlung an den Kunden abtritt.

Diese Aussage zu möglichen Effizienz- und Anreizschwächen bei hybriden Einbindungsformen für FuE muss allerdings unter zwei Aspekten relativiert werden: Erstens ist gerade bei vielen Hybridformen durch die Ausgestaltung des zugrunde liegenden Vertrages eine Vielzahl von Zuordnungen von Property Rights auf die Partner, d.h. eine Vielzahl von Property-Rights-Konstellationen denkbar, so dass sich Hybridformen in ihren Effizienz- und Anreizwirkungen graduell unterscheiden können. Zweitens ist die Existenz von sog. Eigentumssurrogaten zu beachten, d.h. von Faktoren oder Rahmenbedingungen, die trotz verdünnter Verfügungsrechte Anreize für die Akteure setzen, nach Effizienz zu streben. Eigentumssurrogate ermöglichen damit Lösungen, die von der Effizienz her der Situation konzentrierter Verfügungsrechte nahe kommen (zu Eigentumssurrogaten vgl. Dietl 1993, S. 164–166). Solche Eigentumssurrogate können sein:

1. Intensiver Wettbewerb auf dem Absatzmarkt: Dieses Eigentumssurrogat diszipliniert die Partner einer Hybridform (z.B. eines Lizenzabkommens) und zwingt sie zu effizientem Ressourceneinsatz, da ansonsten die Verdrängung der Unternehmen vom Markt durch Konkurrenten droht.

2. Intensiver Wettbewerb auf dem Markt für Unternehmenskontrolle: Dieses Eigentumssurrogat zwingt z.B. die Partner einer strategischen FuE-Allianz, schnell und effizient Forschungsergebnisse zu realisieren. Denn im Falle des Scheiterns eines bedeutenden FuE-Vorhabens oder einer für das Unternehmen sehr wichtigen Neuprodukteinführung könnte die Übernahme eines Partners oder beider Partner durch ein anderes Unternehmen drohen, das das Management des Unternehmens und die Leitung des FuE-Bereichs personell neu besetzen würde.

3. Intensiver Wettbewerb auf dem Markt für Manager- und Forscherstellen: Manager und Forscher, die eine FuE-Kooperation erfolgreich zu Ende geführt haben, verbessern ihre Position im Arbeitsmarkt für Manager und Laborleiter bzw. Forscher. Umgekehrt können gescheiterte FuE-Kooperationen die Reputation und die Arbeitsmarktchancen von Managern und Laborleitern beeinträchtigen.

4. Erfolgsabhängige Entlohnung für Manager und Forscher: Werden Manager oder Laborleiter für den erfolgreichen Abschluss einer FuE-Kooperation mit Bonuszahlungen oder mit Aktien beider Unternehmen belohnt, so stärkt dies ihre Anreize, trotz verdünnter Verfügungsrechte an Inputfaktoren und Forschungsergebnissen nach Effizienz und Einhaltung von Budgets und Terminplänen zu streben.

Umgekehrt gilt: Sind die vier Eigentumssurrogate schwach ausgeprägt, so besteht gerade bei hybriden Formen der FuE-Organisation die Gefahr von Ineffizienzen aufgrund verdünnter Eigentumsrechte. Selbst wenn es gelingt, mithilfe einer anreizgerechten Verteilung von Property Rights zwischen den Partnern (durch die Vertragsgestaltung) und durch effizienzsteigernde Eigentumssurrogate die prinzipiell zu vermutende Anreiz- und Effizienzschwäche hybrider Formen zu reduzieren, so bleibt dennoch ein gravierendes Problem bestehen: Gerade bei hybriden Formen mit gemeinsam genutzten FuE-Inputfaktoren und geteilten FuE-Ergebnissen (Output des FuE-Prozesses) ist es nicht ausgeschlossen, dass Informationen und Wissen von einem Partner an einen anderen Partner ungewollt abfließen (positive externe Effekte in Form von technologischen Spillovers). Diese Gefahr ungewollter Spillovers ist durch die fortlaufende Interaktion und räumliche Nähe mit einem Technologiepartner, durch die Beschäftigung der Partner mit ähnlichen Fragestellungen und Technologien sowie durch die gemeinsam genutzten Forschungseinrichtungen besonders groß (vgl. hierzu auch Orlando 2000).

Betrachtung aus Sicht des Resource-Based View of the firm

Zu einer anderen Betrachtung und Beurteilung von Make or Buy-Fragen mit Technologiebezug gelangt man, wenn man die Analyse mithilfe des Resource-Based View of the firm durchführt. In der Neuen Institutionenökonomik stehen drohende Abhängigkeiten zwischen Transaktionspartnern, Fragen der effizienten Gestaltung von Anreiz- und Kontrollsystemen und der effizienten Koordination von Teilaufgaben im Vordergrund der Betrachtung. Im Resource-Based View dominiert die Betrachtung historisch gewachsener Wissenspools und Routinen bzw. Kompetenzen, die besondere Stärken und Wettbewerbsvorteile des Unternehmens darstellen und von Make or Buy-Entscheidungen tangiert (d. h. gestärkt, geschwächt oder sogar zerstört) werden können.

Wichtig sind bei Make or Buy-Fragen aus Sicht des Resource-Based View zwei Aspekte:

Es ist für Unternehmen möglich, Ressourcen i. e. S. (Maschinen, allgemein qualifizierte Fachkräfte, Finanzmittel) an Märkten zu beschaffen. Es ist für Unternehmen im Allgemeinen aber nicht möglich, Kompetenzen am Markt zu beschaffen. Unternehmenskompetenzen entstehen durch eine unternehmensinterne Transformations- und Veredelungsleistung sowie durch eine unternehmensspezifische Kombination von Ressourcen zu Routinen bzw. Kompetenzen. Die unternehmensinterne Transformations- und Veredelungsleistung besteht z. B. im Lernen, wie man Maschinen effizienter einsetzt, in unternehmensspezifischer Weiterbildung für Mitarbeiter und ihrer Sozialisation mit der Kultur des Unternehmens, aber auch im Aufbau unternehmensspezifischer Budgetierungssysteme und der Einrichtung von Komitees, Regeln und Administrationssystemen für die unternehmensinterne Ressourcenallokation. Die Kombinationsleistung besteht insbesondere in der Einbindung der Unternehmensressourcen in Unternehmensprozesse, die über jahrelange kontinuierliche Verbesserung dieser Prozesse durch individuelles und organisatorisches Lernen sowie durch effektive Organisation (vielleicht) zu besonderen Routinen und Kompetenzen des Unternehmens werden. Die Veredelungsleistung und die Kombinationsleistung sind nur unternehmensintern durchführbar und können nicht am Markt als Dienstleistung zugekauft werden. Die einzigen beiden denkbaren Ausnahmen sind:

1. Der Kompetenzerwerb durch Akquisition eines anderen Unternehmens. Aber in diesem Fall ist nicht garantiert, dass der Erwerber eines Unternehmens sich auch die Kompetenzen des übernommenen Unternehmens aneignen kann. Oftmals werden durch eine Reorganisation des übernommenen Unternehmens oder die Abwanderung wichti-

ger Mitarbeiter routinehaft ablaufende Unternehmensprozesse zerstört, mit der Folge, dass das akquirierte Unternehmen im neuen Firmenverbund seine Kompetenzen verlieren kann und der Kompetenzerwerb über Unternehmensakquisition damit scheitert.

2. Möglich ist statt einer marktlichen Beschaffung von Kompetenzen die Beschaffung von Vorprodukten und Dienstleistungen, in denen die Kompetenz der Zulieferer bzw. Subdienstleister eingebettet ist. Dies führt aber nicht zum Aufbau der entsprechenden Kompetenzen beim erwerbenden Unternehmen, vielmehr verhindert der Fremdbezug von wesentlichen Bestandteilen und Baugruppen des Endproduktes (Kernprodukte i.S. v. Prahalad und Hamel), dass das Unternehmen in dem entsprechenden Technologiefeld überhaupt Kernkompetenzen aufbaut (vgl. Prahalad/Hamel 1990).

Während der marktliche Zukauf von Kompetenzen über Akquisitionen und den Erwerb eingebetteter Kompetenzen nur sehr beschränkt möglich ist, stellen Kooperationen eine Möglichkeit dar, in Zusammenarbeit mit externen Partnern Kompetenzen aufzubauen und weiter zu entwickeln. Durch die enge Kooperation, Wissensaustausch und gegenseitiges Lernen zwischen Partnerunternehmen ist ein gemeinsamer Aufbau von Kompetenzen möglich (zum gegenseitigen Lernen in Kooperationen und zum gemeinsamen Kompetenzaufbau im Rahmen von Kooperationen vgl. Spieß 2002).

Fazit: Der Regelfall ist der unternehmensinterne Aufbau von Kompetenzen. Ein direkter marktlicher Fremdbezug von Kompetenzen ist nur sehr begrenzt und indirekt möglich über die Akquisition eines anderen Unternehmens oder eingebettet in fremdbezogene Vorprodukte und Dienstleistungen, auch wenn der Kompetenzerwerb mit Risiken behaftet ist (Akquisition) oder ein Aufbau eigener Kompetenz nicht direkt stattfindet (Fremdbezug von Vorprodukten). Der quasi-externe Kompetenzaufbau über verschiedene Formen von Kooperationen mit externen Partner ist denkbar und in der Praxis von zunehmender Relevanz.

Aus Sicht des Resource-Based View sind die maßgeblichen Entscheidungskriterien für Make or Buy bei Vorprodukten bzw. Subdienstleistungen das Ausmaß eigener Kompetenz in dem entsprechenden Technologiefeld und die strategische Bedeutung des entsprechenden Technologiefeldes im Rahmen der Technologie- und Wettbewerbsstrategie des

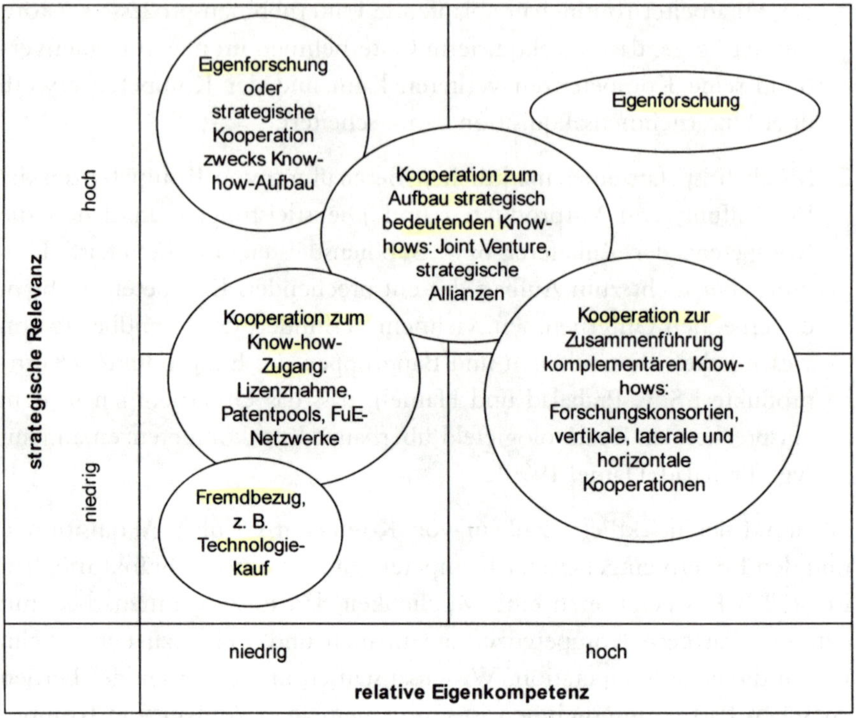

Abb. 26: Einbindungsformen für Technologien (Quelle: Weiterentwicklung von Strautmann 1993, S. 83)

Unternehmens. Die grundlegenden idealtypischen Entscheidungen verdeutlicht die obenstehende Abbildung.

Ebenfalls muss bei der Make or Buy-Entscheidung über die Eigenerstellung bzw. externe Beschaffung von Vorprodukten bzw. Subdienstleistungen (die die Entscheidung über den Aufbau bzw. Nichtaufbau eigener Kompetenzen bestimmt) berücksichtigt werden, dass Kompetenzen einem Lebenszyklus unterliegen. Dies verdeutlicht Abbildung 27 auf S. 177.

In Feldern hoher strategischer Relevanz muss ein Unternehmen bei geringer Eigenkompetenz entscheiden, ob es eine Kooperation eingehen soll oder trotz anfänglicher Kompetenzdefizite einen (sehr kostenintensiven und langwierigen) Aufbau eigener Kompetenz versuchen soll. Bei vorhandener eigener Kompetenz sind ihre Pflege und Weiterentwicklung innerhalb des eigenen Unternehmens ohne Einschaltung externer Partner anzustreben. In Feldern geringer strategischer Relevanz sind weitere Investitionen in den Aufbau eigener Kompetenzen nicht empfehlenswert. Vielmehr ist hier nach Möglichkeiten zur Verwertung von Kompetenzen (z.B. durch Lizenzierung) oder zur Freisetzung der Ressourcen und damit der Liquidation des entsprechenden Kompetenzfeldes zu suchen.

Die letzte Abbildung verdeutlicht zudem, dass neben dem Aufbau und dem Fremdbezug von Kompetenzen (Letzteres nur durch Unternehmensakquisition oder eingebettet in Produkte bzw. Dienstleistungen von externen Lieferanten beschränkt möglich) eine dritte Möglichkeit berücksichtigt werden muss: die Möglichkeit der marktlichen Verwertung von eigenen Kompetenzen (Quadrant unten rechts in der Abbildung). Neben Eigenerstellung (make) und Fremdbezug (buy) besteht somit auch die Möglichkeit der marktlichen Verwertung von Kompetenzen (sell). Die-

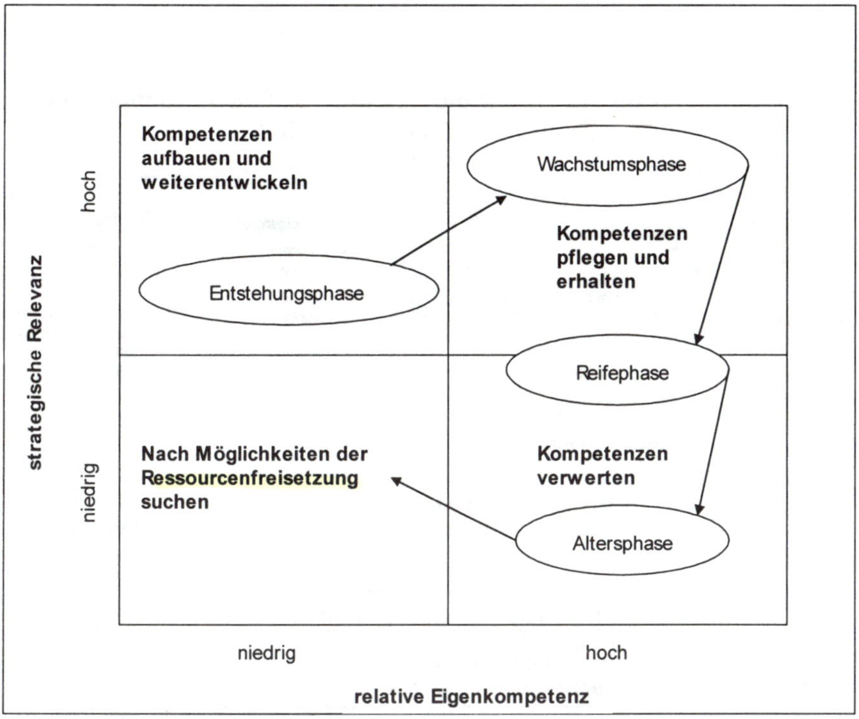

Abb. 27: Lebenszyklus von Kompetenzen (Quelle: in Anlehnung an Strautmann 1993, S. 97 f)

sem letztgenannten Aspekt widmen sich die Ausführungen zur Lizenzvergabe (im Gegensatz zur Lizenznahme in diesem Kapitel) in Kapitel 5.4.

Die Make or Buy-Entscheidungen eines Unternehmens entscheiden neben dem Aufbau bzw. Abbau eigener technologischer Kompetenzen auch über seine technologischen Absorptionsfähigkeiten. Cohen und Levinthal (vgl. Cohen/Levinthal 1990) haben in ihrem grundlegenden Beitrag darauf hingewiesen, dass ein Unternehmen, das eigene FuE betreibt, nicht nur technische Kompetenzen, sondern auch absorptive Fähigkeiten aufbaut. Letztere ermöglichen es dem Unternehmen, aufgrund seiner gegebenen Vertrautheit mit dem Technologiefeld relevantes Wissen von außerhalb des Unternehmens zu erkennen, zu verstehen, zu bewerten und damit leichter an die technologische Entwicklung anschlussfähig zu bleiben. Den Zusammenhang zwischen Make or Buy-Entscheidungen, Kompetenzaufbau und Aufbau absorptiver Fähigkeiten verdeutlicht die nachfolgende Abbildung.

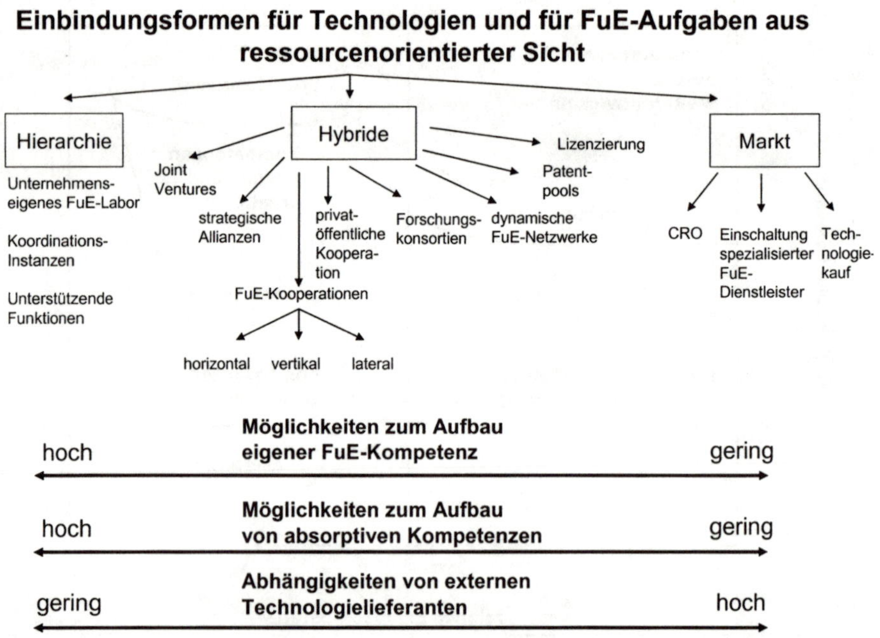

Abb. 28: Aufbau von Kompetenz und absorptiven Fähigkeiten sowie Abhängigkeiten von externen Technologielieferanten.

Es wird deutlich, dass die eigene Kompetenz des Unternehmens zusammen mit seinen absorptiven Fähigkeiten die Abhängigkeit eines Unternehmens von seinen Technologielieferanten bestimmt. Demgegenüber war in der Transaktionskostentheorie das Ausmaß spezifischer Investitionen der wesentliche Faktor, der den Grad der Abhängigkeit bestimmte. Dies verdeutlicht auch die bestehenden Unterschiede zwischen Resource-Based View und Transaktionskostentheorie bei der Bestimmung technologieorientierter Make or Buy-Entscheidungen.

Nach der Darstellung der grundsätzlichen Alternativen bei der Einbindung von Technologien in eine Unternehmensorganisation in diesem Kapitel wird nachfolgend mit dem internen bzw. externen Venture-Management ein Spezialfall dargestellt. Es wird gezeigt, wie bestehende Unternehmen aus ihrer Umwelt neue Ideen und Innovationsimpulse aufnehmen und in ihrer Organisation verankern können.

5.3 Internal und External Corporate Venturing zum Aufbau neuer FuE-Schwerpunkte und Geschäftsfelder

Corporate Venturing ist eine »unternehmerische Aktivität …, bei der ein gereiftes, am Markt etabliertes Unternehmen an der Gründung neuer unternehmensinterner oder -externer Einheiten, die selbstständige Unternehmen oder Unternehmensteile sein können, beteiligt ist.« (Macharzina 1999, S. 569). Das wesentliche Motiv für das etablierte Unternehmen, Corporate Venturing zu betreiben, ist der Zugang zu neuen technologischen Entwicklungen bzw. der Erhalt von Innovationsimpulsen von der Venture-Einheit. Dementsprechend sind Venture-Einheiten im Allgemeinen mit innovativen, oftmals besonders risikoreichen Aufgaben betraut, die innerhalb des etablierten Unternehmens nicht so effektiv und effizient erfüllt werden könnten wie in der Venture-Einheit (vgl. Macharzina 1999, S. 568 f.). Es lassen sich als zwei grundlegende Formen des Venture-Managements das interne und das externe Venture-Management unterscheiden.

Beim internen Venture-Management werden innerhalb des etablierten Unternehmens Unternehmensteilbereiche mit großer Selbständigkeit und Autonomie geschaffen, deren Aufgabe die Entwicklung neuer Ideen und ihre Realisierung bis zur Markteinführung ist. Wesentliche Erscheinungsformen des internen Venture-Managements sind der Product Champion und das Venture Team. Beim Product Champion-Konzept wird einem Unternehmensangehörigen der Auftrag erteilt, innerhalb des Unternehmens einen weitgehend autonomen, neuen Unternehmensteilbereich aufzubauen, der z.B. eine bestimmte Technologie zur Marktreife entwickeln soll. Der Product Champion kann dabei wie der Gründer eines neuen Unternehmens mit großen Handlungsspielräumen einen neuen Unternehmensteilbereich aufbauen, der sich von den bisherigen Strukturen, Leistungserstellungsprozessen und Managementsystemen des Unternehmens deutlich unterscheidet, um für die Verwirklichung der innovativen Idee optimale Voraussetzungen und Rahmenbedingungen zu schaffen. Das Venture Team ist ein Team aus Spezialisten der verschiedensten Fachdisziplinen, die vom Mutterunternehmen abgeordnet werden, um einen neuen Unternehmensbereich aufzubauen. Die Fachspezialisten sollen dabei die für die Realisierung des Vorhabens erforderlichen Fachqualifikationen (Finanzierung, Marketing und Vertrieb, FuE, Produktion als in der Venture-Einheit benötigte Unternehmensfunktionen) einbringen und werden von einem Venture Manager geleitet (vgl. Macharzina 1999, S. 572f.).

Demgegenüber beteiligt sich beim externen Venture-Management das etablierte Unternehmen an einem neu gegründeten, mit dem etablierten Unternehmen bisher noch nicht wirtschaftlich und rechtlich verbundenen Unternehmen (vgl. Macharzina 1999, S. 570f.).

Wesentliche Erscheinungsformen des externen Venture-Managements sind Venture Capital, Venture Nurturing und Spin-Offs. Venture Capital stellt eine Beteiligungsfinanzierung für junge, wachstums- und technologieorientierte Unternehmen durch bereits im Markt etablierte Unternehmen dar. Das im Markt etablierte Unternehmen kann entweder eine Kapitalsammelstelle (Bank, Versicherung, Venture Capital Fonds) oder ein in der Branche bereits tätiges etabliertes Großunternehmen sein (Corporate Venture Capital, beispielsweise haben die Unternehmen IBM, Motorola, Siemens und Deutsche Telekom in den letzten Jahren in neu gegründete innovationsorientierte Start-up-Unternehmen investiert). Denkbar ist auch, dass einzelne Privatpersonen (sog. Business Angels) in neu gegründete Start-up-Unternehmen investieren. Bereits in der Branche etablierte Großunternehmen verfolgen mit der Bereitstellung von Venture Capital für junge Unternehmen vor allem die Zielsetzung, Technologie- und Innovationsimpulse von den jungen Unternehmen zu erhalten und den Einstieg in neue Geschäftsfelder (Diversifikation) vorzubereiten. Charakteristisch für Venture Capital-Finanzierung ist dabei, dass sich der Investor mit einer Minderheitskapitalbeteiligung begnügt (vgl. Macharzina 1999, S. 573). Im Gegensatz dazu steht das Venture Nurturing. Bei dieser Form des externen Venture-Managements geht der Investor eine Mehrheitsbeteiligung ein und nimmt starken Einfluss auf die Entwicklung des jungen Unternehmens, z.B. durch intensive Betreuung und Beratung des jungen Unternehmens oder durch die Bereitstellung von Unterstützung in den Bereichen Marketing und Vertrieb, FuE, Produktion. Mit dieser engen Anbindung an das Mutterunternehmen wird die ursprüngliche Idee des externen Venture-Managements (Autonomie für die externen Unternehmen, um optimale Bedingungen für die Kreierung und Realisierung von Innovation sicherzustellen) beim Venture Management verlassen. Das junge Unternehmen soll von den Ressourcen des Mutterunternehmens profitieren, das etablierte Unternehmen möchte Ideen und Innovationsimpulse erhalten, aber auch vorhandene Ressourcen besser auslasten (vgl. Macharzina 1999, S. 574). Spin-Offs sind die dritte wesentliche Form des externen Venture-Managements. Hierbei werden aus dem etablierten Unternehmen Unternehmensteilbereiche ausgegliedert und rechtlich verselbständigt. Solche Abspaltungen von Unternehmensteilen erfolgen vor allem, um für die neuen Venture-Einheiten möglichst günstige Entwicklungsbedingungen unbehindert von den bürokratischen Strukturen des etablierten Unternehmens zu ermöglichen. Das etablierte Unternehmen gliedert oftmals auch vor allem solche Innovationsprojekte aus, die mit besonders hohen Risiken belastet sind. Insofern dient ein Spin-Off sehr oft auch der Optimierung des Geschäftsfelderportfolios und der Risikoposition des etablierten Unternehmens. Nicht selten bleibt das etablierte Unternehmen über eine Minderheitsbeteiligung, fortlaufende Geschäftsbeziehungen und die Bereitstellung von Unterstützungsleistungen (z.B. Nutzung von Vertriebskanälen des etablierten Unternehmens durch das Spin-Off-Unternehmen) mit dem Spin-Off verbunden (vgl. Macharzina 1999, S. 574).

Sehr ähnlich zu Spin-Offs sind Ausgründungen von Mitarbeitern des etablierten Unternehmens, wenn sie vom Unternehmen durch Bereitstellung von Finanzmitteln oder Überlassung von Patenten unterstützt werden.

Ein wesentlicher Erfolgsfaktor sowohl beim internen und als auch beim externen Venture-Management ist im Allgemeinen ein hohes Maß an Selbstständigkeit der Venture-Einheit, damit sie sich unbehindert von den Strukturen, Prozessen und Managementinstrumenten des etablierten Unternehmens auf die Kreierung und Verwirklichung innovativer Ideen konzentrieren kann (vgl. Macharzina 1999, S. 571, 574).

Nachfolgend wird die Frage erörtert, wie Venture-Management vor dem Hintergrund der diesem Lehrbuch zugrunde liegenden theoretischen Ansätze erklärt werden kann.

Das Problem ist die Schaffung möglichst günstiger Bedingungen für die Entwicklung von neuen Technologien und den Aufbau neuer Geschäftsfelder im Unternehmen. Die Komplikation dabei ist, dass die bestehende Organisationsstruktur und die etablierten Managementsysteme im Unternehmen oftmals keine idealen Rahmenbedingungen für die Erforschung neuer Technologien bzw. den Aufbau neuer Geschäftsfelder treffen.

Die sich daraus ergebende Fragestellung ist, warum Venture-Einheiten mit einer eigenen institutionellen Struktur, eigener Ressourcenausstattung und definiertem Marktauftrag geschaffen werden, um die Hemmnisse der im Unternehmen fest gefügten Unternehmensstruktur und der etablierten Managementsysteme zu überwinden. Hierfür können entweder Effizienz- oder Legitimitätsüberlegungen ausschlaggebend sein.

Zur Unterstützung der These, dass Effizienzgründe die Etablierung von internen oder externen Venture-Einheiten nahe legen, lassen sich folgende Argumente nennen:

Für die Herauslösung einer Venture-Einheit aus einer bestehenden Unternehmensstruktur spricht aus Property-Rights-Theorie die Möglichkeit, in einer kleinen Unternehmenseinheit konzentrierte Verfügungsrechte an den zugeordneten Ressourcen zu schaffen. Dies stärkt die Anreize zu einem sparsamen Umgang mit den Ressourcen. Im Rahmen einer kleinen Venture-Einheit können zudem stark konzentrierte Verfügungsrechte an den zugewiesenen Ressourcen ein flexibles Agieren am Markt ermöglichen, ohne langwierige Abstimmungsprozesse (betreffend die Nutzung gemeinsamer Ressourcen) mit anderen Unternehmenseinheiten. Ein weiteres Argument kann aus Property-Rights-theoretischer Sicht angeführt werden: Die Schaffung einer Venture-Einheit mit eindeutig zugeordneten eigenen Ressourcen kann Verteilungskonflikte um Ressourcen (Finanzmittel, Räume, Personal) zwischen etabliertem Unternehmensstruktur und dem neuen aufzubauenden Geschäftsfeld beenden. Im Ergebnis entsteht eine eindeutige Abgrenzung der Ressourcen beider Unternehmensbereiche (etablierte Unternehmensstruktur vs. Venture-Einheit). Damit können die bisher in Verteilungskonflikten gebundenen Ressourcen für andere Verwendungen frei gesetzt, die Aktivitäten damit auf die eigentliche Forschungsaufgabe konzentriert und die Ressourcen produktiver für die eigentliche Innovationsaufgabe genutzt werden.

Die Begründung von Venture-Einheiten kann eine Möglichkeit sein, Transaktionskosten der Aufgabenerfüllung zu sparen. Ist die innovative Aufgabe durch mehr Spezifität und mehr Unsicherheit, aber eine geringere Häufigkeit als die sonstigen Aufgaben des Unternehmens, für die die »Standardorganisation« geschaffen wurde, gekennzeichnet, so kann die Implementierung einer für die Bewältigung eines innovativen, risikobehafteten Vorhabens maßgeschneiderten Organisationsform zur Reduktion von Transaktionskosten beitragen. Eine solche Reduktion von Transaktionskosten kann sich auch einstellen, wenn es gelingt, in der neuen Venture-Einheit eine andere Transaktionsatmosphäre (z.B. eine innovationsorientierte Unternehmenskultur, Vertrauen zwischen den Venture-Mitarbeitern aufgrund langjähriger persönlicher Bekanntschaft) zu schaffen als in der etablierten Organisationsstruktur. Ein dritter Ansatzpunkt zur Reduktion von Transaktionskosten ist die Implementierung kurzer Entscheidungswege und persönlicher Beziehungen zwischen Mitarbeitern in kleinen Venture-Einheiten, was die Kosten der Information und Kommunikation bei der Anbahnung, Vereinbarung, Abwicklung und Kontrolle von Transaktionen reduzieren kann.

Die Schaffung kleiner Venture-Einheiten ist auch eine Möglichkeit, Agency-Probleme besser zu beherrschen. Ein Kernproblem in vielen Innovationsprozessen ist Moral Hazard-Verhalten der beteiligten Mitarbeiter. Es kann sich äußern in Drückebergerei (Shirking), in der Verfolgung eigener, vom Projektleiter nicht genehmigter Forschungsarbeiten (Skunk Work) bis hin zur bewussten Verzögerung bzw. Sabotage des Projektfortschritts. In kleinen unternehmerischen Einheiten gibt es bessere Möglichkeiten zur Beherrschung von Moral Hazard-Verhalten einzelner

Mitarbeiter. Dies liegt an den überschaubaren Team- und Unternehmensstrukturen, insbesondere in der Disziplinierungswirkung (Gruppenzwang) und gegenseitige Kontrolle zwischen den Mitgliedern in kleinen Teams begründet. Auf diesen Anreiz- und Disziplinierungseffekt in kleinen Gruppen hat Olson (1998) in seiner Theorie der Clubs hingewiesen. Ein weiteres Argument für mögliche Effizienzgewinne durch Gründung einer Venture-Einheit kann gesehen werden in der Notwendigkeit, Anreiz- und Kontrollsysteme zu schaffen, die der neuen Aufgabe und ihren Besonderheiten Rechnung tragen. Die Vermeidung von Effizienzverlusten ist folglich dann möglich, wenn die Kosten für die Implementierung neuer, angepasster Anreiz- und Kontrollsysteme (governance set up cost) in einer Venture-Einheit geringer sind als die laufenden Agency-Kosten, wenn unter Verzicht auf die Gründung der Venture-Einheit

1. für die Erfüllung der innovativen Aufgabe nicht passende, aber in der etablierten Organisation für die Erfüllung der dortigen Routineaufgaben bewährte Anreiz- und Kontrollsysteme übernommen werden. Folge hiervon wäre, dass die Effizienzverluste (residual loss) bei der Erfüllung der innovativen Aufgabe steigen würden.

2. die bisherigen Anreiz- und Kontrollsysteme der etablierten Organisation an die Erfüllung der innovativen Aufgabe angepasst werden, aber damit für die Erfüllung der nach wie vor bestehenden Routineaufgaben in der etablierten Organisation nicht mehr so gut wie bisher geeignet sind. Folgen hiervon wären Governance Set up Cost für die Reform der Anreiz- und Kontrollsysteme und zusätzlich steigende Effizienzverluste bei der Erfüllung der Routineaufgaben der Organisation.

Zur Vermeidung der oben skizzierten Effizienzverluste kann die Gründung einer separaten Venture-Einheit mit an die innovative Aufgabe angepassten Anreiz- und Kontrollsystemen beitragen.

Aus Sicht des ressourcenorientierten Ansatzes der Unternehmensführung ist die Gründung einer separater Venture-Einheit empfehlenswert, wenn auf diese Weise bessere Bedingungen für den Aufbau neuer Unternehmenskompetenzen geschaffen werden können. Diese besseren Bedingungen können z.B. gesehen werden in dem erleichterten Erlernen neuen Wissens in einer neu gegründeten Organisationseinheit ohne belastendes Ressourcenerbe aus der Vergangenheit (z.B. Wissen, das erst noch verlernt werden muss, Sunk Cost-Investitionen in die bisherigen Produktionsprozesse und Technologien), das den Aufbau der neuen Unternehmenskompetenzen behindern könnte. Auch erscheinen in einer kleinen, neu gegründeten Unternehmenseinheit mit klar definierter Aufgabe und eindeutiger Marktorientierung die Bedingungen für den Aufbau spezialisierter Unternehmenskompetenzen günstiger als in einer etablierten Großorganisation mit vielfältigen Aufgaben, die in mehreren Märkten tätig ist.

Es bleibt abschließend anzumerken, dass neben Effizienzerklärungen auch alternative Erklärungen für das Entstehen von separaten Venture-Einheiten für innovative, risikobehaftete Aufgaben denkbar sind. Ein alternativer Erklärungsversuch stellt auf die Institutionalisierung und Legitimisierung von neuen Aufgaben- und Forschungsfeldern im Unternehmen ab. Die Träger dieser innovativen Aufgaben sehen in ihrer Erklärung als von der Unternehmensleitung akzeptiertes Wagnisprojekt und ihrer Institutionalisierung und Verankerung im Unternehmen einen Ansatzpunkt, die Existenz und fortgesetzte Erfüllung dieser Aufgaben (und damit auch ihrer eigenen Arbeitsplätze) im Wettbewerb mit anderen Aufgaben- und Forschungsfeldern zu rechtfertigen. In diesem Sinne wäre die Gründung einer separaten Venture-Einheit nicht primär Ausdruck von Bemühungen zur Effizienzsteigerung, sondern zur Rechtfertigung und gesicherten Fortsetzung der Aufgabenerfüllung im Wettbewerb mit anderen Aufgabenträgern und den von ihnen vorgeschlagenen Aufgaben- und Forschungsfeldern. Ein solcher Erklärungsansatz nimmt Bezug auf institutionalistische Theorien (vgl. hierzu Walgenbach/Beck 2002). Mit den in diesem Buch zugrunde gelegten institutionenökonomischen, ressourcenbasierten und branchenorientierten Theorien können derartige, auf Legitimität und Rechtfertigung gerichtete Handlungen von Akteuren nicht erklärt werden. Hier werden somit Erklärungsgrenzen des in diesem Lehrbuch verwendeten Theorieapparates sichtbar.

Wenn die Make or Buy-Frage für die Einbindung neuer Technologien beantwortet und der Spezialfall des internen versus externen Venture-Managements entschieden ist, verbleibt im Falle der Eigenerstellung von Forschungsleistungen die Auswahl geeigneter Koordinationsinstrumente zur Steuerung unternehmensinterner Forschungsprozesse.

5.4 Alternative Koordinationsinstrumente im FuE-Bereich: Projektmanagement und/oder innovationsfördernde Unternehmenskultur

Unsicherheit hinsichtlich der einzusetzenden Mittel (Finanzmittel, Personalkapazitäten, Methoden etc.), des Ergebnisses und des Verlaufes sowie hohe Unstrukturiertheit sind charakteristisch für viele Innovationsprozesse in Unternehmen. Diese Aussage gilt vor allem, wenn die Innovation durch einen hohen Grad an Erstmaligkeit gekennzeichnet ist, d.h. wenn es sich um eine radikale Innovation handelt. Die obige Aussage gilt nur eingeschränkt, wenn es sich hingegen um eine Innovation mit einem hohen Anteil an Bestätigung handelt, d.h. eine inkrementelle Innovation, die auf bereits vorhandenem Wissen und bereits vorhandenen Problemlösungen in erheblichem Umfang aufbauen kann.

Je höher der Innovationsgrad, desto schwerer ist im Allgemeinen die Planung, Organisation und Kontrolle des Innovationsprozesses. Je geringer der Innovationsgrad, desto geringere Planungs-, Organisations- und Kontrollprobleme sind im Allgemeinen zu erwarten, z.B. weil der Entscheidungsträger sich auf bewährte Problemlösungen und Problemlösungsmethoden stützen und von Erfahrungen (vor allem auch Fehlern) aus der Vergangenheit lernen kann.

Innovationsprozesse sind im Regelfall wissens- und informationsintensiv, d.h. eine Vielzahl unternehmensinterner und unternehmensexterner Akteure müssen für den Erfolg des Innovationsvorhabens Wissen und Informationen in den Innovationsprozess einbringen. Dies lässt bei Transaktionspartnern mit gegensätzlichen Interessen und in Situationen asymmetrisch verteilter Informationen Agency-Probleme in erheblichem Umfang (vor allem Moral Hazard-Probleme, aber auch Probleme der adversen Selektion und der des Hold up) erwarten. Diese Agency-Probleme erschweren ebenfalls die Planung, die Organisation und die Kontrolle von Innovationsprozessen.

Unter den Bedingungen der Unsicherheit und asymmetrisch verteilter Information zwischen Transaktionspartnern ist eine deterministische Detailsteuerung von Input, Verlauf und Output von Innovationsprozessen nicht möglich. Denkbar ist unter diesen Bedingungen allenfalls eine Steuerung von Innovationsprozessen durch Vorgabe eines organisatorischen Rahmens, der den Innovationsprozess durch Definition zu erreichender Ziele, Vorgabe eines Zeitplanes und Planung der sonstigen benötigten Ressourcen in den wesentlichen Punkten vorab zu strukturieren versucht.

Bessere Steuerungsmöglichkeiten ergeben sich demgegenüber bei der Durchführung von inkrementellen Innovationen mit hohem Bestätigungsanteil und Routinecharakter. Solche Prozesse sind hinsichtlich Input, Verlauf und wahrscheinlichem Ergebnis besser planbar, steuerbar und kontrollierbar als radikale Innovationsprozesse.

Für das Management von FuE- und Innovationsprozessen eignen sich insbesondere die aus dem Projektmanagement bekannten Methoden und Verfahren der Projektplanung, der Projektorganisation und der Projektkontrolle.

Projektplanung umfasst die Teilschritte

- der Ziel- und Ergebnisplanung (Festlegung des Forschungszieles, des Forschungsgegenstandes und ggf. der Forschungsmethoden),
- der Zeit- und Terminplanung (z.B. Planung und Kontrolle von Meilensteinen für den Projektfortschritt, Stage Gate-Modelle),
- der Ressourcenplanung (Planung benötigter Personalkapazitäten, Laborkapazitäten und Forschungsgeräte, Budgetplanung),
- der Kostenplanung (Fixkosten, variable Kosten während des Projektverlaufes, aufgeteilt nach Kostenarten).

Die Projektorganisation umfasst vor allem die Festlegung der Organisationsform für die institutionelle Einbindung des befristeten FuE-Projektes in die auf Dauer angelegte Unternehmensorganisation (z.B. Einflussprojektorganisation, Stab-Linien-Projektorganisation, Matrixprojektorganisation, direkte Projektorganisation) sowie die Bestimmung der Projektteilnehmer (Projektleiter, Projektmitarbeiter) und der Gremien für die Projektsteuerung (z.B. Planungs- und Lenkungsausschuss, Beiräte etc.).

Die Projektkontrolle umfasst den Projekt begleitenden Vergleich von Sollwerten (aus der Projektplanung) mit den ermittelten Ist-Werten des aktuellen Projektstatus sowie die Abschlussevaluation nach Beendigungen des Innovationsprojektes. Bei Abweichungen von Soll- und Ist-Werten kann eine Abweichungsanalyse die Ursachen für den nicht plangemäßen Projektverlauf identifizieren. Die Projektkontrolle bezweckt zum einen die Qualitätssicherung im Forschungsprojekt durch Projekt begleitende Reviews und Abschlussevaluation, zum anderen aber auch das individuelle und organisatorische Lernen aus dem Projektverlauf (vor allem aus Fehlern und ungeplanten Ereignissen während des Projektes) für künftige Projekte.

Mithilfe der kurz im Überblick dargestellten Instrumente und Methoden wird neben der Kontrolle des Fortschrittes des einzelnen Projektes auch die Motivation der im jeweiligen Projekt involvierten Mitarbeiter (durch Anreize bei positivem Projektverlauf bzw. durch Sanktionen bei negativem Projektverlauf) sowie die Integration des einzelnen FuE-Projektes mit anderen FuE-Projekten im Rahmen der Planung, Organisation und Kontrolle des gesamten FuE-Programms des Unternehmens angestrebt. Letztendlich bezwecken die genannten Planungs- und Kontrollinstrumente den effizienten Einsatz knapper FuE-Ressourcen, indem Verhaltensspielräume einzelner Akteure, die aus asymmetrischer Informationsverteilung herrühren (Moral Hazard), eingeschränkt und Transaktionskosten reduziert werden sowie der koordinierte Einsatz der FuE-Ressourcen sichergestellt wird.

Die bisher erwähnten Instrumente und Methoden der bürokratischen Projektplanung, Projektsteuerung und Projektkontrolle sind harte Koordinationsmechanismen. Sie können flankiert, ergänzt und unter günstigen Bedingungen auch teilweise ersetzt werden durch einen weichen Koordinationsmechanismus, nämlich die Beeinflussung und Lenkung des Verhaltens von FuE-Mitarbeitern durch eine innovationsfreundliche Unternehmenskultur.

Die Behandlung von Fragestellungen und Problemfeldern rund um das Thema Unternehmenskultur hat in der Betriebswirtschaftslehre und verwandten Sozialwissenschaften in den letzten Jahren breiten Raum eingenommen (vgl. Neubauer 2003, Ernst 2003 für einen Überblick sowie Weibler 2001, S. 124–128). Die Unternehmenskultur ist definiert als »… unternehmensspezifisches, immaterielles Phänomen, welches diejenigen Werthaltungen, Orientierungsmuster und kognitiven Fähigkeiten umfasst, die von den meisten Zugehörigen des Unternehmens geteilt, getragen und gelebt werden.« (Schnyder 1992, S. 63). Sehr ähnlich ist auch die Definition von Kobi und Wüthrich: »Unternehmenskultur ist die Gesamtheit von geteilten Normen, Wertvorstellungen und Denkhaltungen, die das Verhalten der Mitarbeiter aller Stufen und somit das Erscheinungsbild eines Unternehmens prägen.« (Kobi/Wüthrich, 1986, S. 13)

In der Kultur eines Unternehmens drücken sich die grundlegenden Überzeugungen, Werthaltungen und Einstellungen des Managements und der sonstigen Unternehmensangehörigen zu den für das Unternehmen besonders relevanten Frage- und Problemstellungen aus. In der Unternehmenskultur sind grundlegende Festlegungen zum erwünschten (bzw. nicht akzeptablen) Verhalten gegenüber den relevanten externen Anspruchsgruppen (Kunden, Lieferanten, Wettbewerber, Aktionäre, Fremdkapitalgeber, Gesellschaft und Staat) sowie zum erwünschten (bzw. nicht akzeptablen) Verhalten innerhalb des eigenen Unternehmens verankert.

Bezug nehmend auf die theoretischen Grundlagen lassen sich folgende Funktionen einer Unternehmenskultur ableiten:

Unternehmenskultur ist ein weicher Koordinationsmechanismus, der die Entscheidungen und Handlungen von Mitarbeitern beeinflusst und lenkt, ohne bürokratische Instrumente (Planungs-, Führung- und Kontrollinstrumente) einzusetzen. In diesem Sinne ist Unternehmenskultur ein »nicht-strukturelles Koordinationsinstrument« (Ernst 2003, S. 25). Eine starke Unternehmenskultur kann die Detailsteuerung durch bürokratische Instrumente und Vorschriften im Unternehmen zumindest teilweise ersetzen. Orientieren sich die Angehörigen eines Unternehmens an den Leitlinien und Vorgaben einer verinnerlichten Unternehmenskultur, so trägt dies über eine geteilte Problem- und Weltsicht zum koordinierten Handeln der Unternehmensangehörigen bei. Insofern ist die Unternehmenskultur ein wesentlicher Bestandteil der unternehmensinternen Transaktionsatmosphäre. Eine starke Unternehmenskultur macht zudem das Verhalten eines Unternehmens für die relevanten externen Anspruchsgruppen berechenbarer und besser prognostizierbar. Derart trägt eine verinnerlichte Unternehmenskultur zur Reduktion von Transaktionskosten innerhalb des Unternehmens sowie im Leistungsverkehr zwischen dem Unternehmen und seinen externen Anspruchsgruppen bei. Dieser Gedanke wurde in den 1980er Jahren von Ouchi entwickelt, der eine durch gemeinsame Normen und Werthaltungen gesteuerte Organisation als

Clan-Organisation bezeichnet und ihr entscheidende Koordinations- und Flexibilitätsvorteile gegenüber einer bürokratisch gesteuerten Organisation zuschreibt. (vgl. Ouchi 1980)

Eine verinnerlichte Unternehmenskultur kann aber auch zur Reduktion von Agency-Problemen beitragen: Sie unterstützt die Self Selection von potenziellen Arbeitsplatzbewerbern und potenziellen externen Kooperationspartnern des Unternehmens wie z.B. Kunden und Lieferanten und trägt damit zur Reduktion von Hidden Characteristics-Problemen bei. So ziehen Unternehmen mit einer dominanten Unternehmenskultur vor allem solche potenziellen Arbeitsplatzbewerber und Kooperationspartner an, die die Werte und Einstellungen des Unternehmens mittragen und teilen. Unternehmen mit einer dominanten Kultur sind umgekehrt für diejenigen Arbeitsplatzbewerber und Kooperationspartner, die sich mit den Werten und Einstellungen des Unternehmens nicht identifizieren können, im Allgemeinen nur eingeschränkt attraktive Transaktionspartner.

Eine verinnerlichte und gelebte Unternehmenskultur schränkt ferner die Spielräume für Moral Hazard-Verhalten der Unternehmensangehörigen ein. Dies geschieht über die durch die Unternehmenskultur gesetzten Anreiz- und Kontrollmechanismen. Weicht ein einzelner Mitarbeiter als Agent von dem durch die Unternehmenskultur als sozial erwünscht bewerteten Verhalten ab, so muss er Sanktionen durch andere Mitarbeiter (Agenten) befürchten, selbst wenn der Vorgesetzte (als Principal) das abweichende Verhalten nicht beobachten oder aufgrund fehlender Sachkenntnis nicht beurteilen konnte (Moral Hazard). Die Sanktionen können dabei von Missbilligung des Verhaltens durch Kollegen über die soziale Isolierung in der jeweiligen Bezugsgruppe bis hin zum Ausschluss aus der Arbeitsgruppe gehen. Insofern erfüllt eine dominante Unternehmenskultur die Funktion eines verinnerlichten Kontrollsystems und Anreizsystems, das das Verhalten des Unternehmensangehörigen beeinflusst, auch wenn es nicht ständig durch den Principal beobachtbar und bewertbar ist. Eine dominante Unternehmenskultur erhöht die Zahl der »Kontrolleure«, denn nicht nur der fachliche Vorgesetzte als Principal, sondern auch fachlich gleichrangige Kollegen oder fachlich unterstellte Mitarbeiter (als weitere Agenten) werden von der herrschenden Unternehmenskultur abweichendes Verhalten konstatieren und ggf. sanktionieren.

Ebenso kann eine dominante Unternehmenskultur Hold up-Verhalten abschwächen bzw. weniger attraktiv machen, wenn das opportunistische

Verhalten den Normen der Unternehmenskultur widerspricht, infolgedessen durch andere Unternehmensmitglieder sanktioniert und damit begrenzt wird. Eine positiv empfundene Sozialisation in ein Unternehmen und die Integration in seine Kultur erhöhen für den einzelnen Mitarbeiter die Kosten des (erzwungenen oder freiwilligen) Ausscheidens aus dem Unternehmen, was für ihn Hold up-Verhalten weniger attraktiv macht.

Aus Sicht der Neuen Institutionenökonomik ist eine positiv ausgeprägte Unternehmenskultur ein erwartungsstabilisierender und damit transaktionskostensenkender institutioneller Mechanismus.

Auch aus Sicht des Resource-Based View of the firm kann eine positiv ausgeprägte Unternehmenskultur zu Wettbewerbs- und Effizienzvorteilen eines Unternehmens beitragen. Eine Unternehmenskultur ist aus Sicht dieses Ansatzes eine strategisch wertvolle Ressource, wenn sie spezifisch sowie durch Konkurrenten schwer imitierbar und schwer substituierbar ist (vgl. Barney 1986). Mithilfe der strategischen Ressource »Unternehmenskultur« kann das Unternehmen Effizienzvorteile (z.B. durch Senkung unternehmensinterner Transaktionskosten und Reduktion von Agency-Problemen) oder Wettbewerbsvorteile (z.B. Differenzierung von Wettbewerbern durch besonders kundenorientiertes Verhalten, Aufbau einer Reputation als fairer Transaktionspartner durch eine Unternehmenskultur, die auf Fairness, Hilfsbereitschaft und Offenheit gegenüber Kooperationspartnern des Unternehmens ausgerichtet ist). Die Kultur eines Unternehmens ist eine wichtige Determinante seiner Innovationsfähigkeit, sie nimmt Einfluss auf den Ablauf und Erfolg von Innovationsprozessen in und zwischen Unternehmen (vgl. Ernst 2003, S. 23). Der Einfluss der Unternehmenskultur auf die Innovationsfähigkeit und den Innovationserfolg von Unternehmen ist bisher kaum in empirischen Studien überprüft worden (vgl. Ernst 2003, S. 24). Eine der wenigen Ausnahmen ist die jüngst von Ernst vorgelegte empirische Studie. Ernst führte eine Fragebogenerhebung bei 43 strategischen Geschäftseinheiten durch. Befragt wurden jeweils 6 Personen, darunter 3 Personen der Leitungsebene und 3 Personen aus ausführenden Unternehmensbereichen, wie z.B. FuE, Produktion und Marketing. Insgesamt wurden somit 258 Beobachtungen erhoben. Auf dieser Datengrundlage wies Ernst mittels einer statistischen Auswertung nach, dass eine innovationsfreundliche Unternehmenskultur (von Ernst »Adhocracy« genannt) positiv mit dem Innovationserfolg des Unternehmens korreliert ist, und dass eine stark hierarchisch geprägte

Unternehmenskultur (»Hierarchy-Kultur«) für den Innovationserfolg abträglich ist.

Zur Charakterisierung der innovationsfreundlichen Unternehmenskultur führt Ernst Eigenschaften wie Unternehmertum, Kreativität, Risikofreude und Bekenntnis zur Innovation an. Die Hierarchy-Kultur ist demgegenüber verwandt mit dem Bürokratiemodell von Max Weber und betont Standardisierung, Formalisierung, Stabilität und klare Regeln (vgl. Ernst 2003, S. 29, 39). Die Kernfrage der Unternehmenskulturforschung ist, ob Unternehmenskultur durch das Management beeinflussbar bzw. steuerbar ist und welche Ansatzpunkte dem Management hierfür zur Verfügung stehen. Diese Frage ist umstritten. Sie wird in der Betriebswirtschaftslehre überwiegend bejaht, d.h. dass das Management des Unternehmens die Unternehmenskultur in Grenzen beeinflussen und entwickeln kann (z.B. durch die Vorbildfunktion des Managements oder entsprechende Personalauswahl), um damit die Erreichung der gewünschten Unternehmensziele zu unterstützen (vgl. Ernst 2003, S. 26).

5.5 Patentierungsstrategien

Patente erfüllen unterschiedliche Funktionen, die in unterschiedlichen Wirtschaftssektoren und Branchen jeweils unterschiedliche Bedeutung haben (vgl. zum Folgenden Grubb 1999, S. 22ff. sowie Harhoff/Reitzig 2001, S. 515). Die nachfolgenden Ausführungen nehmen die Perspektive des einzelnen Unternehmens ein. Auf die Funktionen des Patentwesens aus gesamtwirtschaftlicher Sicht wurde in Kapitel 3.2.1 verwiesen.

5.5.1 Funktionen von Patenten aus einzelwirtschaftlicher Sicht

In der Pharmaindustrie dienen Patente primär dazu, Hersteller von Nachahmerpräparaten (Generikahersteller) an der Imitation von erfolgreichen –

und ohne Patentschutz leicht imitierbaren – Wirkstoffen und Medikamenten zu hindern und damit vom jeweiligen Marktsegment auszuschließen (Ausschluss- und Schutzfunktion von Patenten). Werden Patente im oben beschriebenen Sinne eingesetzt, so dienen sie als »Waffe im Wettbewerb« (Harhoff/Reitzig 2001, S. 515) und bezwecken die Errichtung von Markteintrittsbarrieren für potenzielle Konkurrenten (vgl. Harhoff/Reitzig 2001, S. 515).

Demgegenüber erfüllen Patente in der Biotechnologie-Industrie eine weitere Funktion: Viele Biotechnologieunternehmen besitzen nur Wissen und Know-how in Form von Patenten und Anlaufverluste infolge hoher Vorlaufkosten für Forschung und Entwicklung. Die meisten Biotechnologieunternehmen besitzen keine eigenen Produktionskapazitäten, keine marktreifen Produkte, keine Umsatzerlöse und keine sonstigen Finanzmittel. Patente sind für diese Biotechnologieunternehmen eine Möglichkeit, um Venture Capital-Unternehmen ihre technologische Leistungsfähigkeit zu demonstrieren und von diesen Unternehmen eine Gründungsfinanzierung zu erhalten (Signal- und Finanzierungsfunktion von Patenten).

Patente können auch die Funktion erfüllen, eine gesicherte Grundlage für Lizenzzahlungen zu schaffen. Beispielsweise verwerten amerikanische und britische Universitäten die durch Patente geschützten Forschungsergebnisse ihrer akademischen Mitarbeiter im Wege der Lizenzierung und erschließen damit zusätzliche Finanzierungsquellen. Die Eigenverwertung der Forschungsergebnisse in kommerziell von der Universität vermarkteten Produkten und Dienstleistungen wäre nicht mit dem Forschungs- und Bildungsauftrag einer Universität vereinbar (Funktion von Patenten bei der Ermöglichung und rechtlichen Absicherung von Lizenzverhältnissen).

Oftmals erfüllen Patente auch die Funktion – insbesondere in der Computer-, Telekommunikations- und Elektronikindustrie – rechtlich geschütztes »Tauschmaterial« für eine Kreuzlizenzierung oder für die Einbringung in einen Patentpool mehrerer Unternehmen zu schaffen (Tauschmittelfunktion von Patenten). Patentpools sind dadurch charakterisiert, dass verschiedene Unternehmen ihre Patente in einem Pool zusammenlegen. Ein Lizenznehmer erhält dann eine Sammellizenz und muss nicht mit jedem Unternehmen separat über die Lizenzierung verhandeln. Die am Patentpool beteiligten Unternehmen teilen die Lizenzerlöse untereinander auf entsprechend dem Wert der von ihnen jeweils eingebrachten Patente (vgl. hierzu Grubb 1999, S. 377).

Eine weitere wichtige Funktion ist die Informationsfunktion von Patenten. Mit der Erteilung eines Patents ist sein Inhaber zur Offenlegung der technischen Erfindung verpflichtet. Die offen gelegte Information kann von Konkurrenten benutzt werden, um das Patentierungsverhalten des Unternehmens nachzuvollziehen und dadurch Hinweise auf Forschungsschwerpunkte des Unternehmens sowie seine technologische Position in unterschiedlichen Technologiefeldern zu erhalten. Zu diesem Zweck kann in der einfachsten Variante einer Patentanalyse allein die Zahl der im jeweiligen Technologiefeld an das Unternehmen erteilten Patente ermittelt werden. Aufwendigere Patentanalysen versuchen, neben der Zahl auch die Qualität der Patente (zur Patentqualität vgl. die Ausführungen in Kapitel 5.3.3) zu berücksichtigen (Informationsfunktion von Patenten)(vgl. Joly/de Looze 1996, S. 1032, 1033, 1036).

Bisweilen werden Patente von einzelnen Erfindern auch genutzt, um ein möglicherweise in Zukunft an Bedeutung gewinnendes Technologiefeld frühzeitig abzusichern. Der Erfinder kann dann zu einem späteren Zeitpunkt von anderen Unternehmen Lizenzgebühren einfordern, nachdem diese – in dem Glauben, in einem von Patentansprüchen Dritter freien Technologiefeld zu operieren – die entsprechenden Märkte geschaffen bzw. erschlossen haben (Hold-up-Funktion sog. »U-Boot Patente«, die überraschend auftauchen und von Dritten geltend gemacht werden).

5.5.2 Der Patentierungsprozess, Grundelemente einer Patentierungsstrategie und Bewertung von Patenten

Patente erfüllen nicht nur bestimmte Funktionen, sie können aus Sicht des einzelnen Unternehmens auch strategisch, d.h. zur Erreichung seiner Ziele genutzt werden (vgl. Harhoff/Reitzig 2001, S. 510).

Patente können angemeldet werden für eine technische Entwicklung, die einen signifikanten Grad an Neuigkeit aufweist, auf erfinderischer Tätigkeit beruht sowie erkennbare und abgrenzbare wirtschaftliche Anwendungspotenziale aufweist (vgl. Harhoff/Reitzig 2001, S. 511) (vgl. hierzu auch die Ausführungen in Kapitel 3.2.1).

Die Anmeldung, Durchsetzung und Umsetzung eines Patentes kann in vier Phasen unterteilt werden (vgl. hierzu auch Harhoff/Reitzig 2001, S. 518):

1. Phase von der Erfindung bis zur Patentanmeldung (Frühphase)
2. Phase von der Patentanmeldung bis zur Erteilung (Entscheidungsphase des Patentamtes)
3. Phase von der Erteilung bis zur Publikation des Patentes (Vollendung der Patentierung)
4. Umsetzung des Patentes in Produkt- oder Prozessinnovationen (Spätphase, Patentnutzung)

Die Festlegung der Patentierungsstrategie muss dabei in der ersten Phase, der Frühphase, in der das Unternehmen noch die größten Entscheidungs- und Verhaltensspielräume besitzt, erfolgen. Gerade in dieser Phase ist aber die Entscheidungsunsicherheit für das Unternehmen am höchsten (vgl. Harhoff/Reitzig 2001, S. 525). Nachfolgend dargestellte Basisentscheidungen sind bei der Ausgestaltung der Patentierungsstrategie für jede einzelne zu patentierende Technologie in der Frühphase zu treffen:

1. **Wahl der Schutzebene (weltweit, europaweit, national)**
   Im Rahmen der ersten Grundentscheidung ist die Frage zu beantworten, ob das Patent nur national, europaweit oder weltweit angemeldet werden soll.

   Nationale Patente werden beim jeweiligen nationalen Patentamt (z.B. beim Deutschen Patentamt) angemeldet und haben nur für das jeweilige Land Gültigkeit. Europäische Patente werden beim Europäischen Patentamt unter Nutzung des Europäischen Patentübereinkommens (EPÜ) europaweit angemeldet. Die weltweite Anmeldung von Patenten erfolgt unter Anwendung des PCT (Patent Cooperation Treaty)-Verfahrens. Mithilfe dieses Verfahrens wird ein Patent gleichzeitig bei allen dem PCT beigetretenen Ländern zur Prüfung angemeldet, wobei die Prüfung der Patentansprüche im Regelfall von den einzelnen supranationalen (z.B. Europäisches Patentamt) oder nationalen Behörden (z.B. Deutsches Patentamt) vorgenommen wird (vgl. Harhoff/Reitzig 2001, S. 512f.).

Die Festlegung der geographischen Reichweite des Patentschutzes wird sich dabei an den vom Unternehmen anvisierten Produktmärkten sowie nach den vom Unternehmen als tolerabel angesehenen Kosten und der als hinnehmbar angesehenen Dauer des Patentverfahrens richten. Vor allem ein Schlüsselmarkt mit großer Bedeutung für das Unternehmen kann durch ein nationales Patent rasch und zu relativ geringen Kosten geschützt werden (vgl. Harhoff/Reitzig 2001, S. 524).

2. **Definition der inhaltlich-technologischen Reichweite des Patents (Festlegung des Schutzbereiches, Patent Scope)**

   Zentral ist hier die Abwägung zwischen der Beantragung breiter Patentansprüche, d.h. einer Erstreckung des Patentes auf viele Technologiefelder und Anwendungsbereiche, und der Beantragung enger Patentansprüche, d.h. der Erstreckung des Patentes auf im Extremfall eine einzige Technologie und eine einzige Anwendung. Mit zunehmender Breite des Schutzbereiches steigt der ökonomische Wert des erteilten Patentes. Allerdings muss der Patentaspirant bei breit beantragtem Patentschutz mit einer größeren Wahrscheinlichkeit von Einsprüchen durch Wettbewerber und von Genehmigungsschwierigkeiten im Patentprüfungsprozess, also mit einer reduzierten Wahrscheinlichkeit der Patenterteilung rechnen. Die Breite des beantragten Schutzumfangs ist somit im Regelfall negativ korreliert mit der Wahrscheinlichkeit der Patenterteilung (vgl. Harhoff/Reitzig 2001, S. 509, 520).

Beurteilungskriterium für die Auswahl einer Patentstrategie ist die Maximierung des ökonomischen Wertes des erteilten Patentes. Der Gewinn aus einer Patentierung entspricht der Differenz aus dem Nutzen des Patents abzüglich der Kosten für die Erlangung und Verteidigung des Patentes. Der Nutzen des Patents bemisst sich dabei nach den durch die technische Erfindung und ihre Umsetzung generierbaren Umsatzerlösen oder nach den für die Überlassung des Patentes (bei Verzicht auf die eigene Umsetzung in Produkt- und Prozessinnovationen) erzielbaren Lizenzeinnahmen. Zum Nutzen des Patentes zählen ferner ein eventuell möglicher Imagegewinn des Patentinhabers und die verbesserte Verhandlungsposition bei Kreuzlizenzierungen, wobei die Nutzenkomponenten Reputationsgewinn und verbesserte Verhandlungsposition nur sehr schwer quantifizierbar sind (vgl. Harhoff/Reitzig 2001, S. 513). Demgegenüber kann ein Teil der Kosten für die Erlangung und Verteidigung eines Patentes (Patentamtsgebühren, Übersetzungskosten, Gerichtsgebühren, Anwaltskosten) relativ genau monetär erfasst werden (vgl. Harhoff/Reitzig 2001, S. 514). Dies gilt aber nur eingeschränkt z.B. für Suchkosten zur Entdeckung von Patentverletzungen, die bei eigener Suche schwer erfasst, bei Beauftragung von Detektiven aber relativ genau quantifiziert werden können.

Zu beachten ist, dass für patentstrategische Kosten und Nutzen einer Patentierung ex ante (d.h. vor der Beantragung des Patentschutzes) und nicht ex post (nach Erteilung des Patentschutzes) bestimmt werden müssen. Es muss also mit Erwartungswerten kalkuliert werden, um eine Patentierungsstrategie festlegen zu können. Der erwartete Gewinn aus einer Patentierung entspricht somit dem erwarteten Nutzen (prognostizierte Umsatzerlöse bzw. Lizenzgebühren gewichtet mit der Wahrscheinlichkeit einer erfolgreichen Patentanmeldung) abzüglich der erwarteten Kosten der Patentierung (mit Sicherheit kalkulierbare Patentsamtsgebühren und – mit der Wahrscheinlichkeit der Patenterteilung gewichtete – Übersetzungskosten für die Patenterlangung sowie mit der Wahrscheinlichkeit der Anfechtung des Patents im Einspruchsverfahren durch Konkurrenten gewichtete Gerichtskosten) (vgl. Harhoff/Reitzig 2001, S. 516, 518).

In einer einfachen Formel lassen sich die bisherigen Überlegungen zusammenfassen:

EW (G) = EW (GE)-EW (K), wobei
EW (GE) = [EW (UE) + EW (LE)] × w (PE) und
EW (K) = PAG + w (PE) × EW (ÜK) + w (AK) × EW (GK)

mit EW Erwartungswert, G Gewinn, N Nutzen, K Kosten, GE Gesamterlöse, UE Umsatzerlöse, LE Lizenzeinnahmen, PE Patenterteilung, w Wahrscheinlichkeit, ÜK Übersetzungskosten, AK Anfechtung durch Konkurrenten, GK Gerichtskosten, PAG Patentanmeldegebühren.

Von einer Patentierung ist generell abzusehen, wenn der erwartete Gewinn der Patentierung negativ ist bzw. andere Schutzmechanismen (wie lead time, Geheimhaltung) höhere Gewinne erwarten lassen (vgl. Harhoff/Reitzig 2001, S. 519, 514).

Die oben festgehaltene Formel kann wesentliche Orientierungspunkte bei der Ausgestaltung der zwei Grundelemente einer Patentierungsstrategie, der Wahl der Schutzebene und der inhaltlich-technischen Ausgestaltung des Patentschutzbereiches geben.

Je weiter die geographische Reichweite eines Patentes festgelegt werden soll (z.B. Weltpatent statt nationales Patent), umso größer wird tendenziell der erwartete Nutzen des Patentes (da höhere Umsatzerlöse bzw. höhere Lizenzgebühren bei der Abdeckung von mehr Märkten erwartet werden können), es ist aber auch eine geringere Wahrscheinlichkeit der Patenterteilung zu erwarten (da die Zahl der Patentanfechtungen durch Konkurrenten in mehreren Ländern wahrscheinlich größer sein wird, da mehr Konkurrenten von der angestrebten Patenterteilung betroffen sind). Mit zunehmender angestrebter geographischer Reichweite des Patentes werden auch die erwarteten Kosten der Patenterlangung (höhere Patentamtsgebühren, höhere Übersetzungskosten bei allerdings reduzierter Wahrscheinlichkeit der Patenterteilung) und der Patentverteidigung (höhere erwartete Gerichtskosten bei größerer Wahrscheinlichkeit von Anfechtungsklagen von Konkurrenten) größer. Analoge Überlegungen gelten auch für den Fall, dass ein sehr weiter inhaltlich-technischer Schutzbereich durchgesetzt werden soll.

Die höchsten Gewinne können erwartet werden bei der Anstrebung eines großen geographischen Schutzbereiches bei gleichzeitig großem angestrebtem inhaltlich-technischem Schutzbereich. In diesem Fall sind aber neben den Erwartungswerten für den Nutzen auch die Erwartungswerte für die Kosten am höchsten bei gleichzeitig niedrigster Wahrscheinlichkeit der Patenterteilung (aufgrund erhöhter Wahrscheinlichkeit von Anfechtungsklagen durch Konkurrenten, die sich durch das Patent bedroht fühlen, und aufwendigerer Prüfung des großen Schutzumfangs durch mehrere Patentämter). Umgekehrt kann ein Unternehmen die Wahrscheinlichkeit einer Patenterteilung und der erfolgreichen Patentverteidigung erhöhen, wenn es den beantragten Schutzumfang (geographisch und inhaltlich-technisch) reduziert (vgl. Harhoff/Reitzig 2001, S. 520).

Zentral ist somit bei der Festlegung einer Patentierungsstrategie »... die Abwägung zwischen Schutzumfang (und somit des Wertes des einmal erteilten Patentes) und der Wahrscheinlichkeit, eine entsprechende Anmeldung im Prüfungsverfahren und in nachfolgenden Rechtsstreitigkeiten aufrecht erhalten zu können« (Harhoff/Reitzig 2001, S. 509).

Schätzungen des Patentnutzens und Patentbewertungen werden benötigt bei strategischen Entscheidungen über den Kauf eines Unternehmens oder die Fusion mit einem anderen Unternehmen oder bei Buy-Outs (Unternehmensbewertung anhand der vorhandenen Ressourcen eines Unternehmens, zu denen auch Patente gehören) oder in Lizenzverhandlungen, um den Wert des Verhandlungsgegenstandes Patent bestimmen zu können (vgl. Reitzig 1999, S. 1).

Es bleibt darauf hinzuweisen, dass Ermittlung des Wertes oder des Nutzens von Patenten im Regelfall auf Schätzungen, Erfahrungswerten der Vergangenheit und Prognosen der Zukunft basieren, also fehleranfällig und mit Unsicherheit behaftet sind.

5.5.3 Patentportfolios als Instrument zur Planung und strategischen Gestaltung der Patentposition eines Unternehmens

Ebenso wie ein Unternehmen mithilfe von Technologieportfolios seine Technologieposition planen kann (vgl. hierzu die Ausführungen in Kapitel 5.1), gibt es für die Planung der Patentposition des eigenen Unternehmens und die Analyse der Patentposition von Konkurrenten das Instrument des Patentportfolios. Die Grundstruktur eines Patentportfolios zeigt die nachfolgende Abbildung.

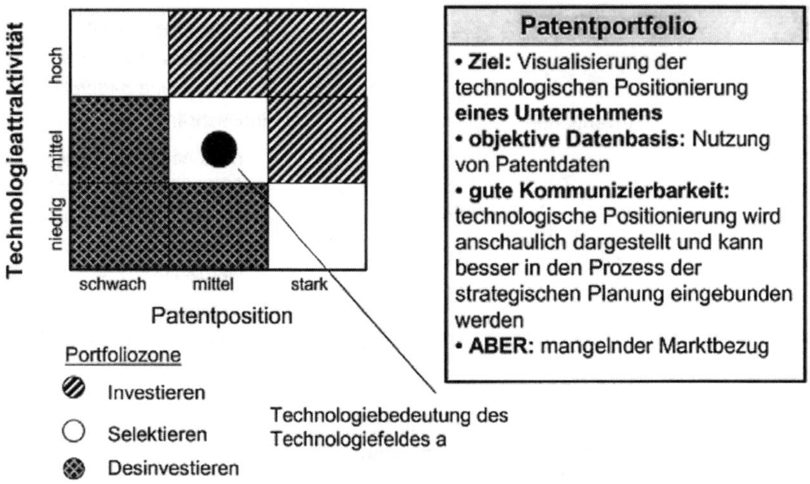

Abb. 29: Grundstruktur eines Patentportfolios (Quelle: Ernst 2002)

Die interne, vom Unternehmen beeinflussbare Variable ist auf der Längsachse mit der Patentposition des Unternehmens abgetragen. Die externe, vom Unternehmen nicht beeinflussbare Umweltvariable ist die Technologieattraktivität, abgetragen auf der Hochachse des Portfolios. Ziel ist die Bewertung der im Unternehmen in Form von Patenten vorhandenen Technologien durch ihre Positionierung im Portfolio. Aus der entsprechenden Positionierung eines Patents im Patentportfolio werden dann für dieses durch ein Patent geschütztes Technologiefeld entsprechende Investitions-, Desinvestitions- oder nach weiterer Datenerhebung selektive, auf den Einzelfall bezogene Investitions- bzw. Desinvestitionsentscheidungen (Diagonale zwischen den Eckfeldern der eindeutigen Investitions- bzw. Desinvestitionsentscheidung) abgeleitet.

Ein solches Patentportfolio kann ein Unternehmen einsetzen, um seine eigene Technologieposition zu planen, zu steuern und zu kontrollieren, aber auch um die technologische Wettbewerbsfähigkeit von Konkurrenten (nach einer Erhebung der entsprechenden Patentdaten) abzuschätzen.

Gegen den Einsatz von Patentportfolios als Methode der Planung der eigenen Technologieposition bzw. als Methode der Konkurrenzbeobachtung und Konkurrenzbeurteilung können jedoch prinzipielle Bedenken erhoben werden.

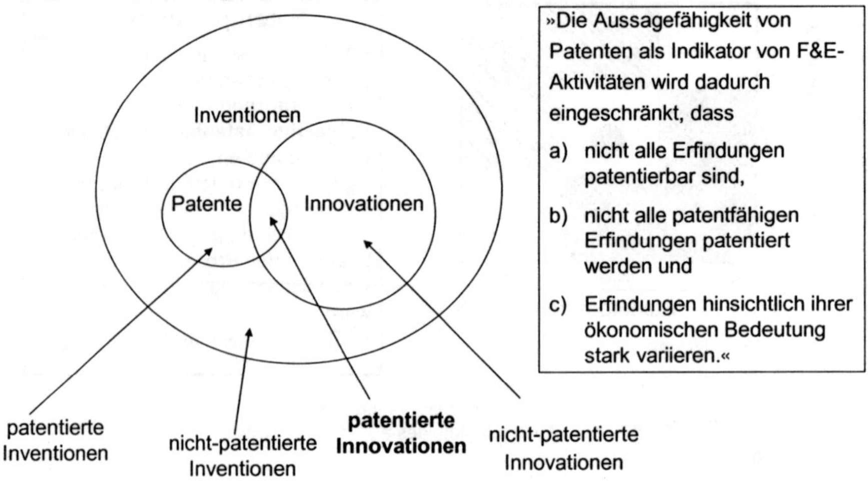

Abb. 30: Grenzen von Patentportfolios (Quelle: Ernst 2002)

Erstens sind nicht alle Erfindungen patentierbar (z. B. gilt dies für Ergebnisse der Grundlagenforschung oder Patente auf Software bzw. Dienstleistungen). Zweitens werden nicht alle grundsätzlich patentierbaren Erfindungen von Unternehmen auch patentiert, vielmehr vertrauen Unternehmen auch auf andere Schutzmechanismen (z. B. Geheimhaltung, Lernkurveneffekte, Lead Time (vgl. hierzu Levin et al. 1987)), um sich die Erträge aus ihren Erfindungen und Innovationen anzueignen. Drittens werden Patente erst mit einer Zeitverzögerung von 18 Monaten nach ihrer Erteilung veröffentlicht (vgl. Ernst 2002, S. 23). Aus den drei genannten Gründen wird die Technologieposition eines Unternehmens mithilfe von Patentportfolios tendenziell eher zu schwach eingeschätzt. Weitere Einwände gegen die unreflektierte Verwendung von Patentportfolios sind in folgenden Argumenten zu sehen:

Entscheidend ist nicht die (durch eine Patentrecherche leicht ermittelbare) Zahl der Patente, sondern die Qualität der Patente, d. h. ihr Potenzial, zum Aufbau von verteidigungsfähigen Wettbewerbsvorteilen und neuen Geschäftsfeldern beizutragen, aus denen das Unternehmen zusätzliches Ertrags- und Gewinnwachstum realisieren kann. Die Qualität eines Patentes kann abgeschätzt werden anhand

1. des Schutzumfangs (Scope i. S. v. Breite des durch das Patent geschützten Technologiebereichs) des Patents,
2. der geographischen Reichweite (nationales Patent, EU-Patent, Weltpatent)
3. der Häufigkeit der Zitierungen des Patentes in Patenten anderer Unternehmen oder in der Fachpresse
4. ökonomischer Wert des Patents, d. h. Höhe der mithilfe des Patentes bereits erzielten oder zukünftig erzielbaren Umsatzerlöse (z. B. Lizenzgebühren, Umsatz der mithilfe des Patentes realisierten Produkte) bzw. Gewinne oder Deckungsbeiträge (aus der Lizenzierung oder der unternehmensinternen Eigenverwertung des Patentes)

Die genannten vier Kategorien von Indikatoren zur Abschätzung der Qualität eines Patentes können entweder aufgrund von objektiv ermittelbaren Kennzahlen (Punkt 1–3) oder aufgrund von objektiv ermittelbaren Daten und subjektiven Schätzungen von Experten (Punkt 4) abgeschätzt werden (vgl. Ernst 2002, S. 15 f.). Offen ist dabei jedoch die Frage, welches Gewicht den einzelnen Indikatoren bei der Abschätzung der Patentqualität zukommen soll. Gegen die o.g. vier Kategorien von Indikatoren zur Abschätzung von Patentqualität lassen sich jedoch auch Einwände erheben. Beispielsweise ist beim Indikator Zitierhäufigkeit zu beachten, dass alte Patente aufgrund ihres größeren Bekanntheitsgrades in der Regel häufiger zitiert werden als junge Patente, dieser Indikator unterschätzt somit systematisch die Patentqualität neuer Patente (vgl. Ernst 2002, S. 16f.).

5.5.4 Möglichkeiten und Grenzen einer Patentierungsstrategie aus theoretischer Sicht

Unter Zugrundelegung der theoretischen Grundlagen, die in diesem Buch angewandt werden, lassen sich folgende Erkenntnisse über Möglichkeiten und Grenzen einer Patentierungsstrategie gewinnen.

Aus Sicht der Industrieökonomik stellen Patente Markteintrittsbarrieren dar. Porter betont, dass die in einer Branche bereits etablierten Unternehmen mithilfe von Patenten Markteintrittsbarrieren für potenzielle Konkurrenten errichten können (vgl. Porter 1983, S. 29ff.). Schewe zeigt allerdings auf der empirischen Grundlage von 88 Interviews mit überwiegend mittelständischen Unternehmen des Maschinenbaus und der Elektrotechnik zu Markteintrittsbarrieren folgenden Zusammenhang auf: Sperrpatente haben in der unternehmerischen Praxis in den meisten Branchen eine relativ geringe Bedeutung, relativ große Bedeutung haben sie lediglich in der chemischen, feinmechanischen und optischen Industrie (vgl. Schewe 1993, S. 348 unter Berufung auf Grefermann et al. 1974, S. 78f.). Vielmehr gilt sogar Folgendes: Patente erhöhen die Wahrscheinlichkeit des Auftretens von Imitatoren statt sie zu reduzieren. Für diesen unerwarteten Zusammenhang gibt Schewe folgende Erklärung: Imitation unterbleibt nur dann, wenn Imitatoren nicht ausreichend praktische Erfahrung, Marktkenntnis und technisches Know-how für die Imitation, also Know-how Defizite besitzen. Diese »Neuigkeitsbarriere« ist die einzige wirklich wirksame Markteintrittsbarriere. Nur bei Existenz einer signifikanten Neuigkeitsbarriere, d.h. von Know-how Defiziten bei potenziellen Konkurrenten und Imitatoren, wird durch eine Patentanmeldung das Auftreten von Imitation und potenzieller Konkurrenz behindert. Existiert hingegen keine oder nur eine geringe Neuigkeitsbarriere, so können Patente nicht eine Markteintrittsbarriere, sondern im Gegenteil eine Einladung zum Markteintritt für potenzielle Konkurrenten und Imitatoren bewirken (vgl. Schewe 1993, S. 354). Der potenzielle Konkurrent erhält durch das angemeldete Patent Informationen über die zugrunde liegende Technologie. Besitzt er das notwendige Know-how, so kann er versuchen, ein technologisch ähnliches Produkt zu entwickeln, das die Patentrechte des ursprünglichen Erfinders nicht verletzt (invent around). Schewe kommt somit zu folgender Schlussfolgerung: »Über eine Patentanmeldung werden höchstwahrscheinlich erst die notwendigen Informationen bereitgestellt, die den Markteintritt überhaupt ermöglichen« (Schewe 1993, S. 355). Aufgrund dieser Informations- und Signalfunktion von Patenten können sie ihre Abwehrfunktion dann nicht erfüllen, wenn Imitatoren das für eine erfolgreiche Imitation oder Emulation der Technologie erforderlich Know-how besitzen: »Der Hauptzweck des Patents, nämlich der Schutz vor Imitation, wird damit nicht erfüllt« (Schewe 1993, S. 356).

Patente können auch mithilfe der in diesem Buch zur Anwendung kommenden Theorien analysiert und beurteilt werden.

Der Strategieansatz der Industrial-Organization-Forschung betont vor allem die Funktion von Patenten als Markteintrittsbarrieren und Hemmfaktor für potenzielle Konkurrenten.

Patente können aus Sicht des Resource-Based View für ein Unternehmen wertvolle Ressourcen darstellen, mit denen das Unternehmen einen verteidigungsfähigen Wettbewerbsvorteil (sustainable competitive advantage) begründen kann. Hierfür ist es erforderlich, dass die patentierte Technologie die in Kapitel 4.2.3 genannten Bedingungen (Wettbewerbsvorteil gegenüber Konkurrenten, Beitrag zur Nutzenstiftung für den Kunden, Spezifität i. S. v. Seltenheit und Einzigartigkeit, erschwerte Imitierbarkeit, erschwerte Substituierbarkeit, effiziente Organisation der Patentnutzung) erfüllt. Da bei vielen Patenten trotz Rechtsschutz die Möglichkeit der Imitation, z. B. durch Reverse Engineering, oder der schöpferischen Zerstörung durch konkurrierende Technologien (Substituierbarkeit) nicht ausgeschlossen ist bzw. nicht ausgeschlossen werden kann, zeigt sich auch aus einer theoretischen Sicht das begrenzte Potenzial von Patenten zum Schutz von Technologien. Zudem führt die theoretische Reflexion weitere Kriterien (z. B. effiziente Patentnutzung, Nutzenstiftung für den Kunden) ein, die erfüllt sein müssen, damit ein Patent für ein Unternehmen Wert schaffen kann.

Aus Sicht der Neuen Institutionenökonomik lassen sich ebenfalls Erkenntnisse zu den Einsatzpotenzialen von Patenten und ihrer Vorteilhaftigkeit gewinnen.

Aus Property Rights theoretischer Sicht sind Patente dann besonders wertvoll für ein Unternehmen, wenn die Eigentumsrechte an dem Patent bei dem Unternehmen konzentriert sind, d.h. weder auf mehrere Unternehmen verteilt noch durch staatliche Regulierungen übermäßig eingeschränkt sind (also keine stark verdünnten Property Rights an dem Patent vorliegen). Patente mit konzentrierten Eigentumsrechten können den Unternehmenswert signifikant steigern, umgekehrt kann der Ablauf oder die Anfechtung von Patenten den Unternehmenswert senken (ein aktuelles Problem in der Pharmaindustrie bei vielen Unternehmen). Insofern weist die Property-Rights-Theorie darauf hin, dass Änderungen des Patentrechts (z.B. Begrenzung oder Verlängerung von Patentlaufzeiten, erweiterte Rechte von Nicht-Patentinhabern, z.B. auf Erteilung einer Lizenz, oder reduzierte Rechte, z.B. auf den Umfang der Offenlegungspflicht und der Einsichtnahme in Patentunterlagen) sich u.U. negativ oder positiv auf den Wert eines Unternehmens auswirken können. Neben der Anmeldung von Patenten gibt es auch weitere Ansatzpunkte zur Steigerung des Unternehmenswertes wie nachhaltige Kostensenkung, verbesserte Kommunikation mit Finanzanalysten, Optimierung der Verschuldungsstruktur des Unternehmens etc. Patente erscheinen aus Sicht der Property-Rights-Theorie nicht nur als Schutzmechanismus gegen Imitation, sondern vor allem als Anreizmechanismus für Invention und Innovation. Der Anreiz kann sich auf die Ebene des gesamten Unternehmens, aber auch auf der Ebene des einzelnen Forscherteams bzw. des einzelnen Forschers entfalten. Letzteres wird der Fall sein, wenn Unternehmen Forscherteams bzw. einzelne Forscher in Abhängigkeit von der Zahl und der Qualität der von ihnen zur Patentreife gebrachten Technologien entlohnen.

Aus Sicht der Transaktionskostentheorie erleichtern Patente den marktlichen Austausch (z.B. die Lizenzvergabe, vgl. hierzu Kapitel 5.4.2.2) von Technologien: Sie begründen eine einklagbare Rechtsposition des Patentinhabers und sichern damit den marktlichen Austausch von Technologien bei Vorleistungen des Erfinders gegen Hold up der Vertragsgegenseite ab

(Informationsparadoxon nach Arrow: Verweigerung der Zahlung durch den Käufer nach Prüfung der technischen Dokumentation und der Anwendungspotenziale der Technologie, weil der Käufer das relevante Wissen bereits mit der Einsichtnahme erworben hat, ohne dafür zu bezahlen).

Aus Sicht der Agency-Theorie können Patente als glaubhafte Signale für die Forschungserfolge, technologische Kompetenz bzw. Technologieführerschaft eines ganzen Unternehmens oder die Forschungsfähigkeiten eines Forscherteams oder eines einzelnen Forschungsleiters eingesetzt werden. Umgekehrt ermöglichen es Patente für Dritte, die Forschungserfolge und die Forschungsschwerpunkte eines Unternehmens bzw. eines Forschungsteams im Wege einer Patentanalyse (Screening) zu überprüfen. Daneben gibt es auch andere Signale, um die technologische Kompetenz des eigenen Unternehmens zu kommunizieren (z.B. Teilnahme an Messen, Produktdemonstrationen) bzw. andere Ansatzpunkte, um Forschungserfolge und Forschungsschwerpunkte eines Unternehmens zu überprüfen (z.B. Auswertung der aktuellen Wirtschaftspresse über Forschungsvorhaben des Unternehmens, Expertenbefragung). Patente als Signal bzw. als einzusetzender Screening-Parameter richten sich damit an eine spezielle Adressatengruppe, die im Regelfall aus technischen Experten, anderen Unternehmen derselben Branche oder Finanz- und Aktienanalysten besteht. Andere Adressatengruppen werden andere Signale benötigen bzw. andere Screening-Parameter heranziehen.

Patente können ferner als (relativ grober) Indikator herangezogen werden, um die Leistung von Forschern im Unternehmen zu steigern (Anreizsysteme unter Nutzung der Motivationsfunktion von Patenten), aber auch um die Leistung von Forschungsbereichen und Forschern zu evaluieren (Kontrollsysteme unter Nutzung der Kontrollfunktion von Patenten) und auf diese Weise diskretionäre Verhaltensspielräume von Forschern (Moral Hazard) zumindest etwas einzuengen. Neben Patenten gibt es aber auch weitere, teilweise erheblich präzisere Möglichkeiten, um die Arbeit von Forschern zu kontrollieren (z.B. Einhaltung von Meilensteinen in der Projektplanung) bzw. um Forscher zu motivieren (z.B. Zuweisung interessanterer Forschungsgebiete bzw. Entlohnung von Forschern mit Aktienoptionen).

Letztens können Patente auch eingesetzt werden, um gegenseitige Abhängigkeiten von Partnern zu begründen und damit die Möglichkeit für Hold up durch einen Partner einzuschränken. Wenn ein Partner die Produktionsanlagen besitzt und der andere Partner die Patente hält, dann ist dies eine gegenseitige Abhängigkeit und reduziert die Möglichkeiten für Hold up durch einen der beiden Partner. Diese Situation ist fundamental verschieden von einer Situation, in der ein Partner die Produktionsanlagen und die Patente besitzt und der andere Partner auf die Nutzung der Produktionskapazitäten essenziell angewiesen ist (einseitige Abhängigkeit mit Hold-up-Gefahr).

5.6 Lizenzvergabe als Strategie der Technologieverwertung

Während im vorigen Kapitel der Schutz der eigenen Technologien des Unternehmens durch Patente im Vordergrund stand, geht es in diesem Kapitel um die Verwertung nicht mehr benötigter Technologien am Markt.

5.6.1 Definition und Ziele von Lizenzverhältnissen

Eine Lizenz ist »das einer Unternehmung vertraglich gegen Entgelt oder andere Kompensationsleistung beschränkt übertragene Recht (Nutzungsrecht) an einer rechtlich geschützten oder rechtlich ungeschützten Erfindung« (Mordhorst 1994, S. 14). Der Lizenzgeber überträgt eine Technologie an den Lizenznehmer. Der Lizenznehmer übernimmt anstelle des Lizenzgebers die Produktion und verpflichtet sich im Gegenzug zur Zahlung von Lizenzgebühren (oder eine Gegenleistung in anderer Form, z.B. unentgeltliche Belieferung mit hergestellten Waren, Überlassung einer anderen Technologie durch den Lizenznehmer als Kompensation) für die Überlassung der Technologie. Die Überlassung des Nutzungsrechts an der Technologie wird durch einen Lizenzvertrag geregelt.

Wesentliche Ziele des Lizenzgebers sind in folgenden Punkten zu sehen (vgl. Specht/Beckmann 1996, S. 455, 457):

Der Lizenzgeber kann sein bereits vorhandenes technologisches Wissen vermarkten und dadurch Lizenzeinnahmen erzielen. Ein zweites Motiv für Lizenzvergabe kann darin gesehen werden, dass der Lizenzgeber auf diese Weise mithilfe des Lizenznehmers neue Märkte erschließen kann trotz bestehender eigener Produktionsengpässe und trotz knapper eigener finanzieller oder personeller Ressourcen. Denn der Lizenznehmer übernimmt die Investitionen in Maschinen und Gebäude sowie die Einstellung von Personal, der Lizenzgeber spart sich die entsprechenden Investitionen und Personalaufwendungen.

Wesentliche Ziele des Lizenznehmers sind hingegen in folgenden Punkten zu sehen (vgl. Gerpott 1999, S. 257; Specht/Beckmann 1996, S. 457; Hauschildt 1997, S. 51): Durch Übernahme von Technologien vom Lizenzgeber kann der Lizenznehmer einen vorhandenen technologischen Rückstand gegenüber technologisch führenden Unternehmen verkleinern. Der Lizenznehmer kann einen Zeitgewinn und einen früheren Eintritt in Märkte durch teilweise oder vollständige Übernahme von zur Reife entwickelten Technologien vom Lizenzgeber erreichen. Der Lizenznehmer kann ferner durch Übernahme einer bereits fertig entwickelten Technologie seine eigenen Forschungs- und Entwicklungs-Kosten sowie FuE-Risiken (vor allem das Risiko des Scheiterns von Forschungsprojekten) verringern.

Lizenzierung ist ein wichtiges Instrument der Technologieakquisition und -verwertung durch Unternehmen und damit ein Instrument des unternehmerischen Kompetenzmanagements. Ein Lizenzierungsvertrag kann aber auch als organisatorisch-institutionelles Arrangement zwischen Lizenzgeber und Lizenznehmer interpretiert werden.

Nachfolgend wird Lizenzierung mithilfe der diesem Lehrbuch zugrunde liegenden theoretischen Ansätze analysiert und beurteilt. Es erfolgt eine theoretische Analyse von Lizenzverhältnissen mithilfe der Neuen Institutionenökonomik und dem Resource-Based View of the firm. Dabei wird die Perspektive des Lizenzgebers eingenommen.

5.6.2 Theoretische Grundlagen zur Lizenzierung: Neue Institutionenökonomik

Lizenzierung aus Sicht der Property-Rights-Theorie

Aus Sicht der Property-Rights-Theorie verteilen Lizenzverträge die Handlungs- und Verfügungsrechte an einer Technologie zwischen einem Lizenzgeber und einem Lizenznehmer. Die Teilrechte an einer Technologie lassen sich wie folgt spezifizieren:

- Usus: Das Recht, eine Technologie zu nutzen.
- Abusus: Das Recht, eine Technologie weiter zu entwickeln.
- Usus fructus: Das Recht, sich die Gewinne aus dem Technologieeinsatz anzueignen bzw. die Verpflichtung, die Verluste zu tragen.
- Veräußerungsrecht: Recht zur Lizenzierung bzw. Unterlizenzierung (d.h. Lizenzvergabe an Sublizenznehmer).

Lizenzierungsabkommen können in diesem Sinne als detaillierte Property-Rights-Verteilungen zwischen Lizenzgeber und Lizenznehmer interpretiert werden. Die Verteilung der Property Rights zwischen Lizenzgeber und Lizenznehmer bestimmt die Anreize für den Lizenznehmer, die Technologie einzusetzen und fortzuentwickeln. Sie bestimmt aber auch die Möglichkeiten des Lizenzgebers, Kontrolle über den Lizenznehmer auszuüben. Erhält der Lizenznehmer alle vier Teilrechte zugesprochen (Nutzung der Technologie, Weiterentwicklung und Verbesserung der Technologie, umfangreiche Gewinnaneignungsmöglichkeiten z.B. durch geringe Lizenzgebühren, Recht zur Unterlizenzierung), so hat er einen maximalen Anreiz, die Technologie einzusetzen und weiter zu entwickeln. Behält sich der Lizenzgeber hingegen wesentliche Teilrechte vor (z.B. das Recht zur Weiterentwicklung und das Recht zur Bestimmung aller Lizenznehmer bzw. Sublizenznehmer), so schränkt er damit die Handlungsmöglichkeiten des Lizenznehmers ein und kann mehr Kontrolle über ihn ausüben.

Lizenzierung aus Sicht der Transaktionskostentheorie

Aus Sicht der Transaktionskostentheorie erscheint Lizenzierung als hybrides Arrangement, das Merkmale der Hierarchie (z.B. Weisungen zwischen Lizenzpartnern) mit Elementen des Marktes (Preisbildung für Lizenzen in Verhandlungsprozessen) verbindet. Die Transaktionskostentheorie empfiehlt somit Lizenzierung als enge Kooperationsform zwischen Partnern an einem Technologietransfer grundsätzlich für Technologietransaktionen mit mittlerer Spezifität und mittlerer Unsicherheit. Bei hoch spezifischen und hoch unsicheren Technologien rät die Transaktionskostentheorie von einer Lizenzvergabe ab, da hierbei große ein- oder zweiseitige Abhängigkeiten zwischen den Austauschpartnern entstehen können, was einer der Vertragspartner zum Hold up nutzen könnte. Bei gering spezifischen Technologien mit geringer Unsicherheit (also bekannte, allgemein erhältliche Standardtechnologien) empfiehlt die Transaktionskostentheorie hingegen den Technologieverkauf anstelle einer (für diese einfache Transaktion zu koordinationsintensiven) engen Lizenzkooperation. Die nachfolgende Abbildung verdeutlicht die Grundempfehlungen.

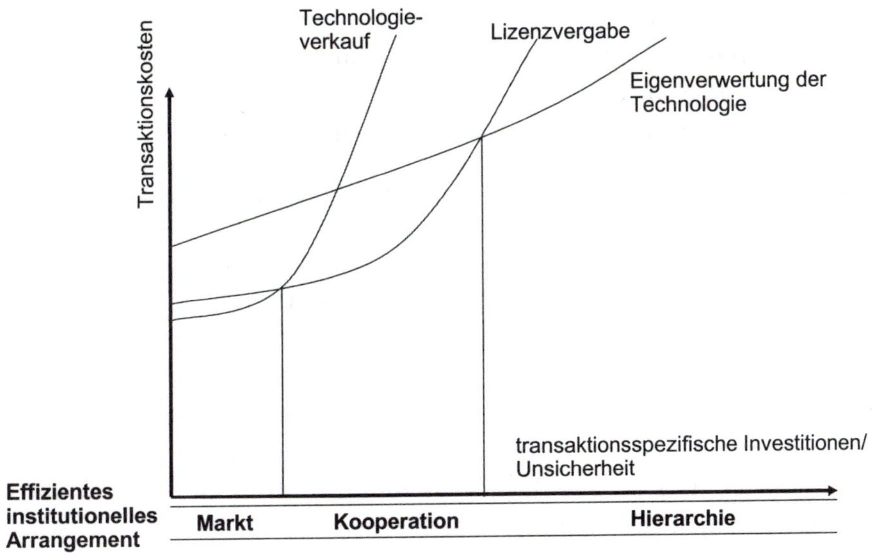

Abb. 31: Lizenzierung aus Sicht der Transaktionskostentheorie.

Lizenzierung aus Sicht der Agency-Theorie

Die Agency-Theorie ist anwendbar auf ein Lizenzverhältnis, d.h. auf ein Verhältnis zwischen einem Lizenzgeber und einem Lizenznehmer. Der Lizenzgeber überträgt als Principal die Herstellung eines Produktes, für das er das Konstruktionswissen besitzt, an den Lizenznehmer als Agenten. In Lizenzverhältnissen treten Informationsasymmetrien sehr häufig auf, wobei im Regelfall der Lizenznehmer als vor Ort tätiger Akteur mit direktem Kundenkontakt Informationsvorteile hat.

Hidden Characteristics treten in Lizenzbeziehungen auf, denn vor Vertragsschluss (bzw. bei anstehender Vertragsverlängerung) hat der Lizenzgeber das Problem, die wirtschaftliche und technologische Leistungsfähigkeit seiner aktuellen und potenziellen Lizenznehmer einzuschätzen. Aus der Agency-Theorie lassen sich konkrete Ansatzpunkte zur Reduktion von Hidden Characteristics ableiten. So kann der Lizenzgeber Überprüfungen von Bilanzen, Unternehmensbewertungen und Schwachstellenanalysen beim Lizenznehmer durchführen (Screening), um die Qualität eines potenziellen Lizenznehmers besser beurteilen zu können. Denkbar ist aber auch, dass die Initiative zur Verminderung der asymmetrischen Informationsverteilung vom Lizenznehmer ausgeht, indem er Referenzen, Empfehlungsschreiben oder Qualitätstestate (z.B. ISO 9001 Zertifikat) vorlegt (Signaling). Denkbar ist auch eine Reduktion der asymmetrischen Informationsverteilung, indem der Lizenzgeber im Vorhinein sehr hohe Garantie- und Vorleistungen von seinen potenziellen Lizenznehmern verlangt, worauf sich nur leistungsfähige Lizenznehmer einlassen (Self Selection).

Ein häufiges Problem ist auch Hidden Action in Lizenzbeziehungen: Nach Abschluss des Lizenzvertrages hat ein Lizenzgeber oft das Problem, dass er die Handlungen des Lizenznehmers nicht fortlaufend beobachten oder beurteilen kann. So haben Lizenznehmer Verhaltensspielräume, die sie opportunistisch ausnutzen können, z.B. indem sie die Technologie anders als ursprünglich vorgesehen einsetzen (oder sie entgegen der Absprache weitergeben an Dritte), die Güter nicht in der vereinbarten Qualität produzieren und bei ihren Vermarktungsbemühungen wenig Einsatz zeigen (Hidden Action). Die Agency-Theorie schlägt als Gegenmaßnahmen die Gestaltung von Anreiz- und Kontrollsystemen vor. Kontrollsysteme können z.B. in Betriebsüberprüfungen beim Lizenznehmer durch unangekündigte Besuche, in anonymen Testkäufen oder im Aufbau von Reporting-Systemen, mit denen der Lizenznehmer den Lizenzgeber über die laufenden Produktions- und Umsatzzahlen sowie über Ausschussquoten und Probleme in der Produktion informiert, bestehen. Als Anreize können stückzahl- oder qualitätsabhängig gestaltete Lizenzgebühren oder die Möglichkeit zu einer bevorzugten Partnerschaft zwischen Lizenzgeber und seinen besten Lizenznehmern fungieren. Dabei können solche und ähnliche Anreizsysteme parallel oder alternativ zu Kontrollsystemen aufgebaut werden, um Hidden Action-Probleme zu reduzieren.

Hidden Intention kann ebenfalls ein Problem in Lizenzbeziehungen sein: Ein Fall von Hold up liegt vor, wenn ein Lizenznehmer eine zweite Lizenz von einem Konkurrenten des Lizenzgebers erwirbt und die Lizenz des ersten Lizenzgebers nicht mehr ausübt, nachdem dieser sein spezifisches technologisches Know-how transferiert hat. Diese Situation kann der Lizenznehmer benutzen, um den ersten Lizenzgeber nachträglich zur Gewährung niedrigerer Lizenzgebühren zu zwingen (Hold up). Abhilfen gegen das Hidden Intention-Problem sind in folgenden Punkten zu sehen: Lizenzverträge können sehr langfristig ausgestaltet werden, was eine gewisse Interessensangleichung der Lizenzpartner bewirkt. So finden sich in der Praxis oft Lizenzverträge mit Laufzeiten von bis zu 15 Jahren. Alternativ oder additiv kann der Lizenzgeber versuchen, das einseitige Abhängigkeitsverhältnis vom Lizenznehmer in ein gegenseitiges Abhängigkeitsverhältnis zwischen Lizenzgeber und Lizenznehmer zu überführen, z.B. indem er Serviceleistungen (wie Schulung, Wartung, Reparatur) oder die Beschaffung von Ersatzteilen für den Lizenznehmer übernimmt, was den Lizenznehmer vom Lizenzgeber abhängig macht und damit ein Gegengewicht zur Abhängigkeit des Lizenzgebers vom Lizenznehmer schafft.

Theoretische Grundlagen zur Lizenzierung: Resource-Based View of the firm

Der Resource-Based View of the firm kann herangezogen werden, um Fragen der Lizenzierung zu beantworten. Lizenzierung kann nach Strautmann vor allem dann gewählt werden, wenn das Unternehmen vorhandene Kernkompetenzen ohne Verlust an Wettbewerbsfähigkeit verwertet (vgl. zum Folgenden Strautmann 1993, S. 79ff. sowie Walch 1997, S. 35ff.). Lizenzvergabe ist daher vor allem bei Kernkompetenzen mit mittlerer bis hoher Eigenkompetenz des Lizenzgebers und nur noch niedriger bis mittlerer strategischer Relevanz der Kernkompetenz (z. B. wenn es sich um eine ausgereifte Technologie handelt, die in absehbarer Zeit durch technischen Fortschritt obsolet oder teilweise entwertet wird) vorzuziehen (vgl. die nachfolgende Abbildung).

Lizenzierung aus Sicht der Neuen Institutionenökonomik und des ressourcenorientierten Ansatzes

Die Neue Institutionenökonomik verweist auf die Notwendigkeit, um eine Lizenzbeziehung herum einen organisatorischen Rahmen, bestehend aus Anreiz- und Kontrollmechanismen, zu »bauen«. Demgegenüber kann für die Ermittlung der Wettbewerbsvorteile, die ein Unternehmen nicht lizenzieren sollte (d. h. die Auswahl der zu lizenzierenden Technologie), der Ansatz des Resource-Based View of the firm wertvolle Hinweise geben.

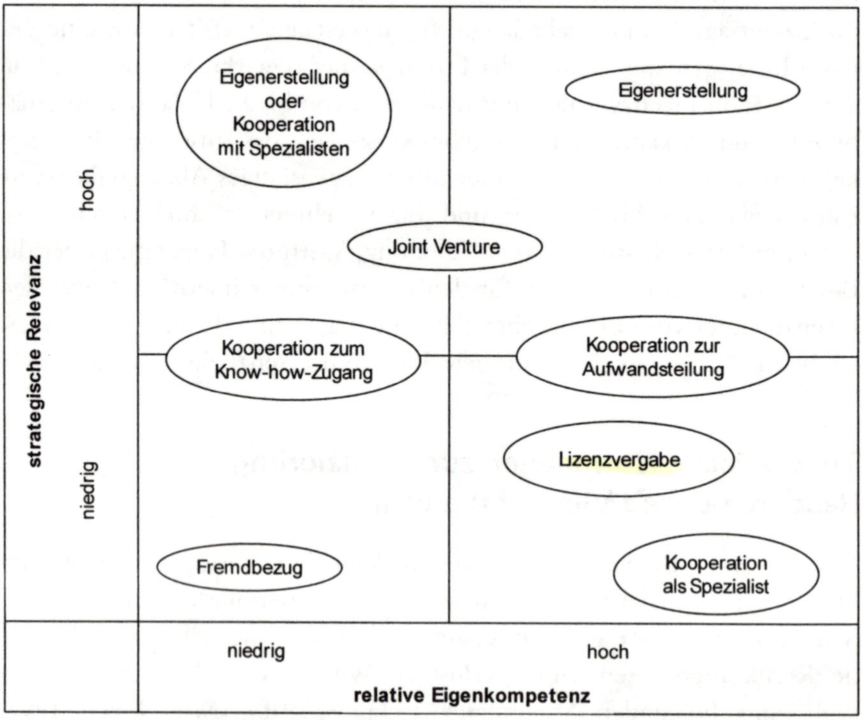

Abb. 32: Lizenzierung als Form der Verwertung von strategisch wenig relevanten Kompetenzen (Quelle: Strautmann 1993, S. 83)

5.7 Zusammenfassung

Im vorigen Hauptkapitel wurden mit Technologieportfolios, der Frage von Eigenerstellung bzw. Fremdbezug von FuE-Ergebnissen, dem Aufbau neuer Forschungs- und Geschäftsfelder durch internes oder externes Venture-Management, der Wahl zwischen harten und weichen Koordinationsinstrumenten für die Eigenerstellung von Forschungsleistungen, den Patentierungsstrategien und den Lizenzierungsstrategien ausgewählte Aktionsfelder, Strategien und Methoden des unternehmerischen Innovationsmanagements vorgestellt. Mit Technologieportfolios kann ein Unternehmen die für seine zukünftige Entwicklung entscheidenden Technologien erkennen und planen. Darauf aufbauend ist im nächsten Schritt zu entscheiden, ob eine als wichtig bzw. weniger wichtig identifizierte Technologie selbst beherrscht werden muss (Make) oder ob es ausreichend ist, wenn sie über Hybridformen (z.B. FuE-Kooperationen) oder marktlichen Fremdbezug (Technologiekauf, Buy) eingebunden wird (Make or Buy-Strategie für Technologien). Ein Spezialfall hierbei ist der Aufbau neuer Forschungs- und Geschäftsfelder im Wege des internen oder externen Venture-Managements. Hierbei geht es um die Frage, wie eine bereits bestehende Unternehmung neue Ideen und Innovationsimpulse aus ihrer Umwelt aufnehmen und in ihrer Organisation verankern kann. Für die Eigenerstellung von Forschungsleistungen ist dann die Frage nach den möglichen Koordinationsinstrumenten zu klären. Es wurden bürokratische Koordinationsinstrumente der Projektplanung, Projektsteuerung und Projektkontrolle und im Kontrast dazu eine innovationsfördernde Unternehmenskultur als weicher Koordinationsmechanismus dargestellt. Im Bereich der selbst erstellten Forschungs- und Entwicklungsergebnisse stellen sich dann zwei anschließende Fragen: Sollen die selbst in eigenen FuE-Labors mit eigenen Mitarbeitern gewonnenen Forschungs- und Entwicklungsergebnisse am Anfang ihres technologischen Lebenszyklusses patentiert oder auf andere Art geschützt werden (Patentierungsstrategie)? Sollen die selbst erstellten Forschungs- und Entwicklungsergebnisse am Ende ihres technologischen Lebenszyklusses durch Lizenzvergabe an Dritte verwertet werden (Lizenzierungsstrategie)?

Für die Ausgestaltung der Make or Buy-Strategie, die Analyse und Beurteilung von Formen des Venture-Managements, die Auswahl effizienter

Koordinationsinstrumente für die Eigenerstellung von Forschungsleistungen, die Ausgestaltung der Patentierungsstratgie und der Lizenzierungsstrategie können aus der Neuen Institutionenökonomik und dem Resource-Based View of the firm wichtige Entscheidungshilfen abgeleitet werden.

Literaturhinweise

Zu Technologieportfolios: *Pfeiffer, W./Metze, G./Schneider, W./Amler, R.* (1991): Technologie-Portfolio zum Management strategischer Zukunftsgeschäftsfelder, 6. Aufl., Göttingen 1991.

Zu Make or Buy von Technologien: *Schneider, D./Zieringer, C.* (1991): Make-or-buy Strategien für F&E, Wiesbaden 1991.

Zu Patentierungsstrategien: *Harhoff, D./Reitzig, M.* (2001): Strategien zur Gewinnmaximierung bei der Anmeldung von Patenten, in: Zeitschrift für Betriebswirtschaft, H. 5, 2001, S. 509–529.

Zu Lizenzierungsstrategien: *Burr, W.* (2003 a): Motive und Voraussetzungen bei Lizenzkooperationen, erscheint in: Allianzen und Netzwerke in der realen und der virtuellen Ökonomie, hrsg. v. Zentes, J./Swoboda, B./Morschett, D., S. 545–562.

Literaturverzeichnis

Alchian, A. A. /Demsetz, H. (1973): The Property Rights Paradigm, in: Journal of Economic History, 33. Jg. (1973), S. 16–27.

Arrow, K.J. (1962): Economic Welfare and the Allocation of Resources for Invention, in: Journal of Political Economy, 70. Jg. (1962), S. 297–306.

Averch, H. /Johnson, L. L. (1962): Behavior of the firm under regulatory constraint, in: American Economic Review, 52. Jg. (1962), S. 1052–1069.

Bain, J. S. (1956): Barriers to new competition, Cambridge.

Bain, J. S. (1968): Industrial Organization, 2. Aufl., New York u. a.

Barney, J. B. (1986): Organizational Culture: Can it be a source of competitive advantage?, in: Academy of Management Review, 11. Jg. (1986) 3, S. 656–665.

Barney, J. B. (1994): Commentary: Brumagim, A. L.: A Hierarchy of Corporate Resources, in: Shrivastava, P./Huff, A. S./Dutton, J. E. (Hrsg.): Advances in Strategic Management, Greenwich, Connecticut; London, England, S. 113–125.

Bell, G. /Callon, M. (1994): Techno-economic networks and science and technology policy, in: STI review: science technology industry, 1994, 14, S. 59–117.

Berg, H. (1992): Wettbewerbspolitik, in: Bender, D. et al. (Hrsg.): Vahlens Kompendium der Wirtschaftstheorie und Wirtschaftspolitik, Bd. 2, 5. Aufl., München, S. 239–300.

Besen, S. M. /Raskind, L.J. (1991): An Introduction to the Law and Economics of Intellectual Property, in: Journal of Economic Perspectives 5. Jg. (1991), S. 3–27.

Borchardt, K. /Fikentscher, W. (1957): Wettbewerb, Wettbewerbsbeschränkung, Marktbeherrschung, Stuttgart.

Bowman, E. H. (1974): Epistemology, corporate strategy, and academe, in: Sloan Management Review, 15. Jg. (1974), S. 155–171.

Brockhoff, K. (1999): Forschung und Entwicklung, 5. Aufl., München und Wien.

Brumagim, A. L. (1994): A Hierarchy of Corporate Resources, in: Shrivastava, P./Huff, A. S./Dutton, J. E. (Hrsg.): Advances in Strategic Management, Greenwich, Connecticut; London, England, S. 81–112.

Bundesministerium für Bildung und Forschung (BMBF) (2002): Faktenbericht Forschung Bonn.

Burr, W. (1995): Netzwettbewerb in der Telekommunikation, Wiesbaden.

Burr, W. (2002): Service Engineering bei technischen Dienstleistungen, Wiesbaden.

Burr, W. (2003): Das Konzept des verteidigungsfähigen Wettbewerbsvorteils – Ansatzpunkte zur Dynamisierung und Operationalisierung, erscheint in: Die Unternehmung, 2003.

Burr, W. (2003 a): Motive und Voraussetzungen bei Lizenzkooperationen, erscheint in: Allianzen und Netzwerke in der realen und der virtuellen Ökonomie, hrsg. v. Zentes, J./Swoboda, B./Morschett, D., S. 545 – 562.

Chmielewicz, K. (1979): Forschungskonzeption der Wirtschaftswissenschaften, 2. Aufl., Stuttgart.

Coase, R. (1937): The Nature of the Firm, in: Economica, 4. Jg. (1937), S. 386–405.

Cohen, W. M. /Levinthal D. A. (1990): Absorptive Capacity: A New Perspective on Learning and Innovation, in: Administrative Science Quarterly, 35. Jg. (1990), S. 128–152.

Collis, D.J. (1991): A Resource-based Analysis of Global Competition, in: Strategic Management Journal, 12. Jg. (1991), S. 49–68.

Conner, K. R. (1991): A Historical Comparison of Resource-Based Theory and Five Schools of Thought Within Industrial Organization Economics: Do We Have a New Theory of the Firm?, in: Journal of Management, 17. Jg. (1991) 1, S. 121–154.

Cool, K./Dierickx, I. (1994): Commentary: Schoemaker, P.J.H. / Amit, R.: Investments in Strategic Assets, in: Shrivastava, P./Huff, A. S./Dutton, J. E. (Hrsg.): Advances in Strategic Management, Greenwich, Connecticut; London, England, S. 35–44.

Dahlmann, C.J. (1979): The Problem of Externality, in: The Journal of Law and Economics, 22. Jg. (1979), S. 141–162.

De Geus, A. (1988): Planning as learning, in: Harvard Business Review, (1988), S. 70–74.

Dietl, H. (1993): Institutionen und Zeit, Tübingen.

Dosi, G./Teece, D./Winter, S. (1990): Toward a theory of corporate coherence, mimeo, March 1990.

Eisenhardt, K. M./Martin, J. A. (2000): Dynamic Capabilities: What Are They?, in: Strategic Management Journal, 21. Jg. (2000), S. 1105–1121.

Eriksen, B./Mikkelsen, J. (1996): Competitive advantage and the concept of core competence, in: Foss, N./Knudsen, C. (Hrsg.): Towards a competence theory of the firm, London, S. 54–74.

Ernst, H. (2002): Integrierter Portfolioansatz für die strategische Planung von Forschung & Entwicklung, Vortag gehalten auf der 4. Fachtagung der Kommission Technologie- und Innovationsmanagement im Verband der Hochschullehrer für Betriebswirtschaft, 25.10.2002.

Ernst, H. (2003): Unternehmenskultur und Innovationserfolg – Eine empirische Analyse, in: Zeitschrift für betriebswirtschaftliche Forschung, 55. Jg. (2003), S. 23–44.

Foss, N.J./Knudsen, C./Montgomery, C. A. (1995): An Exploration of Common Ground: Integrating Evolutionary and Strategic Theories of the Firm, in: Montgomery, C. A. (Hrsg.): Resource-based and Evolutionary Theories of the Firm: towards a Synthesis, Boston, Dordrecht, London, S. 1–17.

Foss, N. (1996): Whither the competence perspective?, in: Foss, N.J./Knudsen, C. (Hrsg.): Towards a competence theory of the firm, London, S. 175–200.

Foss, N. (1997): Resources and Strategy: A brief overview of themes and contributions, in: Foss, N.J. (Hrsg.): Resources, firms, and strategies, Oxford, S. 3–18.

Foss, N. (1997 a): Resources and strategy: Problems, open issues, and ways ahead, in: Foss, N. (Hrsg.): Resources, firms, and strategies, Oxford, S. 345–365.

Freeman, C. (2002): Continental, national, and sub-national innovation systems – complementarity and economics growth, in: Research Policy, (1996), S. 191–211.

Furubotn, E. G./Pejovich, S. (1972): Property Rights and Economic Theory: A Survey of Recent Literature, in: Journal of Economic Literature, 10. Jg. (1972), S. 1137–1162.

Furubotn, E. G./Pejovich, S. (1974): The Economics of Property Rights, Cambridge M.A.

Geroski, P. (1995): Markets for Technology: Knowledge, Innovation, and Appropriability, in: Stoneman, P. (Hrsg.): Handbook of the Economics of Innovation and Technological Change, Blackwell, Oxford, S. 89–131.

Gerpott, T.J. (1999): Strategisches Technologie– und Innovationsmanagement: eine konzentrierte Einführung, Stuttgart.

Gerybadze, A. (1982): Innovation, Wettbewerb und Evolution, Tübingen.

Gerybadze, A./Meyer-Krahmer, F./Reger, G. (1997): Globales Management von Forschung und Innovation, Stuttgart.

Gerybadze, A. (1997 a): Unternehmungspolitik, unveröffentlichtes Vortragsmanuskript, Universität Hohenheim.

Gerybazde, A. (1998): Technological Competence Assessment within the Firm: Applications of Competence Theory to Managerial Practice, Discussion Paper on International Management and Innovation, No. 98–03, Universität Hohenheim, Stuttgart.

Gerybadze, A. (2002): Technologie, Strategie und Organisation (unveröffentlichtes Manuskript), Universität Hohenheim.

Ghoshal, S./Moran, P. (1996): Bad for Practice: A Critique of the Transaction Cost Theory, in: Academy of Management Review, 21. Jg. (1996), S. 13–47.

Grant, R.M. (1991): The Resource-Based Theory of Competitive Advantage: Implications for Strategy Formulation, in: California Management Review, 33. Jg. (1991) 3, S. 114–135.

Grefermann, K. et al. (1974): Patentwesen und technischer Fortschritt, Teil 1: Die Wirkungen des Patentwesens im Innovationsprozess, Göttingen.

Grenzmann, C./Marquardt R./Wudte J. (2001): FuE-Datenreport. Forschung und Entwicklung in der Wirtschaft 1999–2000, (Stifterverband für die Deutsche Wissenschaft), Essen.

Grubb, P. W. (1999): Patents for Chemicals, Pharmaceuticals and Biotechnology, Oxford.

Grupp, H. (1994): The measurement of technical performance of innovations by technometrics and its impact on established technology indicators, in: Research policy, 23. Jg. (1994) 2, S. 175–193.

Günterberg, B./Wolter, H.-J. (2002): Forschung und Entwicklung und Unternehmensgröße, in: Institut für Mittelstandsforschung (Hrsg.): Unternehmensgrößenstatistik 2001/2002 – Daten und Fakten, Bonn, S. 278–292.

Händschke, S. (2003): Nationale und regionale Innovationssysteme – Ein Forschungsobjekt der Staatswissenschaften ´sui generis`?, Universität Erfurt, Wintersemester 2002/2003.

Harhoff, D./Reitzig, M. (2001): Strategien zur Gewinnmaximierung bei der Anmeldung von Patenten, in: Zeitschrift für Betriebswirtschaft, 71. Jg. (2001) 5, S. 509–529.

Hauschildt, J. (1997): Innovationsmanagement, 2. Aufl. München.

Hayek, F. A. (1969): Freiburger Studien, Tübingen.

Hayek, F. A. (1976): Individualismus und wirtschaftliche Ordnung, 2. Aufl., Salzburg.

Hayek, F. A. (1945): The use of knowledge in society, in: American Economic Review, 35. Jg. (1945) 4, 1945, S. 519–530.

Heinen, E. (1988): Betriebswirtschaftliche Kostenlehre, 6. Aufl., Wiesbaden.

Herdzina, K. (1991): Wettbewerbspolitik, 3. Aufl., Stuttgart.

Herdzina, K. (1999): Wettbewerbspolitik, 5. Aufl., Stuttgart.

Hunziker, Janet R./Jones, T. O. (Hrsg.) (1994): Produkt Liability and Innovation, Washington.

Huber, P. W./Litan, R. E. (Hrsg.) (1991): The Liability Maze. The impact of Liability Law on Safety and Innovation, Washington, D.C.

Itami, H./Roehl, T. (1987): Mobilizing invisible assets, Cambridge.

Joly, P.-B./de Looze, M.-A. (1996): An analysis of innovation strategies and industrial differentiation through patent applications: the case of plant biotechnology, in: Research Policy (1996), S. 1027–1046.

Kantzenbach, E. (1967): Die Funktionsfähigkeit des Wettbewerbs, 2. Aufl., Göttingen.

Kitch, E. W. (1977): The Nature And Function Of The Patent System, in: The Journal of Law and Economics, 20. Jg. (1977), S. 265–290.

Kitch, E. W. (1980): The Law and Economics Of Rights In Valuable Information, in: Journal of Legal Studies 9. Jg. (1980), S. 683–723.

Klein, B./Crawford, R. G./Alchian, A. A. (1978): Vertical Integration, Appropriable Rents, and the Competitive Contracting Process, in: Journal of Law and Economics, 21. Jg. (1978), S. 297–326.

Knieps, G./Müller, J./v. Weizsäcker, C. C. (1981): Die Rolle des Wettbewerbs im Fernmeldebereich, Baden-Baden.

Knights, H.J. (2001): Patent Strategy for Researchers and Research Managers, 2. Aufl., Chichester.

Knudsen, C. (1995): Theories of the Firm, Strategic Management and Leadership, in: Montgomery, C. A. (Hrsg.): Resource-based and Evolutionary Theories of the Firm: Towards a Synthesis, Boston, Dordrecht, London, S. 179–217.

Kobi, J.-M./Wüthrich, H. A. (1986): Unternehmenskultur verstehen, erfassen und gestalten, Landsberg am Lech.

Langlois, R. N./Foss, N.J. (1997): Capabilities and Governance: the Rebirth of Production in the Theory of Economic Organization, DRUID Working Paper 97–2, Kopenhagen Working Paper, 1997.

Legler, H./Licht, G./Egeln, J. (2000): Bericht zur technologischen Leistungsfähigkeit Deutschlands. Zusammenfassender Endbericht 1999, Januar 2000.

Legler, H./Licht, G./Egeln, J. (2001): Bericht zur technologischen Leistungsfähigkeit Deutschlands. Zusammenfassender Endbericht 2000, März 2001.

Levin, R. C./Klevorick, A. K./Nelson, R. R./Winter, S. G. (1987): Appropriating the Returns from Industrial Research and Development, in: Brookings Papers on Economic Activity 3. Jg. (1987), S 783–831.

Macharzina, K. (1999): Unternehmensführung, 3. Aufl., Wiesbaden.

Macharzina, K./Oesterle, M.-J./Brodel, D. (2001): Learning in multinationals, in: Antal, A. B./Dierkes, M./Child, J. (Hrsg.): Handbook of organizational learning and knowledge, Oxford, S. 631–656.

Mahoney, J. T./Pandian, J. R. (1992): The Resource-based View within the Conversation of Strategic Management, in: Strategic Management Journal, 13. Jg. (1992), S. 363–380.

Mansfield, E. (1986): Patents and Innovation: An empirical study, in: Management Science, 32. Jg. (1986), S. 173–181.

Mansfield, E./Schwartz, M./Wagner, S. (1981): Imitation costs and patents: An empirical study, in: Economic Journal, 91. Jg. (1981), S. 907–918.

Mantzavinos, C. (1994): Wettbewerbstheorie. Eine kritische Auseinandersetzung, Berlin.

Marino, K. E. (1996): Developing Consensus On Firm Competencies and Capabilities, in: The Academy of Management Executive, 10. Jg. (1996) 3, S. 40 ff.

Markowitz, H. M. (1952): Portfolio Selection, in: Journal of Finance, 7. Jg. (1952), S. 77–91.

Milgrom, R. M. (1989): On Trade Secrets, New York.

Monopolkommission (1992): Wettbewerbspolitik oder Industriepolitik. Hauptgutachten IX 1990/1991, Baden-Baden.

Montgomery, C. A. (1995): Of Diamonds and Rust: A New Look at Resources, in: Montgomery, C. A. (Hrsg.): Resource-based and Evolutionary Theories of the Firm: Towards a Synthesis, Boston, Dordrecht, London, S. 251–268.

Mordhorst, C. F. (1994): Ziele und Erfolg unternehmerischer Lizenzstrategien, Wiesbaden.

Nelson, R. (1959). "The Simple Economics of Basic Scientific Research." in: Journal of Political Economy, 67. Jg. (1959), S. 297–306.

Nelson, R. R./Winter, S. G. (1982): An Evolutionary Theory of Economic Change, Cambridge, Mass.; London, England.

Neubauer, W. (2003): Organisationskultur, Stuttgart.

Oelsnitz, D. von der/Hahmann, M. (2003): Wissensmanagement, Stuttgart.

Oettle, K. (1981): Argumente für einen kontrollierten Wettbewerb im binnenländischen Güterverkehr, in: Niedersächsischer Minister für Wirtschaft und Verkehr (Hrsg.): Symposion Wettbewerb im Binnenländischen Güterverkehr, Hannover, S. 29–38.

Olson, M. (1998): Die Logik des kollektiven Handelns: Kollektivgüter und die Theorie der Gruppen, 4.Aufl., Tübingen.

Orlando, M.J. (2000): On The Importance Of Geographic And Technological Proximity For R&D Spillovers: An Empirical Investigation, Washington University, Department of Economics, http://wuecon.wustl.edu/~orlando/orlandospillo.pdf, Download am 20.05.2003

Ouchi, W. G. (1980): Markets, Bureaucracies, and Clans, in: Administrative Science Quarterly, 25. Jg. (1980), S. 129–141.

Pavitt, K. (2000): Public Policies To Support Basic Research: What can the rest of the world learn from US theory and practice? (And what they should not learn), SPRU Electronic Working Paper Series, Paper No. 53 (University of Sussex).

Penrose, E. (1985): The Theory of the Growth of the Firm Twenty-Five Years After, Acta Universitatis Upsaliensis, Studia oeconomiae negotiorum, Bd. 20, Uppsala.

Penrose, E. (1995): The Theory of the Growth of the firm, 3. Aufl., Oxford.

Peteraf, M. A. (1990): The Resource-based Model: An Emerging Paradigm for Strategic Management, Working Paper Nr. 90–29, Northwestern University.

Peteraf, M. A. (1994): Commentary: The Two Schools of Thought in Resource-Based Theory, in: Shrivastava, P./Huff, A. S./Dutton, J. E. (Hrsg.): Advances in Strategic Management, Greenwich, Connecticut; London, England, S. 153–158.

Pfaffmann, E. (2001): Kompetenzbasiertes Management in der Produktentwicklung, Wiesbaden.

Pfeiffer, W./Metze, G./Schneider, W./Amler, R. (1991): Technologie-Portfolio zum Management strategischer Zukunftsgeschäftsfelder, 6. Aufl., Göttingen.

Picot, A./Michaelis, E. (1984): Verteilung von Verfügungsrechten in Großunternehmen und Unternehmungsverfassung, in: Zeitschrift für Betriebswirtschaft, 54. Jg., (1984), S. 252–272.

Picot, A./Schneider, D./Laub, U. (1989): Transaktionskosten und innovative Unternehmensgründung, in: Zeitschrift für betriebswirtschaftliche Forschung, 41. Jg.(1989) 5, S. 358–387.

Picot, A./Dietl, H. (1990): Transaktionskostentheorie, in: Wirtschaftswissenschaftliches Studium, (1990) 4, S. 178–184.

Picot, A. (1991): Ein neuer Ansatz zur Gestaltung der Leistungstiefe, in: Zeitschrift für betriebswirtschaftliche Forschung, (1991) 4, S. 336–357.

Picot, A./Reichwald, R./Wigand, R. (1996): Die grenzenlose Unternehmung, Wiesbaden.

Picot, A./Dietl, H./Franck, E. (1999): Organisation: Eine ökonomische Perspektive, 2. Aufl., Stuttgart.

Picot, A./Dietl, H./Franck, E. (2002): Organisation: Eine ökonomische Perspektive 3. Aufl., Stuttgart.

Porter, M. E. (1983): Wettbewerbsstrategie, Frankfurt/Main.

Porter, M. E. (1986): Wettbewerbsvorteile, Frankfurt,.

Porter, M. E. (1988): Wettbewerbsstrategie, 5. Aufl., Frankfurt,.

Porter, M. E. (1994): Competitive Strategy Revisited: A View from the 1990s, in: Duffy, P. B. (Hrsg): The Relevance of a Decade: Essays to mark the first ten years of Harvard Business School Press, Boston, S. 243–285.

Porter, M. E. (1999): Wettbewerbsvorteile, 5. Aufl., Frankfurt/Main.

Posner, R. A. (1979): Information and Antitrust: Reflections on the Gypsum and Engineers Decisions, 67 Georgetown L.J., S. 1187, 1193.

Post, H. A. (1997 a): Building a Strategy on Competences, in: Long Range Planning, 30. Jg. (1997) 5, S. 733–740.

Prahalad, C. K./Hamel, G. (1990): The Core Competence of the Corporation, in: Harvard Business Review, 68. Jg (1990) 3, S. 79–91.

Rasche, C./Wolfrum, B. (1993): Ressourcenorientierung im strategischen Management – ein Paradigmenwechsel?, Arbeitspapier: Lehrstuhl für Betriebliche Absatzwirtschaft und Handelsbetriebslehre, Universität Bayreuth.

Reitzig, M. (1999): The Economics of the Patent System, Handout zum Vortrag am 8.7.1999, INNO-tec München.

Richter, R. (1994): Institutionen ökonomisch analysiert, Bern, Stuttgart.

Rosenberg, N. (1990): Why do firms do basic research (with their own money)?, in: Research Policy 19. Jg. (1990), S. 165–174.

Saad, K. N./Roussel, P. A./Tiby, C. (1991): Management der F&E-Strategie, Wiesbaden.

Sanchez, R./Heene, A. (1996): A systems view of the firm in competence-based competition, in: Sanchez, R./Heene, A./Thomas, H. (Hrsg.): Dynamics of competence-based competition, Oxford, S. 39–62.

Sanchez, R./Heene, A./Thomas, H. (1996): Introduction: Towards the theory and practice of competence-based competition, in: Sanchez, R./Heene, A./Thomas, H. (Hrsg.): Dynamics of competence-based competition, Oxford, S. 1–35.

Sanchez, R./Heene, A. (1997 a): Reinventing strategic management. New theory and practice for competence based competition, in: European Management Journal, 15. Jg. (1997) 3, S. 303–317.

Scherer, F. M./Ross, D. (1990): Industrial market structure and economic performance, 3. Aufl., Boston.

Schewe, G. (1993): Kein Schutz vor Imitation, in: Zeitschrift für betriebswirtschaftliche Forschung, (1993) 4, S. 344–360.

Schleth, J. P. (1987): Theorie des natürlichen Monopols. Eine preis- und wettbewerbstheoretische Analyse und ihre Bedeutung für den Telekommunikationssektor der Bundesrepublik Deutschland, Dissertation Universität Gießen.

Schneider, D. / Zieringer, C. (1991): Make-or-buy Strategien für F&E, Wiesbaden.

Schnyder, A. B. (1992): Die Entwicklung zur Innovationskultur, in: Organisationsentwicklung, 11. Jg. (1992), S. 62–69.

Schoemaker, P. J. H. (1992): How to Link Strategic Vision to Core Competencies, in: Sloan Management Review, 34. Jg. (1992) 1, S. 67 ff.

Schoemaker, P. J. H. / Amit, R. (1994): Investments in Strategic Assets, in: Shrivastava, P./Huff, A. S./Dutton, J. E. (Hrsg.): Advances in Strategic Management, Greenwich, Connecticut; London, England, S. 3–33.

Schumpeter, J. (1931): Theorie der wirtschaftlichen Entwicklung: eine Untersuchung über Unternehmergewinn, Kapital, Kredit, Zins und den Konjunkturzyklus, 3. Aufl., München u. a.

Schumpeter, J. A. (1980): Kapitalismus, Sozialismus und Demokratie, 5. Aufl., München.

Shepherd, W. G. (1990): The economics of industrial organization, 3. Aufl., Englewood Cliffs.

Specht, G. / Beckmann C. (1996): F&E-Management, Stuttgart.

Specht, G. / Beckmann C. / Amelingmeyer, J. (2002): F&E-Management, 2. Aufl., Stuttgart.

Spieß, J. (2002): Interorganisationales Wissensmanagement in Systemlieferantenbeziehungen, Dissertation Universität der Bundeswehr München, in Vorbereitung.

Staehle, W. H. (1991): Redundanz, Slack und lose Kopplung in Organisationen: Eine Verschwendung von Ressourcen?, in: Staehle, W. (Hrsg.): Managementforschung, Berlin u. a., S. 313–345.

Strautmann, K. P. (1993): Ein Ansatz zur strategischen Kooperationsplanung, München.

Teece, D. J. / Pisano, G. / Shuen, A. (1997): Dynamic Capabilities and Strategic Management, in: Strategic Management Journal, 18. Jg. (1997) 7, S. 509–533.

Tietzel, M. (1981): Die Ökonomie der Property Rights: Ein Überblick, in: Zeitschrift für Wirtschaftspolitik, 30. Jg. (1981), S. 207–243.

Vahs, D. / Burmester, R. (2002): Innovationsmanagement, 2. Aufl., Stuttgart.

Viscusi, K. W. / Moore, M. J. (1991): An Industrial Profile of the Links between Product Liability and Innovation, in: Huber, P. W./Litan, R. E. (Hrsg.): The Liability Maze: The Impact of Liability Law on Safety and Innovation, Washington, S. 81–119.

Voßkamp, R. (2002): Innovationsökonomik II, in: Erlei, M./Lehmann-Waffenschmidt, M. (Hrsg.): Curriculum Evolutorische Ökonomik, Marburg, S. 57–84.

Walch, S. (1997): Erarbeitung einer internationalen Strategie der Lizenzierung und des Lizenz-Controlling am Beispiel eines global operierenden Investitionsgüterhersteller, Diplomarbeit, Universität Hohenheim.

Walgenbach, P. / Beck, N. (2002): The institutionalization of the quality management approach in Germany, in: Sahlin-Andersson, K./Engwall, L. (Hrsg.): The Expansion of Management Knowledge: Carriers, Flows, and Sources. Stanford, S. 145–174.

Weibler, J. (2001): Personalführung, München.

Wernerfelt, B. (1984): A Resource-based View of the Firm, in: Strategic Management Journal, 5. Jg. (1984), S. 171–180.

Wernerfelt, B. (1989): From Critical Resources To Corporate Strategy, in: Journal of General Management, 14. Jg. (1989), S. 4–12.

Williamson, O. E. (1975): Markets and hierarchies: analysis and antitrust implications: a study in the economics of internal organization, New York.

Williamson, O. E. (1990): Die ökonomischen Institutionen des Kapitalismus, Tübingen.

Winter, S. G. (1995): Four R's of Profitability, in: Montgomery, C. A. (Hrsg.): Resource-based and Evolutionary Theories of the Firm: Towards a Synthesis, Boston, Dordrecht, London, S. 147–178.

Wright, B. D. (1983): The Economics of Invention Incentives: Patents, Prizes, and Research Contracts, in: American Economic Review, 73. Jg (1983), S. 691–707.

Stichwortverzeichnis